밥ㅣ돈ㅣ자유

대 한 민 국 을 　재 창 조 한
베이비붐 세대의
어제 오늘 그리고 내일

밥ㅣ돈ㅣ자유

송양민 지음

한평생 사랑과 봉사의 삶을 사시면서
인생의 아름다움을 보여주신
가천길재단 이길여 회장님께
이 책을 바칩니다.

베이비붐 세대가 겪은 사건 일지

※ 1955년 출생 베이비부머들을 기준으로 하여 연표를 작성했음

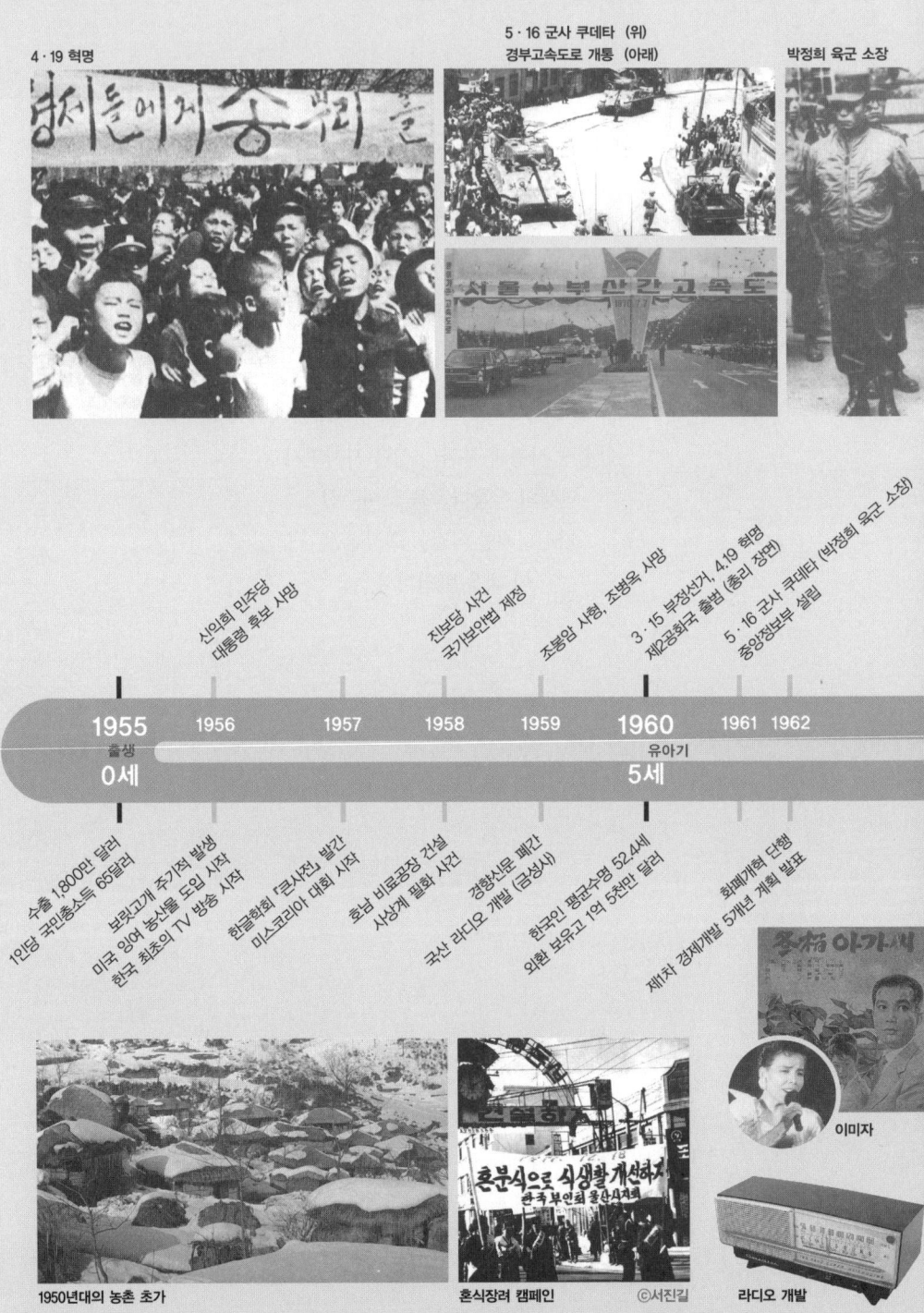

4·19 혁명

5·16 군사 쿠데타 (위)
경부고속도로 개통 (아래)

박정희 육군 소장

신익희 민주당
대통령 후보 사망

진보당 사건
국가보안법 제정

조봉암 사형, 조병옥 사망

3·15 부정선거, 4·19 혁명
제2공화국 출범 (총리 정면)

5·16 군사 쿠데타 (박정희 육군 소장)
중앙정보부 설립

1955	1956	1957	1958	1959	1960	1961	1962
출생					유아기		
0세					5세		

수출 1,800만 달러
1인당 국민총소득 65달러

보릿고개 주기적 발생
미국 잉여 농산물 도입 시작
한국 최초의 TV 방송 시작

한글학회 「큰사전」 발간
미스코리아 대회 시작

호남 비료공장 건설
사상계 필화 사건

경향신문 폐간 (금일사)
국산 라디오 개발 (금성사)

한국인 평균수명 52.4세
외환 보유고 1억 5천만 달러

화폐개혁 단행
제1차 경제개발 5개년 계획 발표

이미자

1950년대의 농촌 초가

혼식장려 캠페인   ⓒ서진길

라디오 개발

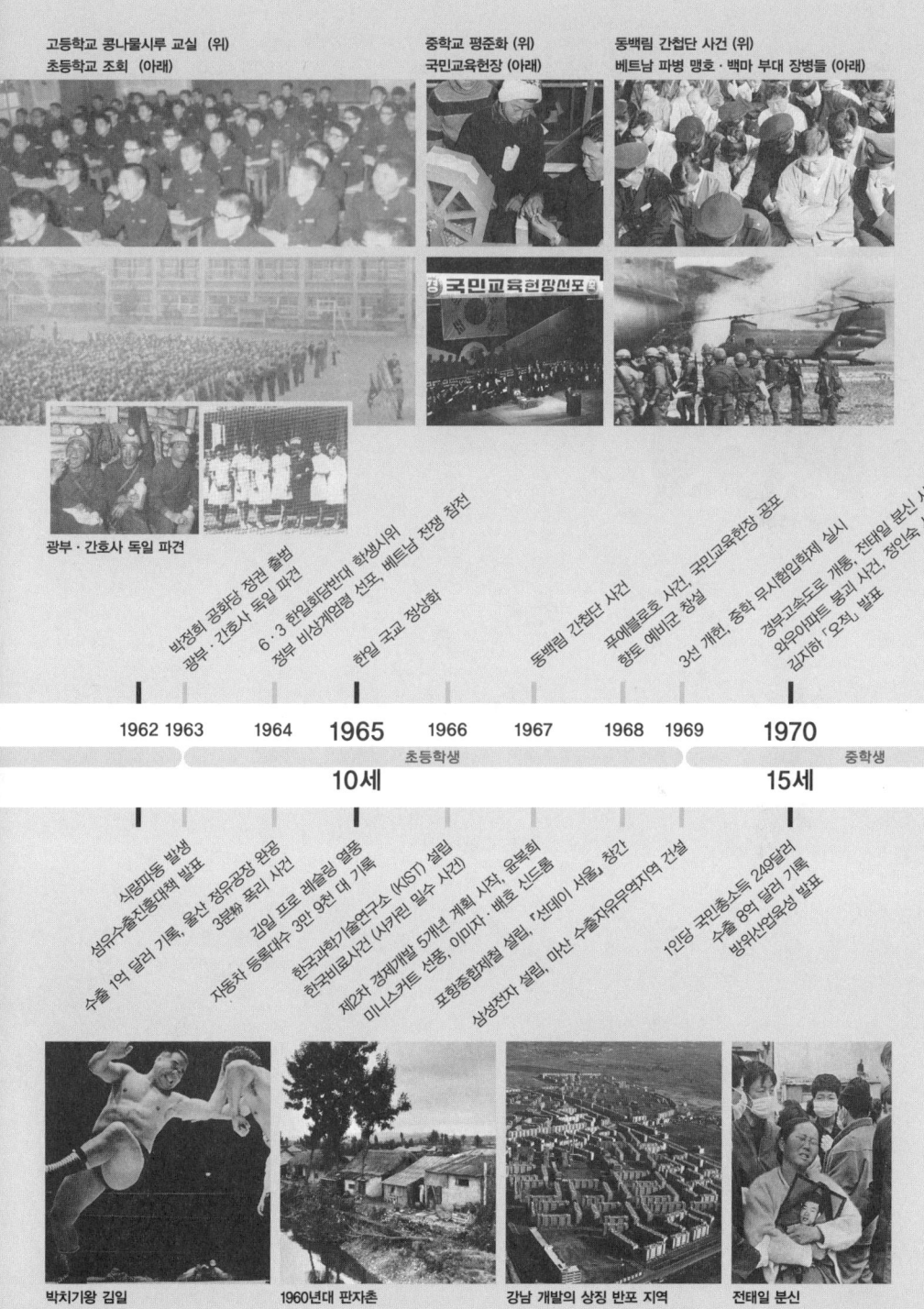

고등학교 콩나물시루 교실 (위)
초등학교 조회 (아래)

중학교 평준화 (위)
국민교육헌장 (아래)

동백림 간첩단 사건 (위)
베트남 파병 맹호 · 백마 부대 장병들 (아래)

광부 · 간호사 독일 파견

박정희 공화당 정권 출범
광부 · 간호사 독일 파견
6 · 3 한일회담반대 학생시위
정부 비상계엄령 선포, 베트남 전쟁 참전
한일 국교 정상화
동백림 간첩단 사건
푸에블로호 사건, 국민교육헌장 공포
향토 예비군 창설
3선 개헌, 중학 무시험입학제 실시
경부고속도로 개통, 전태일 분신 사건
와우아파트 붕괴 사건, 정인숙 사건
김지하 「오적」 발표

1962 1963 1964 **1965** 1966 1967 1968 1969 **1970**

초등학생 중학생

10세 **15세**

식량파동 발생
섬유수출진흥대책 발표
수출 1억 달러 기록, 울산 정유공장 완공
3분粉 폭리 사건
김일 프로 레슬링 열풍
자동차 등록대수 3만 9천 대 기록
한국과학기술연구소 (KIST) 설립
한국비료사건 (사카린 밀수 사건)
제2차 경제개발 5개년 계획 시작, 윤복희
미니스커트 선풍, 이미자 · 배호 신드롬
포항종합제철 설립, 『선데이 서울』 창간
삼성전자 설립, 마산 수출자유무역지역 건설
1인당 국민총소득 249달러
수출 8억 달러 기록
방위산업육성 발표

박치기왕 김일

1960년대 판자촌

강남 개발의 상징 반포 지역

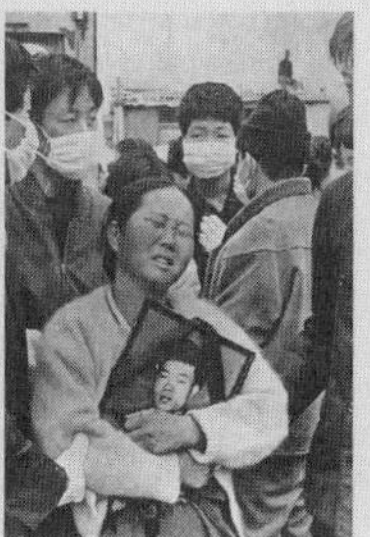

전태일 분신

베이비붐 세대가 겪은 사건 일지

새마을 운동

10월 유신 선포 후 연세대에 진주하는 계엄군

민청학련 사건 (위)
긴급조치 4호 선포 (아래)

「데모學校」廢校가

不純요인

7·4 남북공동성명

새마을 운동 시작, 사범 파동
광주대단지 사건, 실미도 사건
김영삼·김대중 '40대 기수론' 열풍

닉슨 대통령 중국 방문
7·4 남북공동성명, 유신독재 체제 등장

김대중 납치 사건, 중학학군입화 정책 발표

고교 평준화 제도 도입
헌법개정 백만인 청원운동
인혁당 사건, 민청학련 사건, 하도호구단 부활 발표
육영수 여사 피격 사건, 김지하 고문 사건
긴급조치 9호 선포,

| 1970 | 1971 | 1972 | 1973 | 1974 | **1975** |

중학생   고등학생

20세

한국인 평균수명 62.3세
그린벨트 제도 발표
김민기 「아침이슬」 발표

제3차 경제개발 5개년 계획 시작
8·3 사채동결조치 발표
포항제철 1기 설비 준공
남진·나훈아 트로트 신드롬
경불의 장발·미니스커트 단속 시작

중동건설시장 진출
서울 지하철 등장

국산자동차 '포니' 개발 (현대자동차)
수출 50억 달러 기록
조용필 「돌아와요 부산항에」 데뷔

포니

1차 오일쇼크

연탄공장

중동건설시장 진출

박정희 대통령과 포철 제2고로 화입식

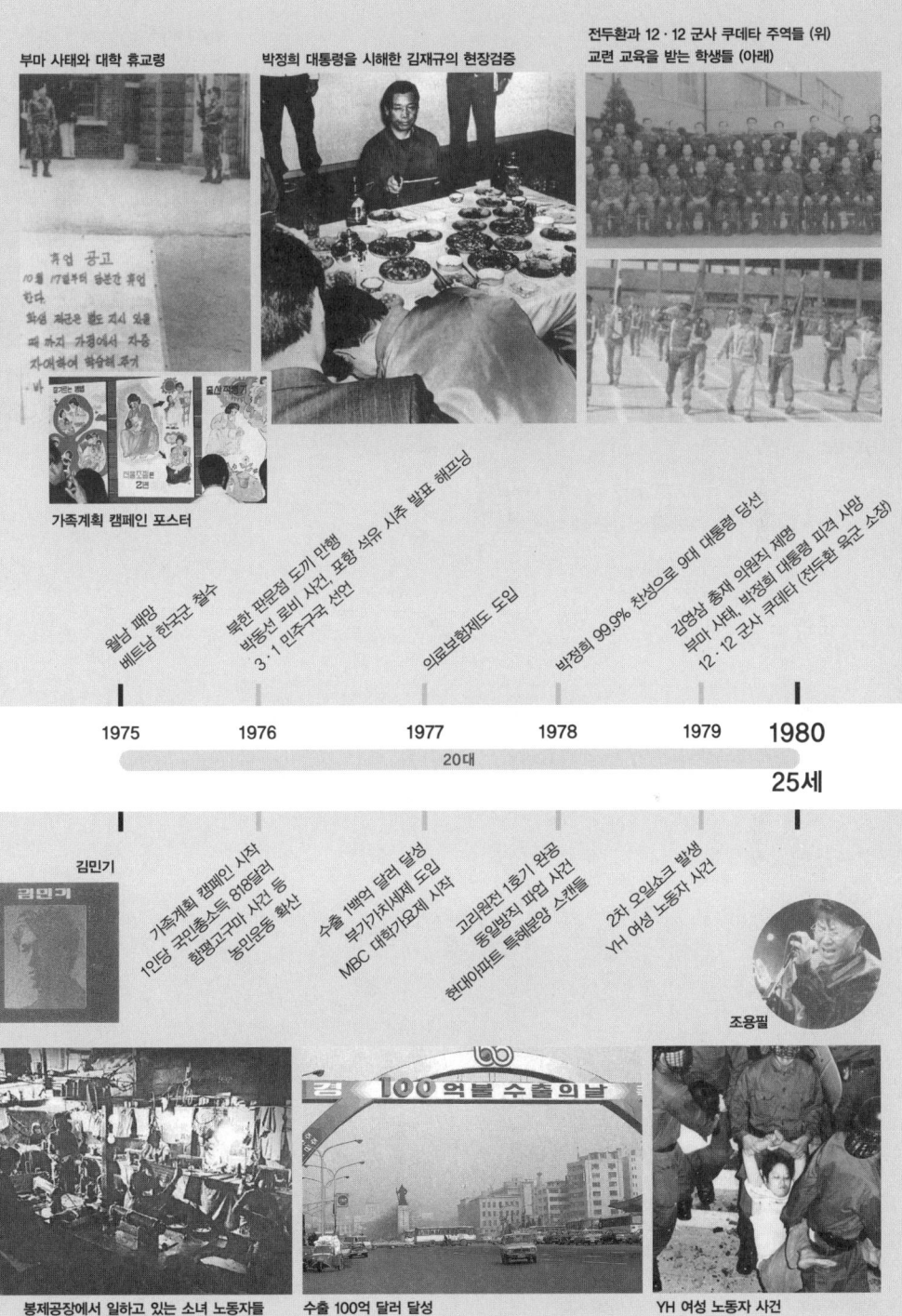

부마 사태와 대학 휴교령

휴업 공고
10월 17일부터 당분간 휴업
한다.
화성 제군은 별도 지시 있을
때 까지 가정에서 자중
자애하여 학습해 주기

가족계획 캠페인 포스터

박정희 대통령을 시해한 김재규의 현장검증

전두환과 12·12 군사 쿠데타 주역들 (위)
교련 교육을 받는 학생들 (아래)

김민기

조용필

월남 패망
베트남 한국군 철수

북한 판문점 도끼 만행
박동선 로비 사건, 포항 석유 시추 발표 해프닝
3·1 민주구국 선언

의료보험제도 도입

박정희 99.9% 찬성으로 9대 대통령 당선

김영삼 총재 의원직 제명
부마 사태, 박정희 대통령 피격 사망
12·12 군사 쿠데타 (전두환 육군 소장)

1975   1976   1977   1978   1979   **1980**

20대

25세

가족계획 캠페인 시작
1인당 국민총소득 818달러
함평고구마 사건 등 농민운동 확산

수출 1백억 달러 달성
부가가치세제 도입
MBC 대학가요제 시작

고리원전 1호기 완공
동양방직 파업 사건
현대아파트 특혜분양 스캔들

2차 오일쇼크 발생
YH 여성 노동자 사건

봉제공장에서 일하고 있는 소녀 노동자들

100억 달러 수출의 날

수출 100억 달러 달성

YH 여성 노동자 사건

베이비붐 세대가 겪은 사건 일지

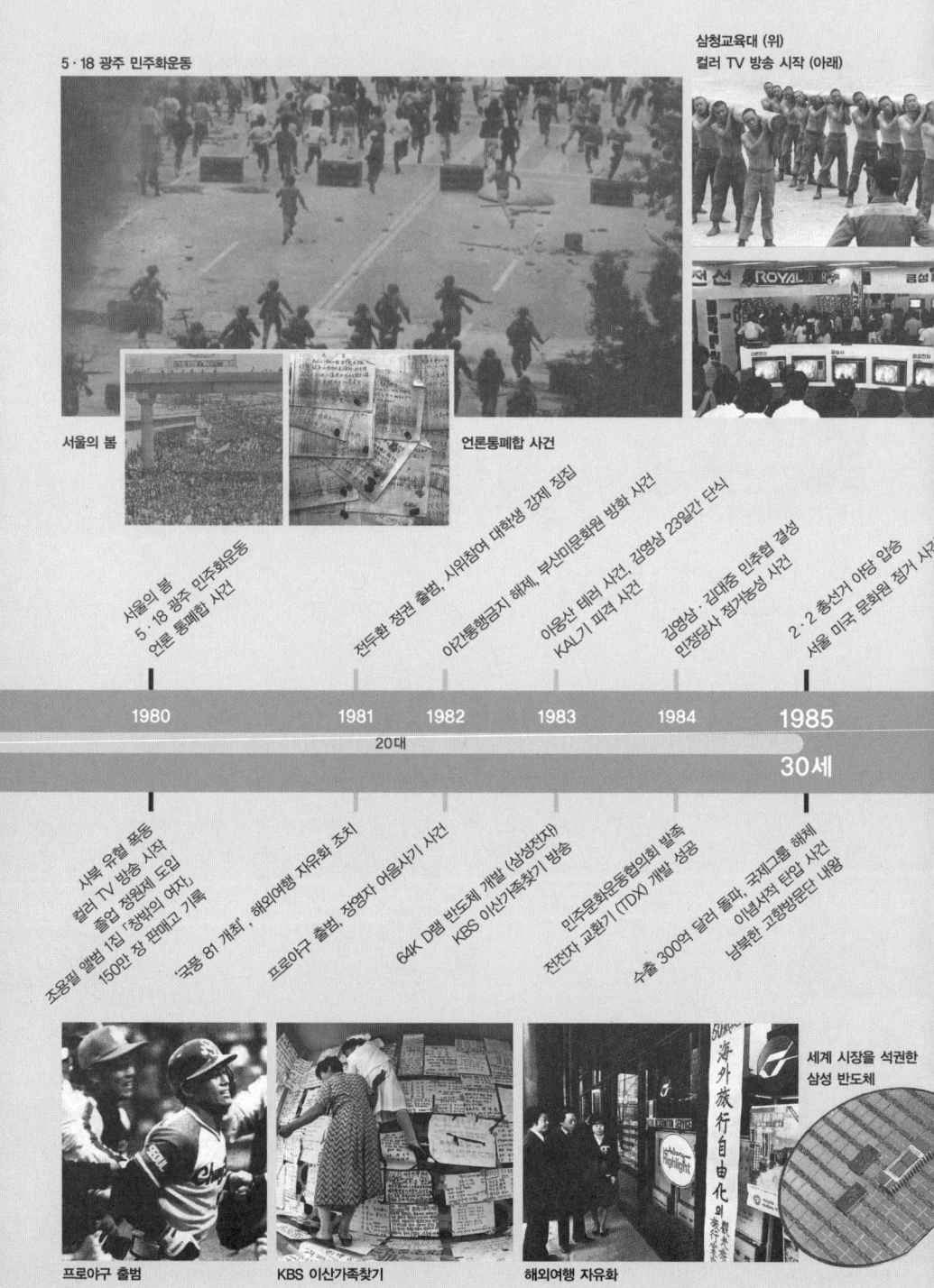

6·10 민주 항쟁에 나선 '넥타이 부대'

87년 노동자 대투쟁

베를린 장벽 붕괴

박종철 고문치사 사건

우리 종철이를 살려 내라!

5·3 인천 사태, 건국대 농성 사건
부천서성고문 사건, 교수연합시국선언,
보도지침 폭로 사건

박종철 고문 치사 사건, 6·10 민주 항쟁
6·29 선언, 7~9월 노동자 대투쟁
전국교사협의회 (전교협) 결성

노태우 정권 출범, 국민연금제도 도입,
88서울 올림픽, 5공 청문회 개최, 전두환 백담사 유배

동서 냉전 종식, 베를린 장벽 붕괴,
황석영·문익환·임수경 북한 방문

동독 서독 통일, 한국 소련 수교
노태우·김영삼·김종필
3당 합당

| 1985 | 1986 | 1987 | 1988 | 1989 | **1990** |

30대

35세

조정래 『태백산맥』

'3저 호황' 시작
사상 최초 무역흑자 기록

이병철 삼성그룹 회장 사망
1가구 1전화 시대 개막

국민연금제도 도입
한겨레신문 창간

의료보험 전 국민 확대
분당·일산 수도권 신도시 건설
해외여행 자유화 확대
조정래 『태백산맥』 신드롬

1인당 국민총소득 5,886달러
수출 650억 달러 기록
신용카드 인구 1천만 명 돌파

이병철 회장 사망

88서울 올림픽 개막

의료보험 전 국민 확대

수도권 신도시 개발

베이비붐 세대가 겪은 사건 일지

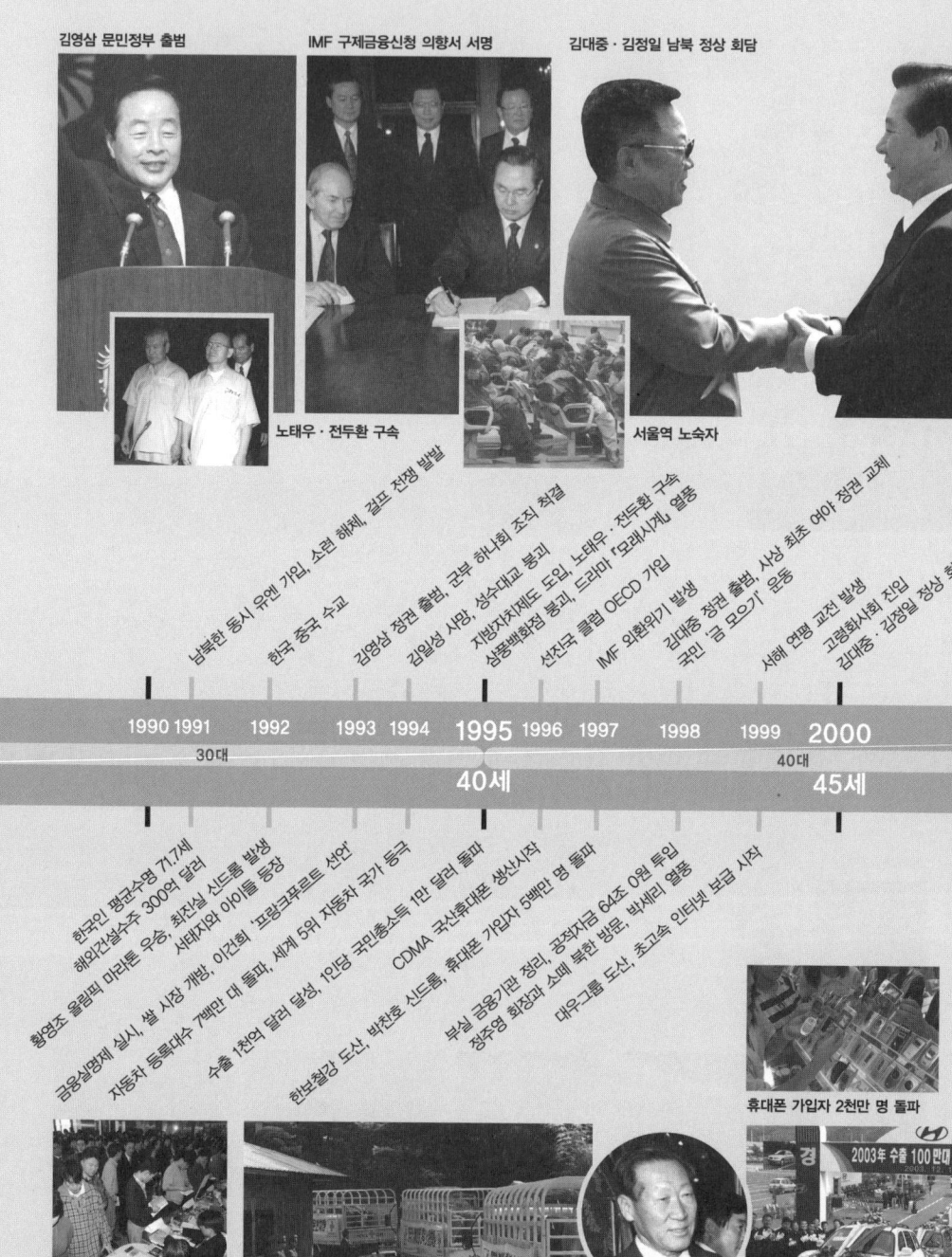

김영삼 문민정부 출범

IMF 구제금융신청 의향서 서명

김대중 · 김정일 남북 정상 회담

노태우 · 전두환 구속

서울역 노숙자

남북한 동시 유엔 가입, 소련 해체, 걸프 전쟁 발발

한국 중국 수교

김영삼 정권 출범, 군부 하나회 조직 척결

김일성 사망, 성수대교 붕괴

지방자치제도 도입, 노태우 · 전두환 구속, 드라마 「모래시계」 열풍
삼풍백화점 붕괴

선진국 클럽 OECD 가입

IMF 외환위기 발생

김대중 정권 출범, 사상 최초 여야 정권 교체
국민 '금 모으기' 운동

서해 연평 교전 발생

고령화사회 진입
김대중 · 김정일 정상 회담

| 1990 | 1991 | 1992 | 1993 | 1994 | **1995** | 1996 | 1997 | 1998 | 1999 | **2000** |

30대

40세

40대

45세

한국인 평균수명 71.7세
해외건설수주 300억 달러

황영조 올림픽 마라톤 우승, 최저임 신드롬 발생
서태지와 아이들 등장

금융실명제 실시, 쌀 시장 개방, 이건희 '프랑크푸르트 선언'

자동차 등록대수 7백만 대 돌파, 세계 5위 자동차 국가 등극

수출 1천억 달러 달성, 1인당 국민총소득 1만 달러 돌파

CDMA 국산휴대폰 생산시작

한보철강 도산, 박찬호 신드롬, 휴대폰 가입자 5백만 명 돌파

부실 금융기관 정리, 공적자금 64조 0원 투입
정주영 회장과 소떼 북한 방문, 박세리 열풍

대우그룹 도산, 초고속 인터넷 보급 시작

휴대폰 가입자 2천만 명 돌파

국민 '금 모으기' 운동

정주영 회장 소떼 몰고 북한 방문

정주영 회장

현대자동차 100만 대 수출

2002 한일 월드컵과 4강 신화 달성

이명박 대통령 취임

노무현 대통령 사망 (위)
삼성 비자금 사태 (아래)

이라크에 파병된 자이툰 부대

인천 국제공항 완공
한일 월드컵 개최, 월드컵 4강 신화
노무현 정권 출범, 영화 「실미도」 관객 1천만 명 돌파
이라크 전쟁 발발
노무현·김정일 정상 회담
이명박 정권 출범, 노인 장기요양보험제도 도입
노무현·김대중 대통령 사망

2000	2001	2002	2003	2004	2005	2006	2007	2008	2009	**2010**

50대

55세

정주영 현대그룹 회장 사망
휴대폰 가입자 2천만 명 돌파
초고속 인터넷 1천만 명 돌파
삼성 변칙 상속 검찰수사
SK그룹 분식회계, 손길승 회장 구속
대우그룹 분식회계, 김우중 회장 구속
두산그룹 분식회계, 박용성 회장 사퇴
현대자동차 비자금 스캔들, 정몽구 회장 구속
삼성 비자금 사태, 코스피 지수 사상 최고치 기록
글로벌 금융위기 발생, 무역 규모 8천억 달러 돌파
1인당 국민총소득 1만 7,175달러, 걸 그룹 열풍
삼성전자 세계 1위 전자업체 등극

글로벌 금융위기 발생

대우그룹 도산

정몽구 회장 구속

코스피 지수 사상 최고치 기록

삼성전자 매출액 세계 1위 전자업체 등극

베이비부머들이 55세 정년퇴직을 맞는 시점이 되면서, 베이비붐 세대를 조명하는 신문기사와 방송 특집들이 자주 등장하고 있다. 베이비붐 세대의 은퇴는 이제 막 시작됐을 뿐이며, 앞으로 더욱 많은 숫자가 쏟아져 나올 것이다. 베이비붐 세대의 은퇴가 주목을 받는 이유는, 규모가 712만 명에 달하는 엄청난 인구집단이라는 사실 때문이다.

그러나 최근 언론에 비치는 베이비붐 세대의 모습은 음울한 것들이 많다. 자식 키우느라 돈을 다 써버려 노후생활이 불안하고, 청춘靑春을 바친 직장에서 구조조정의 칼바람을 맞아 거리로 밀려나고 있다는 '비장한 스토리'가 대부분이다. 위로는 늙으신 부모를 봉양해야 하고 아래로는 자식들의 눈치를 봐야 하는 '낀 세대'라는 표현까지 등장한다.

미디어에 나오는 이러한 모습이 진짜 베이비붐 세대의 얼굴일까. 만약 그렇다면 베이비붐 세대는 이 세상에 태어나 고생만 실컷하다 슬프게 사그라져 가야 하는 운명을 타고난 것일까. 이러한 시각에 대해 의문을 가진 것이, 필자가 '대한민국을 재창조한 베이비붐 세대의 어제 오늘 그리고 내일'이라는 부제가 붙은 이 책을 쓰게 된 동기이다.

미디어가 그리는 불안한 노후는 베이비붐 세대가 가진 여러 가지 얼굴 가운데 겉만 본 것에 지나지 않는다. 베이비붐 세대는 대한민국 역사에서 가장 오랫동안 기억될 당당한 세대이다. 군사독재 아래에 있던 대한민국을 민주화로 이끌고, 대한민국 고도 성장기에 산업전사로 일하면서 경제 부흥의 견인차 역할을 한 '산업화와 민주화'의 주역이다.

경제 건설의 횃불은 비록 선배 세대가 들었지만, 먼지 날리는 공장에서 기름땀을 흘리고 뜨거운 햇볕이 내리쬐는 중동 사막에서 도로를 닦던 근로자들은 모두 베이비붐 세대다. 베이비부머들의 이런 업적은 앞으로 수많은 세월이 흘러도 결코 사라질 수 없는 영광스런 것이다.

베이비붐 세대가 살아온 지난 50여 년의 세월은 대한민국 현대사 그 자체라 해도 과언이 아니다. 베이비붐 세대는 유년기에 '빈곤의 시대'를 거쳐, 청년기에 '군사독재 시대'를 경험했고, 젊은 샐러리맨의 시기에 '민주화 시대'를 맞이했으며, 중년의 시기에 'IMF 시대'를 겪었다.

특히 학창시절 겪은 유신정권의 긴급조치 선포, 부마 사태, 10 · 26 사태와 박정희 대통령 사망, 서울의 봄, 12 · 12 군사 쿠데타, 광주 민주화운동 등 일련의 사건들은 지금도 머리에 생생하다. 베이비붐 세대는 이러한 시대적 아픔을 극복하면서 선배 세대가 물려주었던 유산들을 잘 지켜냈으며, 민주주의가 활짝 핀 세상을 만들어 후배 세대에 넘겨주려 하고 있다.

또 베이비붐 세대는 엄청난 인구집단의 힘으로 한국의 전통적 사회 · 경제 시스템을 환골탈태換骨奪胎시켜놓은 세대다. 대부분 농촌에서 태어난 베이비붐 세대는 궁핍한 유년시절을 보낸 뒤 취업을 하고 대학을 다니기 위해 서울과 부산 등 대도시로 이동을 했다. 가히 '엑소더스'라 부를 만한 베이비붐 세대의 집단 이동은 수도권의 인구 팽창을 불러왔고, 이들을 수용하기 위해 분당과 일산과 평촌 등에 대규모 신도시가 만들어졌다.

베이비붐 세대가 대처에서 결혼을 하고 가정을 꾸리면서 핵가족 제도가 빠르게 확산됐으며, 이들이 자동차와 컬러 텔레비전과 냉장고 같은 내구소비재를 대량으로 사들이면서 내수시장이 폭발적으로 성장했다. 베이비부머들이 열어젖힌 대량생산·대량소비 시대의 개막은 경제성장을 촉진했고, 이런 과정을 통해 베이비부머들은 우리나라 중산층의 중추세력으로 자리 잡았다.

이 책은 베이비붐 세대의 위대한 업적들을 기록으로 남기고, 그런 사실들을 후세대들에게 전하기 위한 목적으로 기획되었다. 베이비붐 세대가 겪었던 지난 세월을 후세대들이 이해하게 된다면, 세대 간의 소통이 한층 수월해질 것이라 믿는다. 또 은퇴를 앞둔 베이비부머들이 이 책을 통해 그간의 노고勞苦에 대해 위로를 받고, 멋진 '제2의 인생'을 펼쳐나가는 힘을 얻게 된다면 필자에게 더 영광스런 일은 없을 것이다.

필자는 사회학이나 인구학을 체계적으로 공부한 전문 학자가 아니다. 그러나 신문사에서 25년간 기자로 일하면서 직업 특성상 사회를 넓게 조망하고, 다양한 사람들을 만나는 기회를 가질 수 있었다. 기자생활을 하는 동안 쌓은 경험들이 이 책을 쓰는 데 큰 자산이 되었다. 글을 처음 쓰기 시작할 때는 베이비붐 세대가 이 땅 위에 남긴 유산들을 집중적으로 조명하려 했다.

그러나 점차 베이비붐 세대가 은퇴하면 우리 사회에 무슨 일이 벌어질까 하는 궁금증을 갖게 됐고, 앞으로 베이비붐 세대가 풀어야 할 과제가 무엇인가 하는 데까지 생각이 이어졌다. 이 책에서 「4부 검증! 베이비붐 세대의 은퇴 충격」, 「5부 예측! 베이비붐 세대의 앞날」, 「6부 베이비붐 세대가 풀어야 할 과제」 등은 필자 나름대로 그 해답을 고민하고 풀어놓은 결과물이다. 일반 상식과 상당히 다른 내용이 많다는 점에서 한 번 곰곰이 읽어볼 만한 가치가 있을 것이다.

이 책에서 가장 흥미로운 내용은 베이비부머 3,500명의 인생 궤적을 추적하여 그들이 현재 어떤 삶을 살고 있는지를 구체적으로 분석한 부분이다. 경기고, 경남고, 경복고, 경북고, 광주일고, 대전고 등 6개 명문 고등학교 1974~1978년 졸업생들의 인생을 추적해가다 보면, 우리가 그간 인식하지 못했던 새로운 사실들을 발견하는 즐거움도 느낄 수 있을 것이다.

필자의 부족한 능력에도 불구하고 이 책이 빛을 볼 수 있었던 데는 가천길재단 이길여 회장님, 가천의과대 송석구 총장님, 김충식 대외협력처장님을 비롯한 재단가족 여러분의 격려가 큰 힘이 됐다. 일선 기자 시절, 취재법과 글 쓰는 법을 혹독하게 가르쳐주신 최청림 전 조선일보 논설주간님, 최준명 전 한국경제 사장님과 강천석 조선일보 주필님께도 깊은 감사를 드린다.

신용회복위원회 고운호 위원과 한국은행 송승주 박사, 조선일보 최정태 기획위원은 원고를 미리 읽어주고 좋은 코멘트를 해주셨다. 이분들의 도움으로 책의 내용을 보다 충실하게 만들 수 있었다. 감사를 드린다. 또 바쁘신 가운데서도 필자의 인터뷰 요청에 흔쾌히 응해주신 경기고, 경남고, 경복고, 경북고, 광주일고, 대전고 동창회 간부들께 이 자리를 빌려 다시 한 번 깊은 감사를 드린다.

2010년 6월
송양민

제2부 | 베이비붐 세대의 어제

제3부 | 베이비붐 세대의 오늘

제4부 | 검증! 베이비붐 세대의 은퇴 충격

제5부 | 예측! 베이비붐 세대의 앞날

제6부 | 베이비붐 세대가 풀어야 할 과제

한국사회와
베이비붐 세대

1

CHAPTER 01

베이비붐 세대의
인생 대차대조표

2010년 쇼크, 준비되지 않은 은퇴

올해는 대한민국에 역사적인 해로 기록될 만하다. 한국전쟁 직후
인 1955년부터 1963년까지 9년에 걸쳐 태어난 베이비붐 세대가
올해부터 55~60세 정년을 맞아 대규모 은퇴를 시작하기 때문이
다. 712만 명에 달하는 베이비붐 세대는 우리나라 전체 인구의
14.6%를 차지하는 거대한 인구집단이다.

베이비붐 세대의 은퇴가 이미 시작된 미국과 일본의 사례를 볼
때, 이들 거대 인구집단의 은퇴는 앞으로 가계살림, 사회구조, 더
나아가 국가재정에 큰 영향을 줄 것이다. 그래서 언론들은 베이비
붐 세대의 은퇴를 '2010년 쇼크'라고 이름 붙이고 있다.

언론이 특히 부각시키고 있는 것은 베이비붐 세대의 부실한 노
후준비다. 언론들의 지적대로 은퇴준비가 부실한 베이비부머들이
한꺼번에 쏟아져 나오면 사회 빈곤층이 크게 증가하고, 해체 위기
를 맞는 가정들이 늘어나게 될 것이다. 실제로 여러 기관들이 최근
내놓은 조사보고서를 살펴보면, 베이비부머들의 노후준비 상태가

매우 취약한 것으로 조사되고 있다.

먼저 삼성생명이 베이비부머 578명을 대상으로 실시한 은퇴준비 실태조사에 따르면, 베이비부머들이 은퇴를 앞두고 모아놓은 노후자금은 월 150만 원 전후인 것으로 조사되고 있다. 금융 컨설턴트들이 적정 노후자금 수준으로 제시하는 월 200만 원에 한참 못 미치는 금액이다. 또 준비한 노후자금이 월 100만 원에도 미치지 못하는 사람이 전체의 24%에 달해, 상당수가 은퇴 후 심각한 재정난에 직면할 것으로 분석됐다.

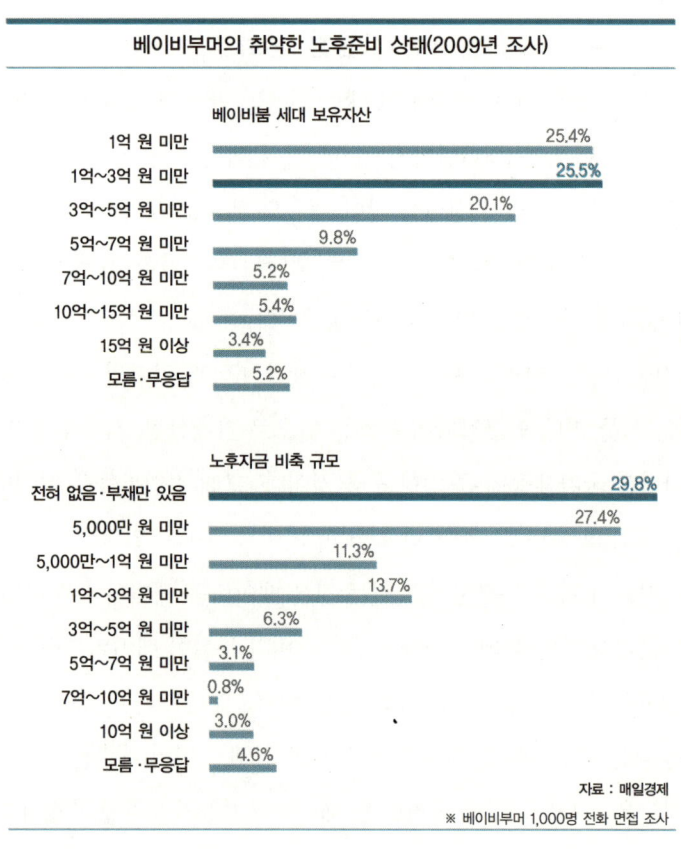

베이비부머의 취약한 노후준비 상태(2009년 조사)

베이비붐 세대 보유자산

1억 원 미만	25.4%
1억~3억 원 미만	**25.5%**
3억~5억 원 미만	20.1%
5억~7억 원 미만	9.8%
7억~10억 원 미만	5.2%
10억~15억 원 미만	5.4%
15억 원 이상	3.4%
모름·무응답	5.2%

노후자금 비축 규모

전혀 없음·부채만 있음	**29.8%**
5,000만 원 미만	27.4%
5,000만~1억 원 미만	11.3%
1억~3억 원 미만	13.7%
3억~5억 원 미만	6.3%
5억~7억 원 미만	3.1%
7억~10억 원 미만	0.8%
10억 원 이상	3.0%
모름·무응답	4.6%

자료 : 매일경제
※ 베이비부머 1,000명 전화 면접 조사

베이비부머의 노후준비가 부실하다는 또 다른 증거는, 국민연금 가입자가 절반도 안 된다는 사실에서 엿볼 수 있다. 국민연금공단 조사에 따르면, 베이비붐 세대 가운데 국민연금에 가입한 사람은 352만 명으로 전체의 47.7%에 그치고 있다. 베이비붐 세대의 4~5%가 다른 공적연금(공무원·사학·군인 연금)에 가입해 있는 점을 고려하더라도, 노후준비가 전반적으로 취약하기 짝이 없다.

또 미래에셋퇴직연금연구소 조사에 따르면, 은퇴시기가 임박한 40세 이상 샐러리맨들 가운데 퇴직금을 중간 정산해버린 사람이 무려 64%에 달하는 것으로 나타나고 있다. 1990년대 중반까지만 해도 은퇴한 샐러리맨들은 회사에서 받은 퇴직금을 가지고 그런대로 안정적인 노후생활을 할 수 있었다. 하지만 IMF 경제 위기 이후 많은 대기업들이 재정 부담을 덜기 위해 퇴직금을 중간 정산해버리는 바람에 목돈을 만질 수 있는 퇴직금이 사라져버린 것이다.

이런 상태에서 은퇴시기를 맞는 베이비부머의 앞날은 험난할 수밖에 없다. 우리나라 도시가계의 한 달 평균 생활비는 278만 원(2009년 기준, 통계청 조사) 선으로 나타나고 있다. 은퇴 생활비가 보통 현역시절 생활비의 70% 정도 들어감을 고려하면, 한 달에 약 200만 원이 필요하다는 계산이 나온다.

이에 비해 베이비붐 세대가 준비한 은퇴자금은 100만~150만 원(삼성생명 조사)에 그치고 있다. 퇴직금도 거의 사라지고, 국민연금도 빈약하기 짝이 없고, 개인적으로 따로 모은 돈도 많지 않으니, 베이비붐 세대의 고민이 클 수밖에 없는 것이다.

통계로 보는 대한민국 베이비부머

1955년부터 1963년까지 9년에 걸쳐 태어난 베이비붐 세대는 모두 712만 명에 달한다. 베이비붐이라는 이름이 붙은 이유는 이 시기에 태어난 아이들의 숫자가 과거와는 비교되지 않을 정도로 엄청나게 많았기 때문이다. 우리나라에서 매년 태어나는 출생아 수는 1950년대 초까지만 해도 연 50만 명 수준이었으나, 한국전쟁이 끝난 후 연 80만~100만 명 수준으로 폭발적으로 증가했다.

처음에는 베이비붐 세대가 810만 명을 약간 웃돌게 태어났으나, 그동안 약 100만 명 정도가 병에 걸리거나 교통사고와 자연재해 등을 당해 사망했다. 그래서 지금 각 연령대별로 70만~80만 명 정도만이 살아남아 현재 숫자는 712만 명에 이른다. 현재 은퇴 대기자 명단에 올라 있는 베이비부머들은 이런 사회적·생물학적 위험을 극복하고 살아남은 위대한 생존자들인 셈이다.

우리가 베이비붐 시기를 1955년부터 1963년까지로 분류하고 있지만, 이 시기에만 출생아가 많았던 것은 아니다. 우리나라 인구 피라미드를 보면, 아이들이 대규모로 태어난 베이비붐 시기가 크게 2번 나타난다. 1955~1963년이 그 하나이고, 1968~1974년이 다른 하나다. 전자를 '1차 베이비붐', 후자를 '2차 베이비붐'이라 부른다.

만약 1955년부터 1974년까지 태어난 아이들을 '넓은 의미의 베이비부머'로 친다면, 이 숫자는 무려 1,650만 명에 달한다. 총인구의 34%에 달하는 엄청난 인구집단이다. 베이비부머의 은퇴 충격이 2010년부터 시작해 오는 2030년까지 20년 가까이 이어질 것이라는 의미이다. 2차 베이비붐 세대의 은퇴 충격은 2021년부터 시작될 전망이다.

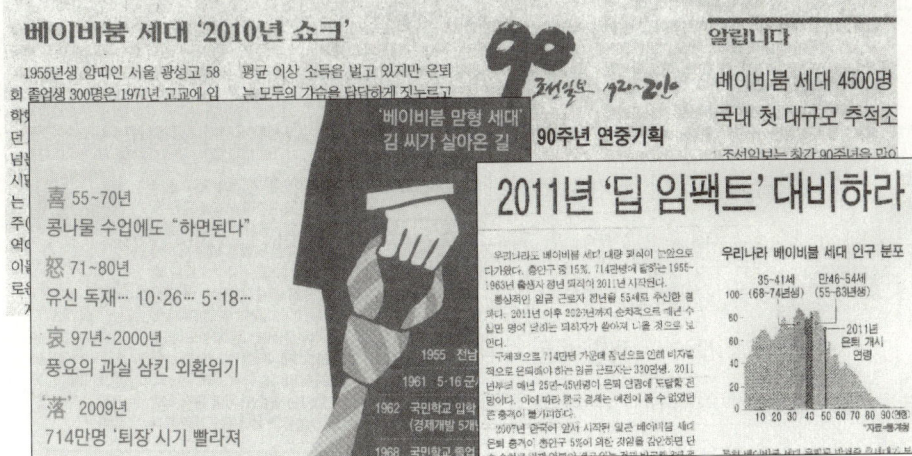

자료 : 조선일보, 동아일보, 매일경제

출생 연도별 베이비붐 세대 숫자

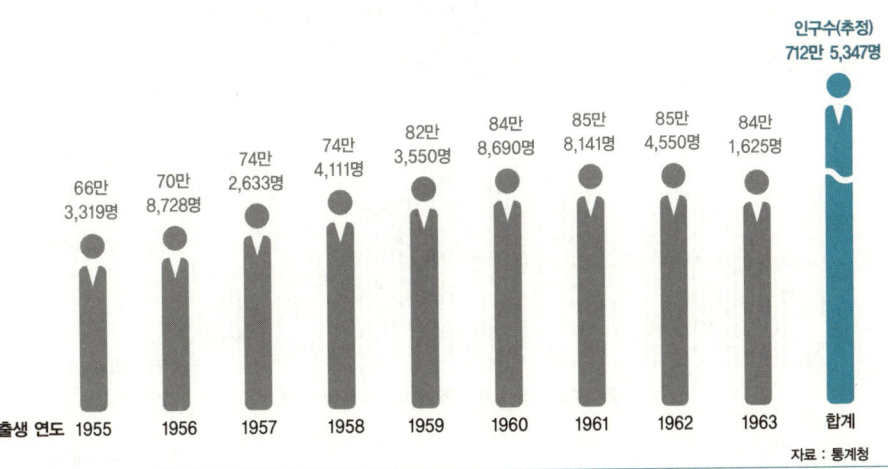

인구수(추정)
712만 5,347명

출생 연도	1955	1956	1957	1958	1959	1960	1961	1962	1963	합계
	66만 3,319명	70만 8,728명	74만 2,633명	74만 4,111명	82만 3,550명	84만 8,690명	85만 8,141명	85만 4,550명	84만 1,625명	712만 5,347명

자료 : 통계청

사람 수가 많은 베이비붐 세대는 지금은 상상하기 힘든 환경 속에서 어린 시절을 보냈다. 동년배 아이들이 많다 보니, 초등학교 시절 학급당 인원이 70~90명에 달하는 '콩나물시루' 같은 교실에서 공부를 해야 했다. 그래도 아이들이 너무 많아 오전반과 오후반, 2부제로 나눠 수업을 진행했다. 저출산低出産 현상 때문에 초등학교 학급당 인원이 20~30명으로 줄어든 요즘과 비교하면, 참으로 격세지감隔世之感 같은 얘기다.

통계청 자료를 살펴보면, 현재 50대 전후의 나이가 된 베이비부머들의 특징이 몇 가지 드러난다. 절반이 수도권에 살고 있으며, 자녀 수는 평균 2.3명이고, 월수입은 평균 445만 원(대졸 남자), 240만 원(고졸 남자)으로 나타난다. 또 베이비부머 10명 가운데 7명은 월급을 쪼개 부모 생활비를 지원하고 있으며, 10명 가운데 5명은 먹고살기 위해 바쁘게 뛰다 보니 최근 수년간 공연장과 스포츠 경기장을 가본 일이 없다고 밝히고 있다.

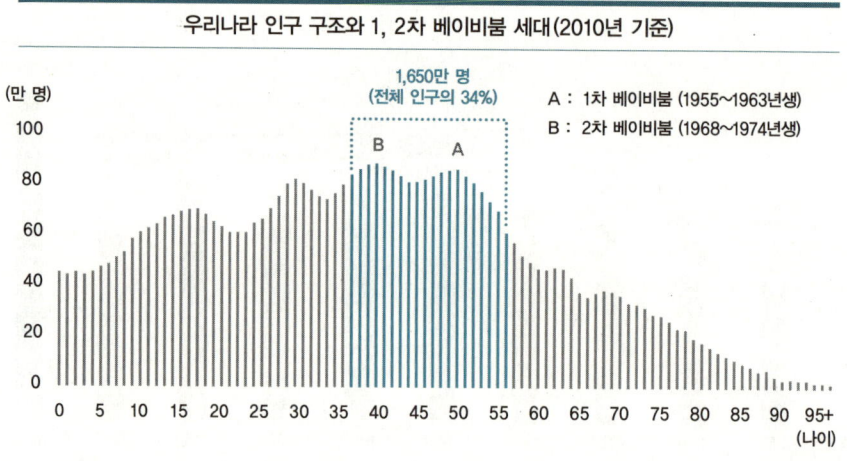

우리나라 인구 구조와 1, 2차 베이비붐 세대(2010년 기준)

1,650만 명
(전체 인구의 34%)

A : 1차 베이비붐 (1955~1963년생)
B : 2차 베이비붐 (1968~1974년생)

(만 명)

자료 : 통계청

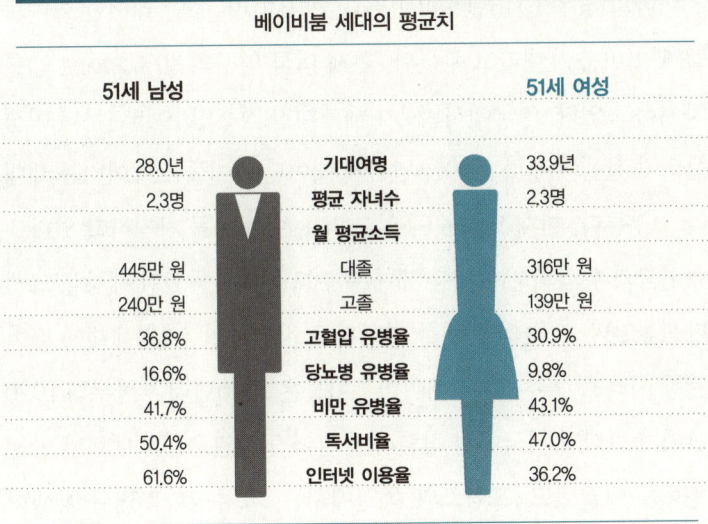

51세 남성	베이비붐 세대의 평균치	51세 여성
28.0년	기대여명	33.9년
2.3명	평균 자녀수	2.3명
	월 평균소득	
445만 원	대졸	316만 원
240만 원	고졸	139만 원
36.8%	고혈압 유병율	30.9%
16.6%	당뇨병 유병율	9.8%
41.7%	비만 유병율	43.1%
50.4%	독서비율	47.0%
61.6%	인터넷 이용율	36.2%

또 베이비부머 10명 가운데 6명은 어린 시절 어려운 가정형편 때문에 '원하는 단계까지 교육을 받지 못했다'고 아쉬워하는 것으로 나타나고 있다. 그러나 어린 시절에는 먹을 것이 부족해 허약하게 자랐지만, 성인이 되어선 좋은 음식을 잘 먹은 탓인지 성인병을 몸에 달고 다니고 있다. 예를 들어 베이비부머의 36.8%가 고혈압을 앓고 있으며, 또 41.7%가 현재 비만 상태에 있는 것으로 나타나고 있다.

미국과 유럽, 일본 베이비붐 세대와의 차이점

베이비붐 세대의 은퇴는 세계 어느 나라에서나 큰 사회적 이슈가 되고 있다. 제2차 세계대전 직후, 10~20년간에 걸쳐 집중적으로 태어난 베이비붐 세대는 현재 각 나라별로 수백만에서 수천만 명에 달한다.

미국의 경우 1946년부터 1964년까지 19년 동안 태어난 아이들을 베이비붐 세대라고 부른다. 현재 미국 인구의 30%(7,700만 명)를 차지하고 있다. 영국에서는 2차 세계대전 직후인 1945년부터 여성들의 출산율이 저하된 1963년까지 태어난 아이들을 베이비붐 세대라고 부른다. 현재 영국 인구의 24%(1,490만 명)를 차지하고 있다.

미국과 유럽의 베이비붐 세대는 부모들이 만들었던 세상을 크게 바꿔놓았다. 그들의 행태를 한마디로 정리하면 '기성세대에 대한 반항'이라고 할 수 있다. 베이비부머들은 1960년대 후반부터 1970년대 초반까지 미국에서 격렬하게 벌어진 인권운동과 베트남 반전운동을 이끌었고, 프랑스와 독일에서는 그 유명한 '68년 학생혁명'을 주도했다. 또 여성해방women's liberation 운동의 주역으로 활동했고, 성적 억압체제에 반발해 자유연애와 성性 개방 문화를 확산시켰다. 전 세계적으로 로큰롤rock'n'roll 음악이 유행하고, 히피 문화가 사회에 파고든 시기도 바로 이때였다.

그러나 베이비붐 세대는 50, 60대가 되면서부터는 미국 사회의 주도세력으로 등장했다. 현재 미국 상·하원 의석의 절반 이상을 장악하고, 미국 50개 주 가운데서 40여 개 주지사 자리를 차지할 정도로 미국 정치를 사실상 베이비부머들이 이끌어가고 있다. 베이비붐 세대가 미국 주류사회에 들어가면서, 진보적이던 이들의 사고방식도 많이 보수화하는 추세를 보이고 있다.

베이비부머들은 폭풍우暴風雨 같은 학창시절을 보낸 뒤, 사회에 나와 취직을 하고 가정을 꾸리면서 미국 경제를 다시 한 번 쥐고 흔들었다. 베이비붐 세대가 1970년대 초반부터 잇달아 결혼을 하면서, 주택가격이 상승바람을 타기 시작했다. 또 노후대비를 위해 펀드를 사고 주식을 사들이자, 주식시장이 1980년대 중반부터 장기 상승기에 들어섰다. 이후 미국은 세계에서 주식과 부동산 가격이 가장 많이 오른 시장이 됐다.

미국과 유럽의 베이비붐 세대는 60~65세의 정년을 맞아 이미 단계적인 은퇴에 들어서고 있다. 그러나 고령자들을 위한 연금제도와 노인의료제도 등 사회복지제도가 잘 갖추어져 있어, 우리나라와 달리 '은퇴 쇼크'라는 말이 나오질 않고 있다. 은퇴하고 싶은 사람은 조용히 은퇴를 하고, 일을 더 하고 싶은 사람은 새로운 직장을 찾아서 조용히 일을 한다는 얘기다. 선진국이 선진국이라 불리는 것은 바로 이런 이유 때문이 아닌가 싶다.

한편, 일본의 베이비붐 세대는 제2차 세계대전이 끝난 후 1947년부터 1949년까지 3년간 태어난 아이들을 가리키며, 전체 일본 인구의 5%(680만 명)를 차지하고 있다. 인구 피라미드에서 볼 때 '뭉쳐진 덩어리'처럼 생겼다고 해서 '단카이團塊 세대'라는 이름이 붙었다. 경제평론가인 사카이야 다이치堺屋太一가 1976년 『단카이 세대』라는 소설에서 만들어낸 말이다.

일본의 단카이 세대는 태평양 전쟁의 패전으로 일본이 경제적으로 매우 궁핍했던 시기에 태어나 어린 시절을 보냈다. 학생시절엔 사회주의의 영향을 받아 반정부 시위(특히 전공투가 벌인 1969년 안보투쟁은 유명함)를 벌이며 투쟁적인 학창시절을 보냈다. 그러나 단카이

한·미·일의 베이비붐 세대 특징

한 국	일 본	미 국
1955~1963년생	1947~1949년생	1946~1964년생
712만 명, 전체 인구의 14.6%	680만 명, 전체 인구의 5%	7,700만 명, 전체 인구의 30%
1인당 평균자산 2억 5,316만 원	1인당 금융자산 1,868만 엔	1인당 평균자산 86만 달러

자료 : 미래에셋투자교육연구소, 현대경제연구원

세대는 대학 졸업 후 사회에 진출해서는 일본 경제성장을 이끌어 낸 '회사형 인간'의 대명사가 되었다.

토끼장 같은 좁은 집에서 살면서, 오로지 회사를 위해 묵묵히 일하는 그들에게 '경제적 동물economic animal'이라는 별명이 붙었다. 단카이 세대는 일본이 세계 제2위의 경제대국으로 성장하는 데 크게 기여했지만, 1991년 이후 경제 버블이 꺼지면서 장기불황의 고통을 몸으로 체험하고 있다.

반면 한국은 한국전쟁 직후인 1955년부터 1963년 사이에 태어난 아이들을 가리킨다. 시기적으로 볼 때 한국의 베이비붐 세대의 등장은 미국과 일본, 유럽보다 10년가량 뒤지고 있다. 이미 은퇴를 시작한 선진국 베이비붐 세대에 비해 나이가 10년 정도 젊다는 뜻이다.

그래서 그런지 한국의 베이비붐 세대는 선진국 베이비붐 세대와는 다른 몇 가지 특징을 보이고 있다. 우선 미국과 유럽, 일본의 베이비붐 세대가 대학시절 기성체제에 반발하여 사회변혁 운동을 벌인 데 비해, 우리나라 베이비붐 세대는 독재정권에 저항하여 민주주의 회복 운동을 벌인 점을 지적할 수 있다.

두 번째는 미국과 유럽의 베이비붐 세대가 안정된 시기에 태어나 자유와 방종放縱을 즐긴 반면, 우리나라 베이비붐 세대는 궁핍한 시기에 태어나 경제발전에 앞장서는 충실한 '산업전사'가 되었다는 점이다. 국가 발전에 기여한 것으로 따지면, 우리나라 베이비붐 세대가 훨씬 큰 업적을 만들어낸 셈이다.

격동의 시대를 통과해온 대한민국 베이비붐 세대

대한민국 베이비붐 세대는 질풍노도疾風怒濤와 같은 삶을 살았다. 이들이 살아온 지난 55년의 역사는 참으로 파란만장했다. 베이비 부머의 머리에 트라우마trauma로 남아 있는 큰 사건만 살펴봐도, 유신정권의 긴급조치 선포, 박정희 대통령 총격 사망, 12 · 12 군사 쿠데타, 광주 민주화운동, 87년 6월 민주 항쟁, IMF 경제 위기 등 헤아리기조차 힘들다.

박정희 · 전두환 두 독재정권 하에서 중학교와 고등학교를 다닌 베이비부머들은 요즘 학생들처럼 공부를 죽어라고 하지는 않았다. 대학 진학 경쟁률이 크게 낮아 대학 가기가 지금보다 훨씬 수월했기 때문이다. 또 학원이 지금처럼 번성하지 않았고, 부모들이 아이들을 학원에 보낼 돈도 없어 수업이 끝나면 집에서 책을 보거나 뒹굴면서 시간을 보냈다.

그러나 대학교를 다니는 것은 베이비붐 세대가 후배 세대들보다 훨씬 힘들었다는 생각이 든다. 거의 매일 데모가 터져 수업이 정상적으로 이뤄지지 못했고, 경찰이 대학에 상주하면서 학생들을 감시해 숨이 팍팍 막히는 학창 생활을 보냈다. 그래서 베이비부머들은, 자신들이 대학생과 사회초년병이었던 시절, 박정희 대통령이 김재규 중앙정보부장의 총격을 받아 사망한 사건을 생생하게 기억한다. 고대하던 민주주의의 꽃이 다시 피어날 수 있는 시기가 온 것으로 기대했기 때문이다.

그러나 잠깐 꽃피었던 '서울의 봄'은 전두환 소장과 노태우 소장의 군사 쿠데타로 단명으로 끝나고 말았다. 이후 대한민국에는 전두환 · 노태우 두 군인 출신이 이끄는 권위주의 정권authoritarian regime이 12년 동안 이어졌고, 1993년 국민들의 직선을 통해 김영삼 대통령 정부가 등장하면서 드디어 민주주의 시대에 진입하게 되었다.

군사정권이 민주정부로 바뀌는 동안, 베이비부머들이 겪은 경제적 변화도 엄청났다. 사는 집에 비유해 말하자면, 연립주택 지하실에 살다가 고층 아파트로 올라온 격이다. 베이비부머들이 자라나던 1950, 1960년대는 우리나라 경제사정이 좋지 않아서 하루 3끼를 다 먹는다는 게 쉬운 일이 아니었다. 식량 부족사태가 자주 발생해, 정부가 미국에서 쌀과 밀·옥수수 같은 잉여농산물을 들여다 국민들의 주린 배를 채워주었다.

쌀이 부족했던 시절, 정부는 쌀과 보리를 섞어 먹는 혼식混食을 장려했고, 학교에선 매일 도시락 검사를 하여 쌀밥을 싸 온 학생들에게 벌을 주었다. 점심 굶는 아이들을 위해 정부는 미국산 밀가루와 옥수수 가루로 빵을 만들어, 초등학교 아이들에게 매일 하나씩 나눠주었다. 미국 잉여농산물로 만든 옥수수 빵과 강냉이 죽, 우유 가루는 배고픈 베이비부머들이 배를 채우는 데 큰 도움이 됐다.

또 베이비부머들이 초등학교에 다니던 시절, 우리나라 농촌 지역에는 전깃불이 들어오지 않는 곳이 많았다. 그래서 석유를 넣은 호롱에 불을 켜놓고 공부를 해야 했고, 기름을 절약하기 위해 저녁 8시가 되면 잠자리에 들었다. 산골 오지에 사는 아이들도 많아 10~20km를 걸어서 학교를 가는 것은 보통이었다.

베이비붐 세대는 중학교를 다닐 때 우리나라에서 만들어진 시발자동차와 흑백 텔레비전, 냉장고를 처음 구경했다. 또 고등학교를 다닐 때 서울에 아파트라는 주거형태가 처음으로 등장했다. 당시는 모두가 어렵게 살던 시절이라, 고급공무원과 대기업 임원, 전문직업인 같은 부자들만이 고가의 전자제품을 소유할 수 있었다.

우리나라는 1970년대 초반까지 물자가 많이 부족해 일본과 홍콩 등에서 물건을 몰래 들여오는 밀수가 성행했다. 당시 신문에는 밀수하다 경찰에 잡힌 경제사범들의 얼굴이 자주 큼지막하게 실리곤 했다. 밀수 대열에는 한탕을 노린 시장상인과 공무원들이 항상 끼었고, 가끔 재벌기업까지 참여한 사실이 드러나 국민들을 깜짝 놀라게 했다.

김지하 시인의 「오적五賊」(1970년)은 부정부패가 심했던 1960년대 우리나라 사회상을 통렬하게 고발한 시이다. 이 작품이 발표된 『사상계』는 이 사건으로 폐간되었고, 작가는 국가보안법 위반이란 죄목으로 구속되었다. 1960년대와 1970년대는 이처럼 말 한 번 잘못하면 경찰과 중앙정보부에 끌려가 큰 곤욕을 치르는 인권유린의 시대였다.

이야기가 약간 빗나갔지만, 불과 한 세대 전까지만 해도 승용차와 컬러 텔레비전, 아파트는 우리나라 사람 모두가 꿈꾸는 부富의 상징이었다. 그런데 지금 절반 이상의 도시민이 아파트에 살면서 마이카를 굴리고 컬러 텔레비전을 보는 시대가 되었다. 까까머리 학생시절 속초 설악산과 경주 불국사로 가던 수학여행이, 이젠 휴가철만 되면 수백만 명의 국민이 해외여행을 나가는 사시사철 여행으로 바뀌었다.

대한민국의 놀라운 경제발전을 외국 언론은 '한강의 기적奇蹟'이라 부른다. '한강의 기적'이 일어났던 지난 55년은 베이비부머들이 살아온 인생과 그 궤를 같이한다. 이런 점에서 베이비붐 세대는 대한민국 현대사의 증인이며, 무無에서 유有를 창조한 '위대한 세대'라 불러도 틀리지 않을 것이다.

산업화와 민주화 주역의 쓸쓸한 퇴장

한국은 제2차 세계대전 이후 독립한 신생국 가운데, '산업화와 민주화'를 동시에 성공시킨 아주 드문 사례에 속한다. 특히 산업화의 경우, 미국과 일본, 독일, 영국 등 선진국들이 100~200년에 걸쳐 이룩했던 것을 우리나라는 50여 년 만에 성취해내는 기적을 이뤄냈다. 베이비붐 세대는 이런 산업화 과정을 처음부터 끝까지 몸으로 체험하고 지켜본 세대다.

우리나라 경제발전을 다룬 책들을 보면, 박정희 대통령(1917~1979년)의 리더십을 칭송하고, 정주영(1915~2001년) 현대그룹 창업주와 이병철(1910~1987년) 삼성그룹 창업주의 강한 추진력을 높이 평가하는 글들이 많다. 대한민국의 경제발전이 이런 유능한 정치·경제 지도자가 있었기 때문에 가능했던 것은 사실이다.

그러나 먼지 자욱한 공장에서 기름땀을 흘리며 기계를 돌리고, 상사맨이 되어 밤잠 안 자며 수출전선을 뛰어다니던 젊은이들은 모두 베이비부머였다. 인권人權이라는 말 자체가 없었던 시대에 베이비부머들은 공장에서 온몸이 부서지도록 일을 했다. 당시 '공돌이'와 '공순이'라 불렸던 젊은 산업역군이 없었다면 그 저임금에 그 열악한 환경에서 누가 묵묵히 일을 했을까 하는 생각이 든다.

경제개발의 깃발을 박정희 대통령이 들었든, 아니면 정주영 회장과 이병철 회장이 들었든, 베이비붐 세대가 우리나라 고도 성장기에 산업현장의 핵심 노동력이었던 것이다. 이런 점에서 우리나라 베이비붐 세대는 일본 단카이 세대가 1960년대 초반 고등학교, 대학교를 졸업하고 무더기로 산업현장으로 들어가, 일본의 고도 성장기의 주역으로 일했던 것과 아주 비슷하다고 하겠다.

베이비붐 세대가 태어나서 은퇴할 시점에 이르기까지 지난 55

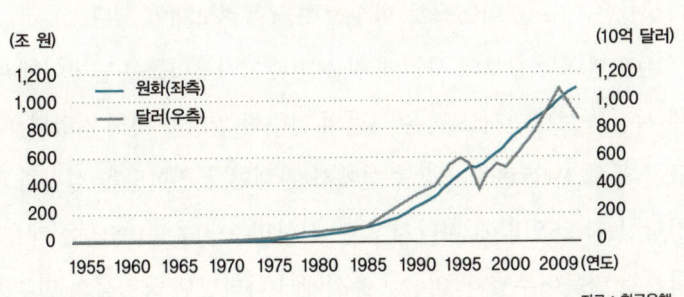

우리나라 경제 규모(GDP) 증가 추이(1953~2009년)

(조 원) / (10억 달러)

— 원화(좌측)
— 달러(우측)

자료 : 한국은행

년 동안 대한민국이 성취한 경제적 업적은 가히 기적이라고 부를 만하다. 1955년 65달러에 불과했던 1인당 GNI(국민총소득)는 2009년 1만 7,175달러로 크게 늘어났다. 겨우 먹고살았던 생활수준이 두 세대 만에 선진국 문턱 수준까지 급상승한 것이다.

또 1955년 14억 달러에 불과하던 GDP(국내총생산)는 2009년 8,329억 달러로 증가했다. 경제 규모가 50여 년 사이에 무려 590배 가까이 늘어난 것이다. 물론 이런 경제발전을 베이비붐 세대가 모두 이룬 것은 아니지만, 선배 세대들 못지않은 큰 기여를 했음은 부인할 수 없을 것이다.

베이비부머가 대한민국 민주화 과정에서 이룩하고 기여한 공로는 산업화 과정의 경제적 성취에 전혀 뒤지지 않는다. 박정희 대통령의 유신독재와 전두환 대통령의 군사독재를 종식시킨 일등공신이 국민이라면, 그 앞줄에 서 있는 세대가 바로 베이비부머다.

베이비부머들은 꽃다운 학창시절의 대부분을 시위와 최루탄 가스 속에서 보냈다. 박정희 대통령이 사망한 직후, '서울의 봄'이라는 짧은 해빙解氷 시기가 있었으나, 곧 이어 전두환 군사독재 정권이 시작되면서 다시 동토凍土의 시간을 보내야 했다. '군사독재 타도'를 부르짖다 수많은 학생들이 퇴학을 당했고, 학교에 남아 있는 학생들은 어두운 마음으로 학창시절을 흘려보내야 했다.

1970년대 후반부터 사회에 진출한 베이비부머들은 밥벌이에 바쁜 시간을 보내면서도 젊은 시절의 민주화 열망을 잊지 않았다. 투표를 통해 1985년 2·12 총선에서 관제야당 민한당을 심판하고, 창당한 지 25일밖에 지나지 않은 신한민주당(총재 김영삼)을 제1야당으로 만들어주었다. 2·12 총선에서 나타났던 국민들의 민주화 열망은 2년 후인 1987년 '6월 민주 항쟁'으로 이어져, 대통령 직선제를 쟁취하는 '6·29 항복 선언'을 이끌어냈다.

이후 대한민국은 국민 직선直選을 통해 노태우, 김영삼, 김대중, 노무현, 이명박 등 5명의 직선 대통령을 만들어냈다. 이처럼 지난 세월 묵묵히 일하며, 대한민국의 산업화와 민주화에 앞장섰던 베이비부머들이 어느덧 정년을 맞아 은퇴를 눈앞에 두고 있다. 운이 좋은 일부는 63~65세까지 현역생활을 하겠지만, 대부분은 앞으로 5년 내지 10년 이내에 현역생활을 끝내게 될 것이다.

은퇴를 앞두고 베이비부머들이 새삼 깨닫는 것은, 별다른 기술을 갖추지 못한 월급쟁이의 비애悲哀이다. 그래서 베이비부머들은 자녀들이 샐러리맨이 되는 것을 어떻게든 막고 싶어 한다. 나이가 들어도 계속 일을 할 수 있는 자격증 직업이, 자녀들의 미래를 어느 정도 보장해줄 것으로 믿는 것이다.

이런 믿음에 근거하여, 비싼 돈을 들여가며 자녀들을 해외연수 보내고, 비싼 사교육비를 써가며 의대와 약대와 법대에 보내 '의사' '약사' '변호사'를 만들려고 기를 쓴다. 언론과 금융기관들이 "그렇게 하면 당신들의 노후가 부실해진다"고 아무리 경고를 해도 베이비부머들은 멈추질 않는다. 알면서도 계속 "고GO!" 할 수밖에 없는 것, 이것이 바로 베이비붐 세대의 비극悲劇인 것 같다.

노후 불안의 원인은 교육비 과다지출

최근 언론에 등장한 베이비부머 위기론은, 712만 명에 이르는 대규모 인구집단이 은퇴준비를 거의 하지 않은 상태에서 회사 밖으로 대거 쏟아져 나온다는 분석에 근거하고 있다. 실제로 베이비붐 세대가 현재 모아놓은 은퇴자금이, 월 150만 원 정도 쓸 수 있는 수준밖에 되지 않는다는 데이터(삼성생명 조사)를 보면, 앞으로 베이비붐 세대가 겪을 고난이 심상치 않아 보인다.

베이비부머의 노후준비가 부실하게 된 것은, 많은 사람들이 이미 알고 있듯이, 자녀교육에 너무 많은 돈을 지출한 때문이다. 부자이든, 중산층이든, 서민이든, 우리나라 도시가계는 대체로 가처분소득의 40~50%를 교육비로 쓰고 있는 것으로 나타나고 있다. 먹고사는 돈을 빼고는 모두 교육비로 투자한다는 뜻이다. 물론 교육비의 대부분은 사교육비로 지출되고 있다.

교육과학기술부의 조사에 따르면, 우리나라 가계의 사교육비 지출 규모는 연간 21조 6,000억 원(2009년, GDP의 3%)이 넘는다. 벌어들이는 수입은 넉넉하지 않은데 자녀 교육비로 돈을 물 쓰듯 하다

자녀 사교육비 지출 증가 추이

	총 사교육비	1인당 월평균 사교육비
2007년	20조 4,000억 원	22만 2,000원
2008년	20조 9,095억 원	23만 3,000원
2009년	21조 6,259억 원	24만 2,000원

자료 : 통계청

보니, 가계에 저축할 돈이 남아나지 못하는 것이다. 그 결과, 베이비부머들의 노후가 '바람 앞의 등불'처럼 위기를 맞고 있다.

교육비 지출이 이처럼 천문학적인 수준으로 늘어난 계기는, 1997년 발생한 IMF 경제 위기라는 게 교육계의 정설이다. IMF 경제 위기 이후 한국 사회에서는 정년퇴직과 종신고용終身雇用 시스템이 무너졌다. 옛날엔 어디든지 직장에만 들어가면, 55~60세 정년까지 근무가 가능했다.

그러나 IMF 경제 위기로 종신고용제도가 무너지고, 대한민국에서 안전한 직장이란 없어졌다. 이런 현상을 목격한 샐러리맨들은 자신들의 아이들을 위한 대책이 무엇인지 고민했고, 선택한 것이 바로 대대적인 교육투자였다. 아이들에게 확실한 밥벌이 기술을 익혀주려면 일류대학에 보내는 것이 최선이고, 그러려면 교육비를 아낌없이 쓸 수밖에 없다는 결론을 내린 것이다.

베이비부머들의 과열된 교육열은 우리 사회에 '기러기 아빠' 현상까지 낳았다. 더 좋은 환경에서 자식 교육을 시키기 위해, 아이들을 미국과 유럽 등으로 유학을 보내고, 자신은 국내에 남아 돈을 벌어 해외로 보내는 것이 '기러기 아빠'다. 통계청 조사에 따르면, 우리나라 베이비부머 가구 가운데 약 12%가 '기러기 아빠'인 것으로 나타나고 있다.

기러기 아빠들의 생활은 참으로 불쌍하기 짝이 없다. 아이들을 해외로 보낼 때 보호자로 아내를 함께 떠나보내기 때문에 남편은 4~10년 동안 홀아비 생활을 해야 한다. 또 자녀 한 명을 해외유학 보내려면 대략 1년에 4,000만~5,000만 원의 거액이 들어간다. 그래서 기러기 아빠들은 돈을 벌기 위해 분골쇄신粉骨碎身해야 한다.

그러나 정상 궤도에서 벗어난 기러기 아빠들의 가정생활은 종종 예상치 못한 결과를 낳는다. 자녀의 해외유학 생활이 길어지면서 아빠와 자녀 간의 관계가 소원해지고, 여기에 이혼을 요구하는 아내들까지 적지 않게 생겨 가정이 파탄 나는 사고가 발생하는 것이다.

CHAPTER 02

베이비붐 세대의
은퇴 현장

씨가 마른 50대 샐러리맨

2009년 말과 2010년 초 삼성, LG, 현대차, SK 등 재벌그룹들은 CEO 개편 인사를 단행했다. 이번 인사에서 드러난 특징 중 하나는 50대 초반 CEO들의 등장이다. 2세 경영권 승계를 앞둔 재벌 오너들이, 50대 후반과 60대 초반의 경영진을 대거 퇴진시키고 50대 초중반의 경영인들을 전면에 배치한 것이다. 이와 함께 1955~1963년생 베이비부머들이 상무, 전무, 부사장 등 핵심 임원진으로 대거 등장했다.

기업들의 신년 인사를 겉으로만 보게 되면, 바야흐로 베이비붐 세대의 시대가 개막된 것 같은 느낌을 준다. 그러나 이런 축복을 받은 베이비붐 세대는 소수일 뿐이다. 승진 파티가 성대하게 이뤄지는 동안 다른 한편에서는 베이비부머들이 대량으로 직장을 떠나가고 있다.

삼성, LG, 현대자동차, SK 등 대기업에선 40대 후반의 중견 간부들이 50세까지 임원으로 승진하지 못하면 사표를 받는 게 오랜 인사 관행이다. 이 때문에 대기업에선 요즘 50대 직원들을 거의 찾아보기 힘들 정도로 씨가 마르고 있다. 베이비부머들이 바로 이 연령대에 해당한다.

기술변화가 빠른 IT기업들의 경우엔, 40대 후반의 직원도 찾아보기 힘들다. 고령 직원들은 급여에 비해 생산성이 낮다는 이유로, 나이가 40대 중반만 되면 일단 자르고 보려는 습관이 생긴 탓이다. 그래서 요즘 기업들에서 50세가 넘어서도 일을 하는 사람들은 '천연기념물'처럼 인식되고 있다.

우리나라 고령자고용촉진법은 기업들에게 정년을 정할 경우 60세 이상이 되도록 노력하는 의무를 부과하고 있다. 그러나 노동부 권고와는 달리, 많은 기업들이 정년을 55~58세로 정해놓고 있다. 노동부가 2007년 1,950개 기업을 대상으로 조사한 결과에 따르면, 55세 정년이 42.9%(611개), 58세 정년이 23.4%(333개), 60세 이상이 16.5%(235개)로 각각 나타나고 있다.

그러나 정년을 이렇게 정해놓고도 직원들이 50대 초중반만 되면 밖으로 쫓아내려고 하는 게 기업들의 인사 관행이다. 사무실에서 책상을 치워버리거나, 허드렛일만 시키는 방법으로 직장에서 내몰고 있는 것이다. 예를 들어 고용이 가장 안정되어 있다는 은행의 경우, 정년은 58~60세로 정해져 있으나, 매년 55세 이상자를 대상으로 명예퇴직 신청을 받아 스스로 알아서 나가도록 압력을 넣고 있다.

이런 살벌한 시대를 맞고 있는 베이비부머들의 마음은 쓰리고 아프다. 시대의 흐름이 아무리 그렇다고 하더라도, 청춘을 회사에 바치고 살아온 사람을 하루아침에 내치는 것은 참으로 분통 터질 일이 아닐 수 없다. 젊을 때 실컷 이용해먹은 뒤, 이제 늙어서 필요 없다고 버리는 회사의 처사가 너무 야박하다고 느끼는 것이다.

기업 구조조정과 M&A 바람

기업들이 가장 많이 채택하고 있는 '법규 정년'이 55세라고 하지만, 샐러리맨들이 실제로 느끼는 '체감 정년'은 53세(대한상공회의소 조사)로 나타나고 있다. 빈번하게 이뤄지고 있는 기업들의 구조조정 때문이다. '법은 멀고 주먹은 가깝다'는 말처럼, '근로기준법은 멀고 해고통지서는 가깝다'는 말이 저절로 나올 법하다.

샐러리맨들의 마음을 섬뜩하게 하는 구조조정이라는 말은 1990년대 후반부터 사용되기 시작했다. 1997년 IMF 경제 위기가 닥쳤을 때, 기업들은 경비절감을 이유로 임금이 높은 중간 간부들을 대거 해고했다. 노동부 자료에 따르면, 1995년 45~49세의 남성 취업자는 100만 6,000명이었다. 그러나 이들이 50~54세로 변한 2000년의 해당 연령대 취업자 수는 78만 9,000명으로 감소했다. 불과 5년 사이에 21만 명이나 되는 사람이 직장에서 사라진 것이다.

주요 국가의 은퇴 연령

이탈리아	64.4세
스페인	63.2세
영국	63.1세
독일	62.1세
프랑스	61.4세
덴마크	60세
한국	53세

자료 : 한국보건사회연구원

IMF 경제 위기 당시 35~43세이던 베이비부머들도 많은 수는 아니었지만, 구조조정의 희생양이 됐다. 국내 기업들은 이후에도 매년 주기적으로 비슷한 형태의 구조조정을 실시하고 있다. 이런 과정에서 베이비붐 세대들이 대거 조기퇴직의 회오리바람에 휘말렸다. 샐러리맨들 사이에서 '사오정(45세 정년)' '오륙도(56세까지 회사에 남아 있으면 도둑)'라는 유행어가 나돈 것은 이런 세태를 반영한 것이다.

물론 구조조정은 우리나라 기업만 하는 것이 아니다. 세계 모든 나라의 기업들이 구사하는 경영기법이다. 그런데 우리나라에서 특별히 문제가 되는 것은, 업적평가에 근거하는 게 아니라 나이를 기준으로 하여 퇴출 사원을 정하는 관행 때문이다. 구조조정을 할 때 50세 또는 53세 이상 직원 등으로 나이를 구체적으로 명시하여 명예퇴직 신청을 받는 것이다.

살생부殺生簿 형태의 이런 구조조정을, 수많은 기업들이 공개적으로 진행하고 있다. 여기에는 글로벌 대기업과 중소기업 간에 아무 차이가 없다. 예를 들어 신한은행, 국민은행, 시티은행, 우리은행 등의 대형 은행들은 중간 관리직을 대상으로 거의 매년 명예퇴직을 실시하고 있다. 삼성과 LG, 현대자동차, SK 등 재벌기업들도 인건비 절약을 위해 비슷한 형태의 구조조정을 매년 실시하고 있다.

기업 간의 인수합병M&A 바람도 고용시장의 일자리를 줄이는 요인 중 하나다. 두 기업이 하나로 합치면 업무가 중첩되는 인사, 총무, 회계 등 경영지원 부서의 인력감축은 불가피하다. M&A가 활발한 금융업과 IT산업에서 이런 일이 빈번하게 벌어지고 있다. 경영상 불가피한 측면이 있긴 하지만, M&A 때문에 직장을 떠나는 샐러리맨들의 입장에선 씁쓸한 일이 아닐 수 없다.

중앙대 신광영 교수의 연구논문에 따르면, 1997년부터 2007년 사이에 기업들의 구조조정으로 사무직이 13.7%, 경영관리직이 8.7% 감소한 것으로 나타나고 있다. 같은 기간 동안 전문·기술직이 2.5% 감소한 것과 비교할 때, IMF 경제 위기 이후 사무직 샐러리맨들이 구조조정의 주요 타깃이 되고 있음을 읽을 수 있다.

은퇴는 불행으로 가는 길?

외국 영화를 보면, 머리가 희끗한 장년長年의 직장인이 동료들의 박수를 받으면서, 웃는 얼굴로 회사를 나가는 모습을 심심치 않게 보게 된다. 여행을 마음대로 즐기고, 좋아하는 운동을 마음대로 하고, 좋은 책을 실컷 읽을 수 있는 은퇴생활은 사실 여러모로 매력이 많다. 평생 일중독에 빠졌던 사람들이 나이가 들어 휴식시간을 갖는 것은 축복 받을 일이지, 절대 기분 나빠할 일이 아닌 것이다.

그러나 우리나라에선 은퇴를 좋아하는 사람이 거의 없는 것 같다. 은퇴한 사실을 어떻게든 숨기려 하고, 외부와의 관계를 끊고 집에 칩거하는 은퇴자가 많다는 사실이 이를 방증한다.

필자가 생각하기엔, 돈 문제도 있겠지만 우리나라 사람들이 정년후에 맞는 '제2의 인생'에 대해 진지한 준비를 하지 않기 때문이 아닌가 싶다.

보험회사들이 조사한 우리나라 은퇴자들의 생활 실태를 보면, 돈 많은 사람은 골프 치는 게 주업이고, 돈 없는 사람은 등산을 하거나 친구와 술 마시는 게 주업이다. 골프와 등산은 몸을 건강하게 하는 좋은 방법이라는 점에서 나쁘다고는 할 수 없다. 그러나 골프와 등산을 하면서 은퇴기간을 보내기에는 30년이라는 시간이 너무나 길다.

은퇴생활의 진정한 행복은 그동안 바쁘게 살면서 하지 못했던 것들을 마음껏 즐기는 데서 나온다. 가족과 함께 여행을 가고, 하고 싶었던 공부를 하고, 나보다 어려운 사람을 돕는 자원봉사에 나서는 것은, 내가 아직 살아 있음을 확인하는 귀중한 체험이다.

　문제는 이러한 일들은 오랜 훈련을 통해 몸에 익히는 것이지, 은 퇴 다음날부터 곧장 시작할 수 있는 성질의 것이 아니라는 점이다. 가족과 관계가 서먹서먹한 사람이 가족과 함께 여행을 가는 것은 쉬운 일이 아니며, 평소 공부에 대해 전혀 생각을 안 해본 사람이 느닷없이 대학원에 진학할 수는 없는 일이며, 남을 도와줄 수 있 는 기술이 하나도 없는 사람이 남에게 무슨 도움을 줄 일이 있겠 는가.

　은퇴자들이 은퇴생활에 거부감을 갖는 또 하나의 이유는, '은퇴 자 = 노인'이라는 고정관념을 갖고 있기 때문이다. 이런 고정관념 의 뒤에는 '노인은 추하고 쇠약하다'는 생각이 숨어 있다. 물론 다 른 나라에도 이렇게 생각하는 사람이 있겠지만, 우리나라의 경우 는 더욱 심한 경향을 보인다. 이런 고정관념은 본인 스스로 깨지 않으면, 누구도 대신 깨주지 않는다. 스스로 적극적인 삶을 살아나 가야 한다는 뜻이다.

예측 가능한 서구 사회, 예측 불가능한 한국 사회

베이비부머들의 은퇴가 오래전에 시작된 선진국들에서는 '은퇴 쇼크'라는 말이 없다. 선진국 베이비부머들은 그들의 선배 세대처 럼 친지들의 축하를 받으며 직장에서 조용하게 물러나, 집에서 그 동안 미뤄뒀던 이런저런 일들을 하면서 조용한 은퇴생활을 하고 있다. 선진국은 왜 우리나라와 다른 것일까.

　선진국이 선진국인 이유는, 노후 은퇴생활의 예측이 어느 정도 가능한 사회라는 점 때문이다. 선진국들은 사회가 안정되어 나라가 갑자기 흔들릴 만한 일이 터지지 않는다. 은퇴자들을 돌보는 사회복지제도가 안정적으로 운영되고 있다는 뜻이다. 고등학교나 대학을 마치고 직장에 들어가면 대체로 60~65세가 되는 시점에서 은퇴를 한다.

직장을 그만두면 은퇴자들은 현역시절보다 풍족하지는 않지만, 사회의 어른으로서 품위를 잃지 않을 만한 연금을 받을 수 있다. 예를 들어 미국 샐러리맨들은 공적연금과 사적연금을 합쳐 퇴직 전 월급의 78.8%를, 영국 샐러리맨들은 퇴직 전 월급의 70.0%를 연금으로 받고 있다. 또 나이가 들어 병에 걸리면 의료비 걱정을 하지 않고 치료를 받을 수 있다. 노인들의 질병은 국가가 국민 세금으로 치료해주기 때문이다.

물론 같은 선진국이라도 미국과 유럽 간에는 사회복지 시스템에 상당한 차이가 있다. 사회적 연대감이 강한 유럽 국가들은 비교적 튼튼한 사회보장제도를 가지고 있는 반면, 자유주의 전통이 강한 미국은 상대적으로 빈약한 사회보장제도를 운영하고 있다.

노후생활의 예측이 어느 정도 가능한 선진국들과 비교할 때, 우리나라는 은퇴 후의 삶이 매우 가늠하기 어려운 나라에 속한다. 1988년 도입한 국민연금은 최소한의 생활을 유지할 수 있는 수준에 불과하다. 퇴직연금과 개인연금도 도입한 지 얼마 되지 않아, 국민들의 노후생활 안정에 큰 도움이 되지 못하고 있다.

그래서 모든 연금(국민연금, 퇴직연금, 개인연금)을 다 합쳐도 퇴직 전 소득에 대한 연금 소득대체율代替率이 42% 선에 머물고 있다. 은퇴 직전에 월급을 100만 원 받았다면 은퇴 후에 받는 연금소득은 42만 1,000원밖에 되지 않는다는 뜻이다. 따라서 우리나라 은퇴자들은 별도의 소득원을 따로 마련하지 않으면, 수년 내에 빈곤층으로 떨어질 위험에 처하게 된다.

노인들을 위한 의료제도도 아직 충분하지 않다. 우리나라의 경우, 건강보험 보장율(환자가 병원치료를 받을 때 건강보험공단이 내주는 치료비의 비율)이 현재 60% 선에 불과하다. 따라서 늙어서 치료비가 비싼 중병重病에 걸리면 집안이 거덜 나는 위험을 맞게

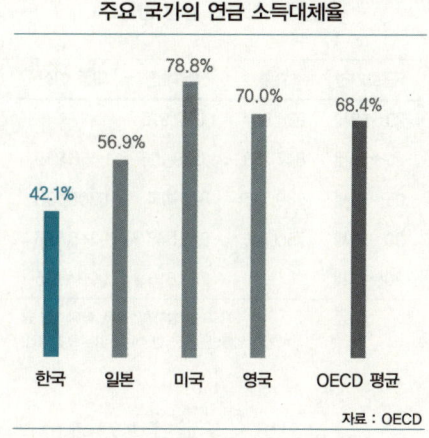

주요 국가의 연금 소득대체율

한국 42.1%
일본 56.9%
미국 78.8%
영국 70.0%
OECD 평균 68.4%

자료 : OECD

된다. 유럽 국가들의 경우, 건강보험 보장율이 70~90%에 이르고 있다.

필자가 생각건대, 우리나라는 이처럼 노후생활에 대한 예측이 어렵기 때문에 샐러리맨들이 불안한 마음으로 은퇴를 맞는 게 아닌가 싶다. 그렇다면 바로 이 같은 노후생활 불안요인들을 제거하는 것이, 행복한 노후를 맞이할 수 있는 준비가 될 것이다. 예를 들어 젊어서부터 근검절약하여 노후생활비를 착실히 저축해나가고, 건강관리도 평소 잘해나가는 것이 가장 기본적인 준비라 하겠다.

베이비부머들의 고달픈 삶

미국인은 외상으로 생활을 한다. 신용카드를 그어 생활비를 앞당겨 쓰고, 은행 돈을 빌려 집과 자동차를 산다. 월급을 받아 카드대금을 치르고 은행 대출금을 갚아나가다 보면 저축통장에 한 푼도 안 남는다. 부채負債 생활이 오래 거듭된 결과, 미국인의 가계저축률은 요즘 마이너스 상태로 떨어져 있다. 미국인의 대부분이 적자

연령별 · 학력별 평생 임금표

근로기간	고졸	전문대졸	대졸 이상
20~59세	924,807	1,082,975	-
25~59세	847,798	1,009,156	1,456,839
25~54세	739,375	876,424	1,205,198
30~59세	750,746	914,548	1,345,826
30~54세	-	781,816	1,094,185

자료 : 경영자총연합회, 단위 : 천 원
※ 향후 임금인상률은 반영하지 않은 추정치임.

생활을 하는 있다는 뜻이다.

한국인의 삶도 미국인의 고달픈 삶을 급속히 닮아가고 있다. 1998년 24.8%에 달했던 가계 저축률이 매년 2~3%포인트씩 하락하더니 2009년 3.2% 선으로 크게 하락했다. 세계에서 가장 빠른 하락 속도다. 또 노동연구원의 노동패널 조사에 따르면, 도시 가구의 35%가 저축을 한 푼도 못 하고 있는 것으로 나타나고 있다.

한국인의 삶이 왜 이렇게 힘들어졌을까. 나이별 · 학력별 임금통계를 정리해놓은 노동부의 '임금구조 기본 통계조사' 자료를 보면 그 답이 나와 있다(표 참조). 결론부터 말하면, 빠듯한 소득 규모에 비해 지출이 너무 많은 것이다. 노동부 임금 자료를 근거로 평생소득을 계산해보면, 25세부터 59세까지 직장생활을 할 경우 대졸 샐러리맨은 평생 14억 5,683만 원의 소득을 올리는 것으로 계산된다.

그러나 이는 군대를 마치고 바로 취직을 하여 정년까지 탈 없이 근무하는 운 좋은 사람에게만 적용될 뿐이다. 구조조정과 명예퇴직의 '칼바람'이 수시로 불어대는 요즘 같은 시절엔, 대졸 사원의 직장생활 가능기간은 30세부터 54세까지(고졸은 25세부터 54세까지) 정도다. 이렇게 가정하면 대졸 샐러리맨들은 평생 10억 9,418만 원의 소득(고졸은 7억 3,937만 원)을 올린다고 볼 수 있다. 여기에서 집세와 식품비, 통신비, 자동차 운행비 등 생활비를 쓰고 자녀 학자금을 댄다.

어느 가정마다 비슷하겠지만 자녀 교육비는 가계지출 항목 가운데 금액이 가장 크다. 삼성경제연구소 조사에 따르면, 도시에 사는 샐러리맨들은 교육비로 자녀 1인당 1억 2,000만~1억 5,000만 원(대학 교육비 포함)을 쓰는 것으로 나타나고 있다. 앞에서 보았듯이, 베이비부머들은 자녀 수가 평균 2.3명으로 2명을 약간 웃돈다. 이 자녀들이 모두 사교육을 받고 대학에 진학한다고 보면, 자녀교육에 들어가는 교육비는 1인당 1억 5,000만 원을 초과할 가능성도 있다.

또 물가가 매년 상당 폭 오르면서 먹고사는 데 쓰는 생활비도 상당하다. 도시가계 월평균 생활비인 200만 원을 매월 지출한다고 하면, 25년(30~54세) 동안이면 6억 원가량 들어가게 되어 있다. 만약 월 생활비를 250만 원 정도 쓰면, 평생 생활비는 이 금액에서 1억 5,000만 원 정도 더 늘어나게 된다. 베이비부머들이 대부분 서울·부산·대구·인천·대전·광주 등 대도시에 몰려 살고 있음을 고려할 때, 이 이하로 생활비를 줄이는 것은 쉬운 일이 아닐 것이다.

따라서 6억~7억 원의 기본 생활비에다 2억~3억 원(자녀 수 2.3명 가정)을 교육비로 쓴다면, 아무리 절약생활을 해도 직장을 나올 때쯤이면 저금통장이 텅 빌 수밖에 없다. 우리나라 베이비부머들은 대부분 이런 삶을 살아왔고, 그래서 노후가 막막한 상태에 있는 것이다.

베이비붐 세대는 그래도 형편이 좋다

베이비붐 세대의 재정상태가 빈약한 것은 사실이지만, 다른 연령대와 비교하면 상대적으로 양호한 편에 속한다. 통계청이 수년 전 발표한 '가계자산 조사 실태(2006년 기준)'는 이런 실상을 잘 보여주

가구주 연령 그룹별 자산보유 현황(2006년)

항목	29세 이하	30~39세	40~49세	50~59세	60세 이상
총자산	5,418.2	18,001.0	30,260.2	37,243.4	32,075.8
저축총액	2,903.8	5,611.3	6,744.3	6,548.4	4,557.4
저축액	1,350.5	3,647.1	5,313.7	5,875.3	4,081.2
전·월세 보증금	1,553.3	1,964.2	1,430.6	673.1	476.1
부동산	2,137.7	11,598.0	22,597.1	29,723.2	27,072.3
주택	1,673.5	8,602.5	14,345.4	16,470.9	13,934.5
주택 이외	464.2	2,995.6	8,251.7	13,252.3	13,137.9
기타 자산	376.8	791.6	918.9	971.8	446.1
부채총액	986.5	3,722.7	4,943.4	4,620.0	2,997.2
부채액	901.0	3,000.2	3,763.2	3,257.1	1,781.3
임대보증금	85.5	722.4	1,181.1	1,362.9	1,215.9
순자산	4,431.7	14,278.3	25,316.9	32,623.4	29,078.6

자료 : 통계청, 단위 : 만 원
※ 베이비붐 세대는 40~49세 연령대에 속해 있음.

고 있다(표 참조). 이 조사에 따르면, 베이비붐 세대가 속한 40~49세(조사시점 2006년) 인구 그룹의 총자산總資産은 3억 260만 원으로 30~39세 그룹(1억 8,001만 원)에 비해 훨씬 많고, 50~59세 그룹(3억 7,243만 원)에 비해서는 다소 작은 것으로 나타났다.

2006년 가계자산 조사에서 50세 이상 그룹(경제개발 세대와 해방둥이 세대)의 재산이 베이비붐 세대보다 높게 나타난 것은, 보유 부동산이 상대적으로 더 많기 때문으로 풀이된다. 금융자산(저축총액)을 따져볼 경우에는, 베이비붐 세대(6,744만 원)가 경제개발 세대(6,548만 원)와 해방둥이 세대(4,557만 원)보다 더 많은 것으로 나타나고 있다.

베이비붐 세대의 재산 상태를 보면 부동산(2억 2,597만 원) 위주로 구성되어 있고, 저축·펀드·보험과 같은 금융자산은 6,744만 원밖에 없다는 점이 약점으로 지적된다. 전체 재산에서 차지하는 부동산 비중이 74.7%에 달한다. 이 때문에 부동산(주택)을 팔지 않으면 베이비붐 세대의 노후생활은 상당히 어려울 것으로 분석되고 있다.

베이비붐 세대뿐만 아니라, 모든 연령 그룹이 부동산을 지나치게 많이 소유하고 있는 것은 우리나라의 공통적인 현상이다. 30~39세 그룹의 경우 부동산 보유 비중이 64.4%, 50~59세 그룹의 부동산 보유 비중은 79.8%로 각각 나타나고 있다. 우리나라 사람들이 재산에서 부동산 보유 비중이 너무 높다는 주장은 통계청의 이 조사에 근거하고 있다.

이 조사를 보면, 386세대 이하 그룹은 보유 재산이 베이비붐 세대의 절반 수준에 머무는 것으로 나타나고 있다. 이들 세대의 사회 경력이 아직 일천한데다, 자가 주택을 소유한 사람들이 상대적으로 적은 탓으로 분석된다. 따라서 앞으로 은퇴할 때까지 재산을 크게 불리지 못할 경우, 15~30년 후에 맞을 은퇴생활이 큰 위기에 처할 것으로 보인다.

그러나 젊은 세대들이 앞으로 베이비붐 세대 수준의 재산을 축적할 가능성은 희박하다는 게 금융전문가들의 분석이다. 일자리 부족으로 취업을 하지 못한 청년들이 많은데다, 취업을 해도 임금이 낮은 비정규직이 대부분이어서 겨우 먹고사는 정도에 그치고 있기 때문이다. 이런 점에서 취업이 거의 100% 가능했던 베이비붐 세대는 상대적으로 행운이 따른 세대라고 볼 수 있을 것 같다.

그러면 베이비붐 세대가 보유한 총자산(평균 3억 260만 원)을 가지고 은퇴생활을 한다면 얼마나 오랫동안 쓸 수 있을까? 매월 150만 원, 200만 원씩 인출하여 생활비로 쓴다고 가정할 경우, 각각 20년 6개월과 14년 6개월 동안 사용할 수 있을 것으로 예상되고 있다(다음 페이지 표 참조).

베이비붐 세대의 은퇴자금 소진 연한

은퇴자금	운용수익률	매월 인출금액	소진기간(월)	소진기간(년)
2억 5,300만 원	5%	150만 원	198.2	16.5
		200만 원	142.2	11.8
	7%	150만 원	248.2	20.7
		200만 원	164.6	13.7
3억 260만 원	5%	150만 원	246.1	20.5
		200만 원	174.5	14.5
	7%	150만 원	335.4	27.9
		200만 원	210.9	17.6

자료 : 미래에셋퇴직연금연구소

※ 매월 인출금액은 최초 인출금액에서 매년 물가상승률(3%)만큼 올라가는 것으로 가정.

또 순자산純資産(평균 2억 5,316만 원)만큼을 매월 150만 원, 200만 원씩 인출하여 생활비로 쓸 경우엔 각각 16년 6개월, 11년 10개월 동안 사용 가능한 것으로 예상되고 있다.

이상의 계산은 보유자산을 매년 5%의 기대수익률로 운용해나 갈 경우를 상정한 것이다. 만약 기대하는 운용수익률을 5%에서 7% 선으로 끌어올릴 수 있다면, 보유자산 사용 가능기간은 3~6년 정도 더 늘어날 수 있을 것이다.

여기서 우리가 얻을 수 있는 시사점은 세 가지다.

첫째는 노후생활이 30년 이상으로 길어질 경우 2억~3억 원의 은퇴자금이 생각보다 일찍 바닥날 수 있다는 것이다.

둘째는 평소 재테크를 열심히 하여 재산 운용수익률을 7% 이상으로 크게 높일 수 있다면, 은퇴 생활비를 3~6년 정도 더 쓸 수 있다는 점이다.

셋째는 검소하게 살면서 생활비를 줄여서 쓰면 은퇴자금을 아주 오랫동안 쓸 수 있다는 점이다.

일반적으로 서울과 부산 등 대도시에서 살려면 월 250만 원 정도의 생활비가 필요한 반면, 지방 중소도시에서는 150만 원 정도면 생활이 충분한 것으로 조사되고 있다. 따라서 은퇴자금을 많이 준비 못한 사람들은, 수도권 밖에 있는 지방 도시로 이주해 사는 것도 좋은 방법이라 하겠다.

에코부머의 슬픈 운명

베이비붐 세대의 인구학적 특징을 분석할 때, 함께 등장하는 용어가 '에코붐 echo boom' 세대이다. '메아리'라는 뜻이 의미하듯이, 에코붐 세대는 베이비부머들이 출산한 아이들을 가리킨다. 우리나라 에코붐 세대는 1988~1995년에 태어난 아이들이다. 베이비부머들이 가정을 꾸린 뒤 낳은 아이들의 숫자가 2.3명에 그쳐, 에코붐 세대는 베이비부머보다 규모가 작은 편이다. 한 세대가 사회에서 은퇴를 하면, 그 뒤 세대가 앞 세대를 부양하는 것이 그동안의 인간사였다. 우리나라 베이비부머들은 후손들의 숫자가 많아 부양을 충분히 받을 수 있을 것이다. 그러나 에코붐 세대는 그렇지 못할 전망이다. 에코부머 뒤에 태어난 아이들이 급격히 줄어들어, 그들을 떠받쳐줄 사람들이 별로 없기 때문이다.

CHAPTER 03

베이비붐 세대가 말하는 '선배 세대' '후배 세대'

세대가 가지는 사회학적 의미

세대世代, generation란 같은 시대에 태어나 같은 역사적 경험을 가짐으로써 자연스럽게 비슷한 정치·사회 의식을 갖게 된 일정 폭의 연령층을 의미한다. 생물학적으로 보통 아이가 성장하여 부모의 일을 계승할 때까지의 기간으로, 약 30년간을 표준으로 한다.

역사의 흐름에서 세대가 중요한 의미를 갖는 것은, 한 세대가 공유한 이념과 열정, 가치 체계를 기반으로 하여 한 나라의 정치와 사회, 경제 전반에 큰 영향을 주기 때문이다. 단순히 같은 시기에 태어난 동년배同年輩 집단이라는 의미를 훨씬 뛰어넘는다는 뜻이다. 베이비붐 세대는 인구집단의 규모도 크지만, 이들이 한국 사회에 끼친 영향이 매우 심대했다는 점에서 충분히 심층 분석의 대상이 될 만하다고 하겠다.

우리나라 현대사에서 베이비붐 세대처럼, 독립적인 이름을 붙일 수 있는 인구집단은 대략 4~5개 정도이다. 혹독했던 일본 제국주의 시대를 살아남아 대한민국 건국建國에 참여한 '건국 세대', 8·

15 해방 전후에 태어나서 현재 우리나라 정계와 재계를 20년째 주름잡고 있는 '해방둥이 세대', 한국전쟁 이후에 태어나 경제발전의 초석礎石을 다진 '경제개발 세대', 그리고 베이비붐 세대의 막내인 386세대 등이다. 이들 세대에 대해서는 다음 페이지에서 자세히 다루게 될 것이다.

이런 이름 말고도 언론 매체에는 가끔 X세대, Y세대, 신인류新人類 등 영어와 한자 이름을 붙인 세대들이 등장한다. 미국과 유럽, 일본 등에서 베이비붐 세대에 이어 태어난 특정한 인구집단을 가리키는 용어이다. 그러나 베이비붐 세대처럼 태어난 시기를 기준으로 하여 이름을 붙인 게 아니라, 이들이 가진 독특한 행동과 성향을 근거로 하여 이름을 붙인 탓에 등장 시기가 나라별로 약간씩 다르다.

예를 들어 미국에서는 베이비붐 세대(1946~1964년생) 다음에 태어난 세대를 순차적으로 X세대와 Y세대 등으로 부르고 있다. X세대는 1965년부터 1977년까지 태어난 사람들을 가리키며, 캐나다 작가 더글러스 쿠플랜드Douglas Coupland가 1991년 쓴 장편소설 『X세대Generation X』에서 그 명칭이 대중화되었다. X세대는 기성세대가 이해하기 어려운 세대라 하여 이 같은 이름이 붙었으며, 세속적인 성공에는 관심이 없고 자기중심적인 특징을 가지고 있다.

Y세대는 1980년대에 태어나 세계화의 급속한 진전과 IT기술의 발달에 영향을 받고 자란 세대이며, '밀레니엄 세대'라는 이름으로도 불린다. 서구식 대중문화와 첨단 IT기술에 익숙하고, 풍족하게 자란 탓으로 부모에게 의존적인 성향을 가진 점이 Y세대의 특징으로 지적되고 있다. Y세대라는 이름은 1993년 미국의 『Ad Age』라는 잡지에 처음 등장하였고, X세대 다음에 태어난 세대라

는 의미에서 Y세대라는 명칭이 붙었다.

일본에선 미국의 X세대와 비슷한 '신인류新人類' 세대가 있다. 1980년대 초중반에 학교를 다닌 아이들로, 기성세대의 눈으로는 이해하기 힘든 별종別種세대라고 하여 '신인류'라는 이름이 붙었다. 신인류는 텔레비전의 영향을 많이 받고 자란 탓으로, 기성세대의 관습과 틀을 거부하며 개성 있는 행동을 추구하는 특성을 가진 것으로 설명되고 있다.

또 최근 언론에 많이 등장한 세대로 N세대와 i세대 등이 있다. 이들은 인터넷의 세례를 받은 세대로, 돈 탭스캇Don Tapscott의 『디지털로 자라나다 : 네트 세대의 성장 Growing up Digital : The Rise of the Net Generation』에서 이름이 처음 등장했다. N세대와 i세대는 개인주의 성향이 앞 세대들보다 훨씬 더 강하고 감성에 민감해 소비와 문화, 유행에 깊은 관심을 보인다는 게 특징이다.

해방과 한국전쟁을 겪은 해방둥이 세대 (1940~1949년생)

해방둥이 세대는 일본 제국주의의 끝자락에 태어나, '8 · 15 해방'과 '한국전쟁'이라는 역사적 격변기를 헤쳐온 세대다. 혹독했던 일제 침략기를 짧게 경험한 것은 행운이었지만, 참혹한 전쟁을 맞닥뜨린 것은 고통스런 경험이었다. 해방둥이 세대의 주력 연령층은 45년생이다. 45년생은 한 살이 될 때 해방을 맞았고, 다섯 살이 됐을 때 한국전쟁을 겪었다.

전쟁으로 모든 것이 파괴된 폐허에서 자라다 보니 해방둥이 세대의 유년시절은 궁핍하기 짝이 없었다. 매년 5~6월이 되면 먹을 것이 떨어져 보리 싹을 뜯어 먹거나, 들판에서 자라는 나물을 캐

먹어야 할 정도로 어려움이 컸다. 그래도 먹을 게 부족해 하루에 한두 끼 정도는 굶어야 했고, 밥을 먹어도 새카만 보리밥으로 배를 채웠다.

이승만 대통령이 집권하던 1950년대는 모두가 가난하게 살았다. 등록금 낼 돈이 없어 초등학교 졸업생 가운데 30%가 중학교에 진학하지 못했고, 또 중학교 졸업자 가운데 30%가 고등학교에 진학하지 못했다. 당시 대학 진학률이 10% 전후였다고 하니, 웬만한 부자가 아니고는 대학 문턱을 넘기가 힘들었던 시절이다.

대학을 간 학생들도 힘든 세월을 보내기는 마찬가지였다. 이승만 독재정권을 축출한 1960년 '4·19 혁명'의 열기가 채 식기도 전에, 박정희 소장이 주도한 '5·16 군사 쿠데타'가 일어나 세상이 뒤집혔다. 쿠데타로 집권한 박정희 대통령은 반공反共과 경제발전을 제1 국정목표로 내걸고 일본과의 국교를 정상화하는 협상을 벌였다.

그러나 학생들은 박 대통령의 이런 결정에 반대해 거의 매일 데모를 벌였고, 정부는 대학 문을 닫는 비상계엄을 발표했다. 이른바 '6·3 사태'다. 해방둥이 세대가 '6·3 세대'라고 불리는 데는 이런 이유가 있다. 매일 데모를 하고, 또 계엄령 때문에 수업을 오랫동안 못하는 바람에 해방둥이 세대들은 "대학에서 공부를 한 기억이 거의 없다"고 회고한다.

해방둥이들은 학교를 졸업한 후, 직장을 구하지 못해 오랫동안 실업자 생활을 했다. 당시 농업이 우리나라의 핵심 산업이다 보니, 제조업은 이렇다 할 게 별로 없었기 때문이다. 몇 안 되는 기업들도 섬유와 합판, 신발, 가방 같은 조잡한 상품을 만들어 수출을 하고 있었다. 가방 수출이 잘나가던 시절, 이 땅의 어머니들은 머리를 참빗으로 빗은 다음, 참빗에 낀 머리카락을 버리지 않고 한데 모아서, 가발업자들에게 팔아 소액의 용돈을 버는 알뜰함을 보이기도 했다.

1960년대 당시 사회풍경을 찍은 대한뉴스 필름을 보면, 실업자 행렬이 길거리를 메우고 있는 것을 볼 수 있다. 모두가 배고프고 가난했던 시절, 일단의 해방둥이 세대는 돈을 벌기 위해 간호사와 광부가 되어 서독으로 떠났고, 또 일단의 해방둥이 세대는 군인이 되어 베트남으로 파병됐다.

박정희 정권이 경제차관을 얻는 조건으로 독일 정부에 약속한 광부와 간호사 독일 파견은, 1963년부터 시작되어 1977년까지 15년간 계속됐다. 달러가 부족했던 시절, 독일에 파견된 광부와 간호사들은 월급을 모아 매년 5,000만 달러의 귀한 외화外貨를 한국으로 보냈다.

베트남 파병은 미국과의 안보 협력을 중요하게 생각한 박정희 대통령의 명령에 따라 1964년 처음 이뤄졌으며, 1973년 철수하기 전까지 약 5,000여 명이 전쟁 중 사망했다. 그러나 베트남 파병은 한국 경제에 '베트남 특수'를 불러일으켰다. 베트남 파병 군인들이 먹고 입는 물자를 한국에서 조달하고, 국내 기업들이 미군 발주 공사와 용역을 따내면서 갑작스런 경제호황이 나타난 것이다.

국방군사연구소 자료에 따르면, 1966년부터 1973년까지 우리나라 군인들과 기업들이 베트남에서 벌어들인 외화는 모두 8억 5,700만 달러에 달하는 것으로 나타나고 있다. 베트남에서 이렇게 피땀 흘려 번 돈들은 대한민국 경제건설의 상징인 경부고속도로 (1970년 완공)와 포항제철(1973년 준공)을 만드는 데 들어갔다. 해방둥이의 피가 우리나라 경제발전의 밑거름이 된 셈이다.

재벌의 탄생 과정

한국전쟁으로 산업시설이 대부분 무너지면서 1950~1960년대의 우리나라는 생필품을 포함해 모든 물자가 부족했다. 이 부족한 물자를 다른 사람보다 먼저 생산해 시장에 내놓은 사람들이 큰돈을 벌었다. 일본 제국주의 시대에 사업을 시작한 이병철 삼성그룹 창업주, 정주영 현대그룹 창업주, 구인회 LG그룹 창업주 등이 그런 예에 속한다.

전후 공간에서 소비재를 중심으로 사업 기반을 잡은 이들은 1970년대 고도 성장기에 정부의 중화학 투자 지원책을 이용하여 더욱 사업을 키웠고, 1980년대 들어 재벌이라는 이름으로 한국 경제의 주역으로 등장했다. 재벌들은 당시 이쑤시개와 면장갑에서부터 자동차와 반도체, 원자력발전소까지 만들고 생산하는 전천후 능력을 갖추었다.

재벌기업들은 최근 미국과 일본의 글로벌 기업들을 물리치고, 생산능력과 마케팅 능력에서 세계 1~5위에 올라서는 큰 도약을 이뤄냈다. 재벌 1세대 기업인들이 우리나라 내수시장을 장악했다면, 재벌 2세대 기업인들은 해외시장을 뚫고 나가 글로벌 기업으로 우뚝 선 것이다. 이건희 삼성전자 회장, 정몽구 현대자동차 회장, 구본무 LG 회장 등이 이런 업적을 이뤄낸 2~3세 경영인이다.

한국 경제가 지난 50년 사이에 농경사회에서 산업사회로, 그리고 정보화사회로 숨 가쁘게 달려가는 동안, 대한민국을 대표하는 주력산업도 크게 바뀌었다. 가발, 합판, 섬유 같은 경공업이 경제개발 초기에 부상하더니, 지금은 자취를 찾기 힘들 정도로 크게 퇴조했다. 그리고 그 뒷자리를 자동차·선박·화학 등 중화학공업이 이어받았고, 최근엔 반도체·컴퓨터·휴대폰 등 IT산업이 한국의 주력산업으로 다시 한 번 바뀌고 있다.

이런 과정을 거치면서 대한민국을 대표하는 기업들의 면모도 완전히 바뀌었다. 삼일회계법인의 조사에 따르면, 1965년 매출액 기준 100위에 올랐던 국내 기업 가운데 아직까지 살아 있는 기업은 12개에 불과한 것으로 나타나고 있다. 산업의 흥망 이상으로, 기업들의 흥망성쇠興亡盛衰가 변화무쌍하게 이뤄지고 있다는 얘기다.

우리나라 매출액 상위 20대 기업의 변화

순위	1965	1993	2009(연도)
1	동명목재	삼성물산	삼성전자
2	금성방직	현대종합상사	SK에너지
3	판본방적	(주)대우	한국전력공사
4	경성방직	삼성생명보험	현대자동차
5	대성목재	삼성전자	LG전자
6	양회수출조합	한국전력공사	포스코(포항제철)
7	동일방직	현대자동차	GS칼텍스
8	동신화학	포항종합제철	SK네트웍스
9	대한제본	유공	현대중공업
10	제일제당	대한교육보험	LG디스플레이
11	충주비료	금성사	한국가스공사
12	조선견직	대한생명보험	기아자동차
13	대한양회	기아자동차	S-오일
14	조선방직	럭키금성상사	KT(한국통신)
15	제일모직	현대차서비스	LG화학
16	대전방직	호남정유	삼성중공업
17	해운공사	(주)선경	대우조선해양
18	국제화학	현대건설	SK텔레콤
19	대한방직	현대중공업	롯데쇼핑
20	삼표연탄	대한항공	대우인터내셔널

또 해방둥이 세대는 일본 제국주의 점령기에 사업을 시작한 대한민국 1세대 기업인들과 함께, 전쟁으로 폐허가 된 땅에 공장을 만들고 기업을 세우는 혁혁한 공을 세웠다. 이때 만들어진 조그만 기업들이 오늘날 세계시장을 활보하는 글로벌 기업으로 성장했으니, 해방둥이들은 젊어서 고생한 보람을 충분히 거두었다고 하겠다.

경제성장의 선봉대, 경제개발 세대(1950~1954년생)

경제개발 세대는 1950년대 초중반에 태어나, 1960년대 중반부터 1970년대 초반의 시기에 학교를 다닌 세대다. 이들이 초등학교와 중학교를 다닐 때는 경제가 아직 풀리지 않아 고단한 생활을 해야 했다. 당시 고등학생의 대학 진학률은 20~30% 전후였으니, 대부분 고등학교를 마치고 밥벌이를 하러 사회에 나갔다고 하겠다.

경제개발 세대는 어린 시절 '4·19 혁명'과 '5·16 군사 쿠데타'를 겪었고, 학창시절엔 '3선 개헌'이 이뤄지고, '유신헌법'과 '긴급조치'가 발표되는 정치적 격변기를 체험했다. 그래서 경제개발 세대는 '유신 세대' '긴급조치 세대'라는 또 다른 이름을 가지고 있다.

박정희 대통령이 영구집권을 위해 선포한 1972년 유신체제는 대한민국 헌정 질서를 짓밟은 초헌법적인 조치였다. 대통령 직선제를 폐지하고, 새로 만든 통일주체국민회의 간접선거를 통해 대통령을 선출하는 것이 유신헌법의 골자였다. 또 대통령의 임기가 4년에서 6년으로 연장되었고, 대통령에게 국회의원의 3분의 1을 마음대로 지명할 수 있는 권한이 주어졌다.

정의감에 불타는 학생들이 독재정권에 항의해 분연히 일어난 것은 당연한 일이었다. 1973년 10월 서울대 시위를 계기로 본격적인 반유신운동이 전개되었고, 학생들의 시위에 맞서 정부는 유신체제를 비판하는 모든 발언과 행위를 불법화하는 일련의 긴급조치를 발표했다. 특히 1974년 4월 발표된 긴급조치 4호는 데모 주동자에게 사형을 선고하고, 대학을 폐교시킬 수 있는 어마어마한 내용을 담고 있었다.

그러나 혹독한 탄압을 받으면서도 학생들은 저항을 멈추지 않았다. 수많은 학생들이 군에 징집되어 군대에 끌려갔고, 심지어 사형 선고를 받은 학생들도 생겨났다. 표현의 자유가 사라졌던 이 시기에, '통기타'를 든 일단의 포크 가수들이 등장해, 유신체제에 억눌려 있던 청년들의 답답한 숨통을 터주었다. 한대수의 「행복의 나라」와 「물 좀 주소」, 김민기의 「친구」, 양희은의 「아침이슬」 등은 이 시대의 저항 가요로 인기를 모았다.

1970년대는 정치는 암흑기였지만, 경제는 고도성장 가도를 달렸다. 그래서 해방둥이 세대와 달리, 경제개발 세대는 취업 걱정을 별로 하지 않았다. 경제개발 세대가 사회에 진출할 즈음에, 수출 붐이 크게 일어나 대기업들은 수시로 직원을 뽑았다. 정부도 경제 발전에 맞춰 공무원 채용인원을 늘리기 시작해, 한 해에 행정고시 합격자를 180명까지 늘린 적이 있었다. 고시에 합격하는 것도 상대적으로 쉬운 시대였다.

취업 걱정을 하지 않고 사회에 진출한 경제개발 세대의 행운은 그 이후에도 계속됐다. 기업들이 계속 커짐에 따라 취직 2~3년 만에 대리가 되고, 또 2~3년 만에 과장이 되고, 또 4~5년 만에 차장과 부장이 되는 고속승진이 이어졌다. 이 덕분에 대기업에 취업한 경제개발 세대는 50~70%가 임원으로 승진하고, 많은 사람들이 정년까지 근무하는 복福을 누렸다.

숫자가 많은 베이비부머들의 경우, 경쟁이 매우 치열한 탓에 10~20%만이 임원으로 승진하고, 또 40대 초중반에 터진 IMF 경제 위기 때문에 수많은 사람이 중도 퇴직했던 것과 비교하면 경제개발 세대는 그야말로 '행복한 인생'을 산 셈이다.

베이비붐 세대의 막내 386세대(1960~1969년생)

386세대는 1990년대 중반에 등장한 용어이다. '3'은 1990년대 당시 30대인 사람을 의미하며, '8'은 1980년대에 대학을 다닌 80년대 학번을 의미하고, '6'은 1960년대에 태어났다는 것을 뜻한다. 해방둥이 세대, 경제개발 세대, 베이비붐 세대가 출생 시기에 의거하여 분류되는 데 비해, 386세대는 세대를 규정하는 특징이 아주 복잡하다. 이미지가 잘 안 떠오르는 사람들은 '80년대에 대학을 다닌 세대' 정도로 이해하면 될 것 같다.

늦은 베이비붐 세대가 1986~1987년까지 대학을 다녔으니, 베이비붐 세대의 막내들(1960~1963년생)이 386세대와 상당 부분 겹친다고 할 수 있다. 따라서 겹치는 부분을 뺀 1964~1969년생이 386세대의 주력이라고 할 수 있을 듯하다. 386세대는 사회학적 용어가 아니라, 1990년대 초반 언론에서 만든 시사용어다. 당시 일반에 보급됐던 '386' 컴퓨터에서 이 이름을 차용한 것으로 알려지고 있다.

386세대라는 글자가 국민에게 많이 알려진 것은 노무현 정권 시절이다. 386세대가 청와대 참모로 들어가고, 노무현 대통령 탄핵 열풍에 힘입어 386세대 출신 정치인들이 국회의원에 대거 당선되면서 주목을 받았다. 한창 기세를 올릴 때 386세대는 영향력 면에서 베이비붐 세대를 압도하여, 대한민국의 중심축이 해방둥이 세대, 경제개발 세대를 거쳐 그냥 386세대로 넘어가는 것처럼 보였다.

그러나 이명박 대통령의 보수 정부가 등장하면서 386세대라는 말은 언론매체에서 거의 사라져가고 있다. 정치권에서 발휘하던 영향력이 크게 떨어지면서, 언론의 관심 대상에서 빠진 것이다. 이런 점에서 386세대는 일종의 유행어로 끝날 가능성도 있다. 386세대가 우리나라 역사에서 진정으로 의미 있는 세대가 되려면, 옛날의 영향력을 다시 한 번 보여주어야 할 것이다.

베이비붐 세대와 386세대는 이웃사촌과 같은 존재다. 인구학적으로 보면, 386세대는 베이비붐 세대의 막내에 속한다. 1차 베이비붐에 이어 등장한 2차 베이비붐 세대가 바로 386세대이다. 그러나 인생의 흐름은 사뭇 달랐다. 예를 들어 386세대는, 대학 입시에서 치열한 경쟁을 거친 베이비붐 세대에 비해, 대학을 비교적 쉽게 들어갔다. '대학 입학은 쉽게 하되, 졸업은 어렵게 하겠다'는 취지의 졸업정원제가 1981년부터 도입된 때문이다.

이 조치로 대학 입학 정원이 단번에 30%가량 늘어나, 원하는 사람은 대부분 대학을 갈 수 있었다. 여러 가지 부작용 때문에 1980년대 후반 졸업정원제가 폐지될 때까지 386세대들의 행운은 계속 이어졌다. 하지만 386세대 역시 선배 세대들처럼 시대적 고민과 아픔을 그냥 건너뛸 순 없었다. 군사정권 종식을 요구하는 민주화 시위가 전국 대학가에서 거의 매일 벌어졌다.

그러나 386세대의 민주화 시위는 앞 세대들과 하나 다른 점이 있었다. 미국을 우방으로 생각했던 선배 세대와 달리, 미국을 공개적으로 비난하고, 친북한적인 정치 슬로건을 외치기 시작한 것이다. 베이비부머가 대학을 다닐 때, 별로 사용하지 않았던 민중民衆과 자주自主, 주사主思(주체사상)라는 말이 자주 등장했다. 1985년 미문화원 점거 사건, 1986년 건국대 점거 사건은 80년대 학생운동이 반미, 자주화 투쟁으로 흘러가는 신호탄이었다.

386세대는 베이비붐 세대보다 훨씬 경제적으로 윤택한 환경에서 어린 시절과 학창시절을 보냈다. 이 때문에 이념적으로 보다 자유로운 성향을 보여야 하는 게 맞을 듯싶다. 하지만 이런 통념과는 달리, 386세대는 이념적으로 진보주의와 사회주의에 경도되는 성향을 보여주었다. 독재정권의 탄압에 항거하여 점거 투쟁과 분신자살을 불사하는 것도, 가두시위에 그친 선배 세대와 다른 모습이었다.

386세대가 '한반도 통일' '미군 철수' '전시작전권 회수' 등을 부르짖을 때, 한국 사회의 주류를 형성하고 있던 해방둥이 세대들은 입을 쩍 벌리고 경악을 금치 못했다. 특히 한국외국어대 4학년 임수경 양이 평양 세계청년학생축전에 전대협 대표로 참석한 사건은, 베이비붐 세대에게도 충격이었다. 당연히 보수 성향의 국민들로부터 '좌파 세력' '김일성 추종 세력'이라는 비판이 나왔다.

그러나 1980년대 중후반, 386세대가 내놓은 미군 철수, 전시작전권 회수 같은 슬로건은 매우 충격적이었지만, 이런 이슈들이 요즘 공식적으로 국회에서 논의되고 있는 것을 보면, 시대가 많이 변화하고 있음을 피부로 느낀다.

'흐르는 세월에 장사 없다'는 옛말처럼, 386세대도 이젠 나이를 많이 먹어 대한민국 주류 사회의 일원이 된 느낌이다. 현재 30대 후반에서 40대 초중반의 직장인이 된 386세대는, 머리가 이미 희끗해진 경제개발 세대들과 베이비붐 세대들을 빠른 속도로 대체해 나가고 있다. 또 2007년 대통령 선거에서 한나라당 이명박 후보를 찍어 대통령으로 만들어줄 정도로 386세대의 상당수는 보수화하는 기미도 보이고 있다.

자유롭고 풍요로운 G세대 (1986~1991년생)

G(글로벌)세대는 1988년 서울올림픽 전후에 태어나 1990년대 중반 이후 부유한 환경에서 성장한 세대다. 대략 1986년부터 1991년까지 태어난 인구 그룹으로, 베이비붐 세대의 자녀들이 주축을 이루고 있다. 부족한 것 없는 환경에서 자유스럽게 자라나다 보니, G세대는 부모들과는 전혀 다른 코드code를 가지고 있다.

물질적 풍요를 누리고 자랐기 때문에, 부모 세대가 가졌던 '헝그리 정신'은 당연히 찾아보기 힘들다. '무엇을 하고 싶다'거나 '어떤 사람이 되고 싶다'는 인생 목표도 없다. 반면 새로운 것에 대한 지적 호기심은 대단히 높다. 그래서 스마트폰 같은 최신식 IT기기가 출시되면 가장 먼저 구입해 요리조리 실험해본다. 인터넷도 귀신같이 잘 다루어, 학교 숙제나 회사 리포트도 인터넷을 활용하여 쓴다.

그러나 인터넷 게임에 자주 빠져들어, 공부를 소홀히 하고 주말을 PC방에서 보내는 것은 기성세대로서는 참아주기 힘들다. 컴퓨터는 끼고 살면서, 책은 멀리 하기 때문에 소설과 시가 무엇인지 잘 모른다. 역사 지식에도 깜깜해 한국전쟁이 언제 일어났는지 잘 모르고, 박정희 · 전두환 · 노태우 씨가 누구인지 물어보면 처음 듣는다는 반응을 보인다.

좋게 말하면 G세대는 IT문화에 밝은 '인터넷 · 휴대폰 세대'이고, 혹평하면 '아무 생각 없이 사는 세대'이다. 사회학자들은 G세대에 대해 '이렇다 할 특징이 없다는 게 특징'이라고 말한다. 이처럼 정체가 불분명한 세대가, 2010밴쿠버 동계올림픽에서 금메달과 은메달 · 동메달을 무더기로 따자, 갑자기 언론에서 G세대라는 이름을 붙여줬다.

언론들이 내놓은 분석에 따르면, G세대는 글로벌 마인드와 뛰어난 외국어 구사능력을 갖추었고, 좋고 싫음을 솔직하게 표현하며, 개개인의 개성도 뛰어나다고 한다. 또 일찍부터 첨단 전자기기를 자유자재로 다룰 줄 알게 되면서, 상상력과 창의력이 뛰어나다는 게 언론들의 지적이다. 기성세대들이 보기에 G세대의 이러한 장점은 무척 부럽다.

그런데 G세대들은 자신들이 받은 축복에 비해 책임의식이 부족하다는 비판을 많이 받는다. 특히 앞 세대들에 비해 인내심이 부족하다는 지적이 많다. 어렵게 들어간 직장도 야근을 자주 시켜 힘들다거나 일이 재미없다는 이유로 쉽게 그만둔다. 한 조사에 따르면, G세대는 취직을 한 경우 30%가 3년 이내에 사표를 내는 것으로 나타나고 있다. 독립심이 약하다는 비판도 나온다. 대학을 졸업한 후 아무 일도 하지 않고 부모 밑에서 계속 눌러 사는 G세대가 늘어나고 있는 게 그런 예이다.

이런 특징은 G세대뿐만 아니라 'N세대'라고 불리는 G세대의 형님뻘 세대에서도 발견되는 현상이다. 그래서 N세대와 G세대는 '캥거루 세대'라는 별명으로 자주 불리기도 한다. 엄마 배주머니에서 항상 떨어지지 않고 사는 캥거루와 비슷하다는 뜻이다. '취업 빙하기'라는 말이 나올 정도로 취업시장이 어려운 상태에 있지만, 대학을 졸업한 젊은이가 부모 집에 붙어서 계속 사는 것은 곤란하다고 선배 세대들은 말한다.

베이비붐 세대의
어제

CHAPTER 04

대한민국을 변화시킨 베이비붐 세대

농촌에서 태어나 도시로 엑소더스

1960년대 중반만 해도 우리나라 농촌은 4~5월이 되면 먹을 것이 떨어져, 풀뿌리를 캐먹거나 나무껍질을 뜯어먹어야 할 정도로 어려움이 컸다. 보리를 수확할 때까지 배를 곯아야 한다는 의미에서, 이 춘궁기春窮期를 '보릿고개'라고 불렀다.

식량이 떨어진 보릿고개를 피해 많은 사람들이 매년 수십만 명씩 서울로, 부산으로, 대구로 올라왔다. 「서울은 만원이다」는 이호철의 소설(1966년) 제목처럼, 서울은 이미 1960년대 중후반부터 농촌에서 올라온 사람들로 가득 찼다. 농촌에서 상경한 사람들은 돈이 없어 산 중턱에 허름한 판잣집을 짓고 옹기종기 모여 살았다. 바로 달동네의 시초다.

그러나 교통이 불편했던 시절, 서울은 아무나 가는 도시가 아니었다. 서울에 있는 학교에 진학하거나 혹은 취직을 하거나, 아니면 서울 사람과 결혼하거나 해야 갈 수 있는 곳이었다. 서울에서 중 · 고등학교를 다닌 베이비부머의 상당수가 이때 부모 손을 잡고 도

회지로 나와 자리를 잡은 사람들이다.

1960년대 중후반 서울로 몰려든 농촌 주민들의 행렬은, 그 뒤로 이어진 베이비부머의 러시rush에 비하면 '예고편'에 불과했다. 베이비부머들은 1970년대 초반부터 서울로 몰려들기 시작해, 현재 그 절반이 수도권에 몰려 살고 있다. 712만 명에 달하는 베이비부머 가운데 약 350만 명이 수도권에 거주하고 있다는 뜻이다.

이러한 농촌 엑소더스rural exodus 때문에 우리나라의 도시화율 (도시에서 사는 인구의 비율)은 1960년 28%에서 1970년 41%, 1980년 59%로, 1990년 80%로 급속히 치솟았다. 순식간에 전개된 우리나라의 이런 도시화 속도는 세계에서 가장 빠른 것이었다.

특히 해방둥이 세대와 경제개발 세대, 베이비붐 세대가 차례대로 몰린 서울은 하루가 다르게 인구가 증가했다. 1955년 157만 명 (전국 인구에서 차지하는 비중 7%)을 기록했던 서울 인구는 1960년 244만 명(10%), 1970년 543만 명(18%), 1980년 836만 명(22%), 1990년

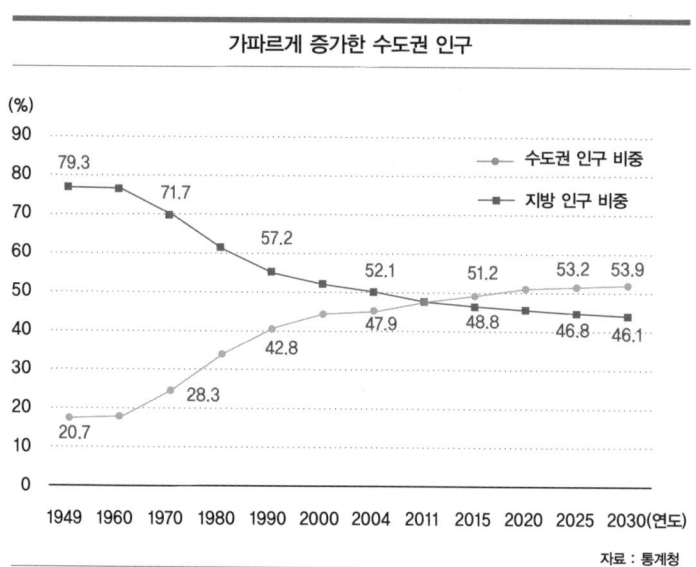

가파르게 증가한 수도권 인구

(%)

수도권 인구 비중
지방 인구 비중

79.3
71.7
57.2
52.1   51.2   53.2   53.9
47.9   48.8   46.8   46.1
42.8
28.3
20.7

1949 1960 1970 1980 1990 2000 2004 2011 2015 2020 2025 2030(연도)

자료 : 통계청

1,028만 명(24%)으로 급속히 늘어났다.

짧은 시간 내에 많은 인구가 서울로 몰려들면서 주택난이 매우 심각해졌고, 상수도와 하수도 시설이 부족해 수돗물을 요일제로 받아먹는 지역도 생겨났다. 살기가 팍팍했지만, 그래도

농촌에서 도시로 이주한 사람들의 행렬

1965~1970년	182만 명
1970~1975년	175만 명
1975~1980년	252만 명
1980~1985년	242만 명
1985~1990년	232만 명

자료 : 통계청

서울에서 자리를 잡은 사람들은 복 받은 축에 속했다. 경제력이 부족한 사람들은 더 싼 주거지를 찾아 안양, 수원, 광주, 성남, 의정부, 부천 등 주변 도시로 퍼져나갔다. 우리나라 수도권이 비대화한 데는 이런 역사적 배경이 있다.

1965년부터 1990년까지 농촌에서 도시로 이동한 사람들의 숫자는 위의 표와 같다. 한국전쟁 전후인 1949년부터 1955년 사이의 인구이동이 180만 명 수준이었다는 것과 비교하면, 경제발전 과정에서 일어난 인구이동 러시가 얼마나 거셌는지를 알 수 있을 것이다.

생산과 소비로 경제성장을 이끈 주역

베이비붐 세대들은 대한민국이 고도 성장세를 타던 1970년대 중반부터 1980년대 후반까지 우리나라 제조업을 떠받친 중추적인 근로자 집단이었다. 당시 공장 근로자들을 지칭하던 '공돌이'와 '공순이'가 바로 베이비부머들이다. 이 말에 얹혀 있는 비하적인 어감語感 때문에 많은 베이비부머들이 마음의 상처를 받았지만, 그

시절의 공돌이와 공순이는 참으로 부지런한 삶을 살았다.

우리나라의 초기 수출품 목록을 보면 봉제와 가발, 신발, 흑백 텔레비전 등 손으로 만드는 제품이 절반 이상을 차지하고 있다. 반도체와 자동차처럼 기술로 승부하는 첨단 제품이 아니라, 싼 가격으로 승부하는 경공업 제품이 많았다는 뜻이다. 이런 점에서 베이비부머들이 제공한 '값싼 노동력'이 없었으면, 우리나라가 이룩한 1970, 1980년대의 '수출 신화'도 불가능했을 것이다.

신경숙의 소설 『외딴방』(2001년)을 보면, 1970년대 후반 서울 구로공단에서 일하던 여성 노동자들의 고단한 생활과 애환을 잘 알 수 있다. 철야 작업을 하다 재봉틀에 손이 박히고, 프레스에 손이 끼어 문드러지는 노동자들을 보고 노동운동가가 되었다는 심상정 진보신당 전 대표의 말처럼, 한국의 경제발전에는 젊은 베이비부머들의 눈물어린 희생이 숨어 있다고 하겠다.

'88서울 올림픽' 이후 베이비부머들은 또 한 번 대한민국 경제를 부흥시키는 주역이 됐다. 지난번에는 생산의 주역이었다면, 이번에는 소비의 주역이다. 박정희 대통령 집권 시절에는 경제가 총량 지표로만 좋아졌을 뿐, 일반 근로자들은 살기가 좋아진 느낌을 크게 받지 못했다.

그러나 전두환·노태우 대통령 시절부터 경제안정화 정책이 자리를 잡으면서 경제성장의 과실이 점차 국민들에게도 돌아가기 시작했다. 도시가계의 소득이 빠르게 늘어난 것이다. 마침 1980년대 중후반 결혼 적령기를 맞은 베이비부머들은 늘어난 소득으로 냉장고와 세탁기 등 값비싼 내구소비재를 대량으로 구매하기 시작했다.

특히 전두환 정권 시절 시작된 컬러 텔레비전 방송은, 베이비붐

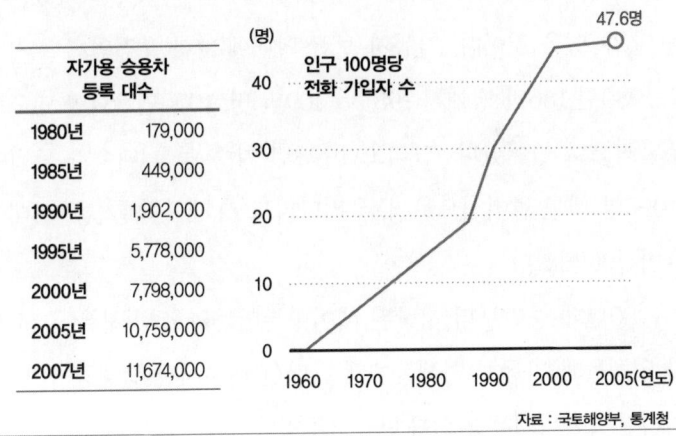

88서울 올림픽 이후 급증한 자가용 대수와 전화 가입자 수 추이

자가용 승용차 등록 대수	
1980년	179,000
1985년	449,000
1990년	1,902,000
1995년	5,778,000
2000년	7,798,000
2005년	10,759,000
2007년	11,674,000

자료 : 국토해양부, 통계청

세대의 왕성한 구매와 연결되어 컬러 텔레비전이 불티나게 팔려나가는 전기를 만들었다. 컬러 텔레비전은 1980년대 중반에 보급률이 90%를 넘어섰고, 냉장고 보급률은 1980년대 후반에 90%를 넘어섰다. 한때 특권 세력의 상징이었던 전화도 1970년대 후반부터 보급이 확대되어, 1980년대 후반쯤엔 전 가구가 전화기를 한 대씩 가질 수 있게 됐다.

대한민국이 '대량 소비시대'에 확실히 진입했음을 알린 것은, 자동차의 보급 확대다. 서울 한강변을 동서로 가로지르는 '올림픽대로'는 88서울 올림픽 이전만 해도 자동차가 거의 없는 한적한 도로였다. 그러나 88서울 올림픽 이후 베이비부머가 자동차를 대거 구입하면서, 올림픽대로는 차들로 붐비기 시작했다. 이른바 '마이카 시대'가 활짝 열린 것이다. 자동차 수가 급증하자 그전까지 느슨했던 자동차 불법주차 단속이 엄해졌고, 도심에는 유료 주차장이 잇달아 생겨났다.

1986년부터 1991년까지 자가용 승용차 판매 증가율이 연평균 35%에 달했으니, 이 시기에 자동차가 얼마나 많이 팔려나갔는지를 알 수 있을 것이다. 자동차 보급 확대에 따라 운전면허 소지자도 1980년 186만 명에서 1985년 409만 명, 1990년 854만 명으로 폭발적으로 늘어났다. 그리고 1998년 차량 등록 대수가 드디어 1,000만 대를 넘어섬으로써, 우리나라도 '1가구 1자가용' 시대에 들어서게 되었다.

1980년대 중반부터 시작된 베이비부머들의 소비 붐은 국내 전자 업체들과 자동차 업체들에게 탄탄한 내수시장을 제공하여, 해외시장으로 나가는 기회를 만들어주었다. 당시 우리나라 수출제품은 품질이 낮아 대체로 원가 이하의 싼 가격에 해외로 팔려나갔다. 대기업들은 수출에서 발생한 손실을 메우기 위해 당시 국내 판매가격을 해외 수출가격보다 훨씬 높게 책정했다.

국내 소비자들의 이런 희생과 지원이 있었기 때문에 삼성, 현대, LG, SK, 대우 등이 오늘날 세계적인 글로벌 기업으로 성장할 수 있었다. 이런 점에서 712만 명에 달하는 거대한 베이비부머 집단은 생산 노동자이자 대량 소비자로서 대한민국 경제발전의 발판이 되었다는 평가를 충분히 받을 만하다.

한국 사회에 핵가족 시대를 열다

베이비붐 세대가 한국 사회에 일으킨 또 하나의 변혁은, 핵가족 시대의 개막을 가져온 것이다. 가족은 사회를 구성하는 기본단위이다. 그리고 가족은 개인들의 출생과 결혼·이혼·사망에 의해 만들어지고 해체되며, 또 시대 흐름에 따라 다양한 형태로 변형된다.

우리나라 가족제도는 1960년대까지만 해도 대가족大家族 형태를 띠었다. 이는 국민 대부분이 농업에 종사하던 것과 관련이 깊다. 농사에는 많은 일손이 필요했고, 가족 수가 많아야 생산도 많이 할 수 있었다. 노동력이 곧 돈이었던 것이다. 그래서 3대가 함께 사는 것은 보통이었고, 심지어 4대가 함께 어울려 사는 대가족도 많았다.

농업경제 시대에는 노인들이 존중을 받았다. 날씨 변화를 잘 예측하고 농사 경험이 풍부했던 노인들은, 농사일에 꼭 필요한 존재였다. 당시 농경사회를 지배했던 사회원리는 자애慈愛와 효孝였다. 부모는 사랑하는 자식들을 등에 업고 품에 안아서 키웠고, 자식들은 성인이 되면 당연히 부모를 모실 줄 알았다.

이러한 대가족 제도는 1970년대 경제개발의 시작과 함께 점차 해체의 길로 들어섰다. 해체의 주역은 베이비부머였다. 지방에 살던 베이비부머들이 대거 도시로 옮겨와 직장을 얻고 결혼을 하여, 수백만 가구의 새로운 가정을 꾸민 것이다. 이른바 핵가족核家族 시대의 시작이다.

우리나라 전체 가구에서 3세대 가구(조부모와 부모, 자녀들로 구성된 가정)가 차지하는 비중을 보면, 1960년 30% 선에서 1975년 20% 선으로 떨어졌고, 이어 1990년 12% 선, 2005년 7% 선으로 계속해 급속히 하락했다. 반면 부부 2명으로 구성된 1세대 가구와, 부부와 자녀들로 구성된 2세대 가구 수는 1970년 428만 가구에서 1995년 984만 가구로 25년 사이에 2배 이상 증가했다.

기능적으로 볼 때, 핵가족은 산업사회에 적합한 가족 구조다. 핵가족의 특징은 '부모와 자녀' 2대만으로 구성되고, 남편과 아내 간의 분업分業 체제가 확실하다는 점이다. 남편은 직장에서 돈을 벌고, 아내는 집에서 아이를 키우고 집안 살림을 하는 것이다. 베이비부머는 비록 농경사회에서 태어났지만, 산업사회의 주역으로 활동하면서 우리나라 가족제도에 일대 변화를 가져왔다고 하겠다.

여성의 사회진출이 시작되다

"여성의 경제활동이 늘어나면 이 세상은 훨씬 부유해질 것이다." 수 년 전, 경제전문지 『이코노미스트』가 여성들의 경제활동에 관한 특집기사를 게재하면서 언급한 말이다. 『이코노미스트』의 분석처럼, 여성들의 경제활동 참여가 활발해지는 것은 세계적인 현상이고, 앞으로 더욱 활발해질 것이다.

우리나라에서도 현재 부부가 함께 생활 전선에서 뛰는 '맞벌이' 가정이 급증하고 있는 것으로 나타나고 있다. 통계청의 경제활동인구 표본조사(3만 3,000가구)에 따르면, 도시가계의 40%가 현재 맞벌이를 하는 것으로 나타나고 있다. 이러한 맞벌이 비율은 일본(45%)과 미국(60%) 등과 비교하면 아직 낮은 편이다. 하지만 최근 우리나라 20, 30대 부부의 맞벌이 비율이 70%를 넘어서고 있음을 볼 때 머지않아 선진국 수준에 따라붙을 가능성이 커 보인다.

우리나라에서 여성들의 취업활동이 활발해진 시점은 베이비부머의 사회진출 시기와 일치한다. 수출 붐이 일어나던 1970년대 중반, 섬유업체와 전자업체들이 중학교와 고등학교를 졸업한 소녀들을 대거 채용하기 시작한 것이다. '공순이'라는 이름의 어린 여성 근로자가 우리 사회에 등장한 것이 바로 이때쯤이다. 당시 소녀 근로자들은 밤새워 일해 받은 월급을 꼬박꼬박 집으로 보내며 어려운 가정을 일으키는 여가장女家長의 역할을 했다.

연령별 경제활동 참가율 변화 추이

〈여 성〉

	1975년	1980년	1985년	1990년	1995년	2000년
전체	40.2	42.8	41.9	47.0	48.4	48.8
15~19세	**36.9**	**34.4**	21.1	18.7	14.5	12.6
20~24세	44.0	**53.5**	55.1	64.6	66.1	61.2
25~29세	29.2	32.0	**35.9**	**42.6**	47.9	55.9
30~34세	36.4	40.8	43.6	**49.5**	**47.6**	48.8
35~39세	48.9	53.1	52.9	57.9	**59.2**	**59.3**
40~44세	53.6	56.7	58.2	60.7	65.7	**63.8**
45~49세	53.5	57.3	59.2	63.9	60.6	64.9
50~54세	54.5	53.9	52.4	60.0	58.8	55.3
55~59세	47.1	46.2	47.2	54.4	54.1	51.3
60세이상	18.5	16.9	19.2	26.4	28.7	30.2

〈남 성〉

	1975년	1980년	1985년	1990년	1995년	2000년
전체	73.8	76.4	72.3	74.0	76.4	74.4
15~19세	**36.8**	**27.3**	14.5	10.8	9.5	11.6
20~24세	47.2	**76.5**	63.3	60.2	58.8	52.9
25~29세	89.5	95.0	**90.8**	**91.9**	89.6	84.4
30~34세	98.3	97.6	96.4	**97.2**	**97.0**	95.5
35~39세	98.6	97.3	96.5	97.0	**97.0**	**95.8**
40~44세	101.2	96.1	94.9	95.7	96.6	**94.5**
45~49세	100.9	94.4	93.3	94.2	95.2	92.8
50~54세	97.3	90.5	88.1	90.6	91.3	89.4
55~59세	96.2	80.0	77.3	83.6	83.9	77.9
60세이상	49.2	45.2	44.2	49.9	54.1	49.7

자료 : 통계청, 단위 : %

※ 굵게 표시된 숫자는 1975~2000년 사이 베이비부머들의 경제활동 참가율을 보여준다. 1975년(당시 베이비부머 나이 12~20세)과 1980년(17~25세)의 수치(별색 표시)를 보면 산업현장에서 당시 얼마나 많은 소년, 소녀 베이비부머들이 일을 하고 있었는가를 알 수 있다. 그 이후로 고등학생의 대학 진학률이 높아지면서 소년, 소녀 근로자 수는 급속히 감소하는 추세를 보이고 있다.

지금은 공장 근로환경이 매우 좋아졌지만, 1980년대 중반만 해도 산업현장의 작업 여건은 열악하기 짝이 없었다. 특히 여성들의 근로환경은 좋지 않았다. 남성 작업반장들이 공장에 상주하면서 여성 근로자들이 화장실 가는 횟수를 체크할 정도로 인권人權 침해 사례가 심각했다. 게다가 야간 철야작업에다 일요일 연장근무까지 하는 경우가 많아, 그야말로 힘든 세월을 보내야 했다.

또 비슷한 일을 하는데도 여성 근로자들이 받는 임금 수준은 남성 근로자의 50~60% 선에 불과했다. 이런 열악한 분위기 속에서 대한민국의 섬유수출 신화가 만들어진 사실을 잊지 말아야 할 것 같다. 또 이 시기에 소수의 여상女商 졸업자와 여성 대졸자들이 공무원과 은행원, 사무원, 전문직업인 등 화이트칼라 직종으로 진출하며, 여성의 경제활동 참여 범위를 서서히 넓혀나갔다.

이에 힘입어 우리나라 여성들의 경제활동 참가율은 1965년 36%에서 1975년 40%, 1986년 43%, 1990년 47%로 지속적으로 높아졌다. 지금은 고등교육을 받은 여성들이 학교를 졸업한 후 취업하는 것을 당연하게 여기고 있다. 또 결혼을 해도 대부분이 직장과 일을 병행하려 노력한다. 이 때문에 아내가 밖에서 일하고 남편이 가사를 맡는 '남성주부' 가정이 최근 15만 가구에 이를 정도로, 여성들의 지위가 크게 향상되고 있다.

그러나 1980년대만 해도 한국 사회엔 남성 우월주의 문화가 판을 치고 있었다. 그래서 여성 근로자들은 결혼과 동시에 회사로부터 사표를 강요 당하곤 했다. 이에 맞서 소수의 여성 사무원들이 부당한 사표 강요의 철회를 요구하며 법정소송을 내기도 했으나, 억압적인 사회 분위기 때문에 이기는 경우는 별로 없었다.

오늘날 우리나라는 다방면에 걸쳐 여성들의 사회진출이 활발하게 이뤄지고 있다. 사법시험, 행정고시, 외무고시 합격자의 경우 절반가량이 여성들이다. 또 삼성, LG, 현대차 등 대기업 신입사원의 30%가 여성들로 채워질 정도로 여풍女風이 강하게 불고 있다.

남녀 차별이 상대적으로 덜한 금융기관과 외국계 기업에서는 임원으로 승진하는 여성들도 꾸준히 늘어나고 있다. 베이비붐 세대 소녀들이 흘린 '피와 땀'이 있었기에 오늘날 우리 여성들이 한국 사회에서 차지하는 역할도 이렇게 커진 것 아닌가 생각해본다.

대한민국 중산층의 뿌리를 이루다

우리나라에서 중산층이 형성되기 시작한 시점은 1980년대 중반부터라고 할 수 있다. 경제성장이 1970년대부터 본격화되기 시작했으나, 재벌과 일부 상류층을 빼놓고는 아직 살기가 빠듯한 시절이어서 중산층이 만들어질 기회가 없었다. 한국인들이 좀 살 만해졌다고 피부로 느끼기 시작한 시기가, 전두환 군사독재 정권 시절이었다는 것은 참으로 아이러니하다.

박정희 대통령이 국민들의 자유를 억압하는 독재정치를 19년 넘게 했음에도 불구하고 그 기간에 경제부흥의 불이 붙은 것과 비슷한 셈이다. 12·12 군사 쿠데타를 일으킨 전두환 대통령 역시 1980년 광주에서 민주시민을 학살하는 범죄를 저질렀으나, 물가를 안정시키고 국제수지를 흑자로 돌려놓은 치적을 남겼다.

물론 이 모든 것이 전두환 대통령의 개인적인 능력에 의한 것은 아니었다. 행운이 많이 따랐다는 얘기다. 1986년부터 불어닥친 국제유가 하락, 원화가치 하락, 국제금리 하락 현상―이른바 '3저低 호황'은 대한민국 경제를 '순풍을 탄 배'처럼 앞으로 밀어 올렸다.

1980년대 중반부터 크게 증가한 도시근로자 월 가계소득 추이

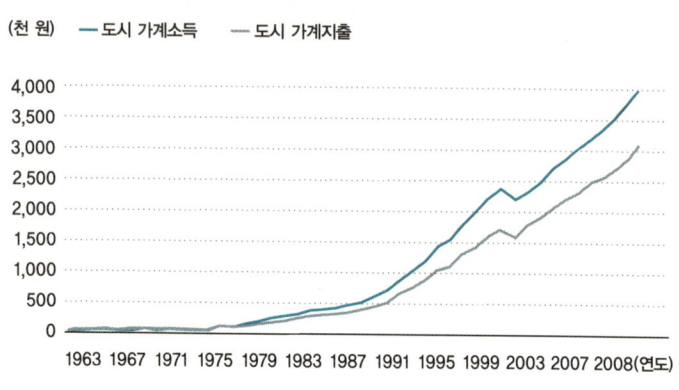

(천 원)　━ 도시 가계소득　━ 도시 가계지출

4,000
3,500
3,000
2,500
2,000
1,500
1,000
500
0

1963 1967 1971 1975 1979 1983 1987 1991 1995 1999 2003 2007 2008(연도)

자료 : 통계청

위 그래픽은 도시 가계소득이 1980년대 중반부터 급속히 늘어났음을 보여준다.

이런 경제 호황기에 사회에 진출한 베이비부머들은 경제성장의 과실을 많이 얻었다. 늘어난 월급을 모아 자동차를 사고, 냉장고를 사고, 컬러 텔레비전을 샀다. 컬러 텔레비전과 VTR 같은 값비싼 내구소비재가 불티나게 팔려나간 시점도 이즈음이다. 이 시절 많은 근로자들이 중산층 의식을 갖게 된 데는, 자가自家 주택의 확산이 결정적인 기여를 했다.

우리 가족이 전셋집이 아니라 내 집에서 산다는 사실과 내 집의 가격이 2,000만~3,000만 원(1980년대 중반 아파트 평균가격)에 달한다는 사실은 근로자들에게 뿌듯한 마음을 안겨주었다. 전두환 정권은 당시 이런 사회변화에 부응하여 아파트를 대대적으로 건설해, 베이비붐 세대의 내 집 마련을 지원했고, 근로자들의 저축을 지원하는 새로운 금융상품들을 잇달아 개발해 보급했다.

어느 나라든지 중산층은 사회를 떠받치는 뼈대 역할을 한다. 일정 수준의 경제적 부를 갖추게 되면, 그 부를 지키기 위해 민주주의를 추구하고 점진적인 사회변화를 원하는 것이다. 그래서 중산층은 '민주주의의 보루'라고 불린다. 베이비붐 세대는 대한민국 역사에서 가장 강력한 중산층 세력을 형성한 세대로 분석된다. 워낙 인구수가 많은데다 타고난 근면함으로 상당한 부의 축적을 이룬 세대이기 때문이다.

현대경제연구원 조사에 따르면, 베이비붐 세대는 우리나라 전체 토지의 42%를 보유하고 있으며, 도시 지역에 위치한 건물의 58%가 베이비붐 세대의 것이다. 또 주식시장에서 시가총액 기준으로 주식 물량의 20%를 소유하고 있는 것으로 나타나고 있다.

그러나 IMF 위기 이후 베이비붐 세대의 위치가 흔들리는 모습을 보이고 있다. 기업 구조조정 바람에 휘말려 명예퇴직을 하거나, 경기불황에 따른 자영업 몰락 등으로 빈곤층으로 추락한 사람들이 적지 않기 때문이다. 한국개발연구원 조사에 따르면, 지난 10년 동안 한국의 중산층은 10~12%가량 줄어든 것으로 나타나고 있다. 가장 큰 타격을 받은 세대는 아마 베이비부머들이 아닐까 싶다.

아파트와 신도시 시대를 열다

베이비붐 세대들은 1970년대 중반부터 취직을 하기 위해, 또는 대학에 다니기 위해 지방에서 대거 서울로 올라왔다. 서울에 올라와 처음 거처를 정한 곳은 대부분 서울 변두리의 판잣집이었다. 당시 서울 변두리 산꼭대기에는 '달동네'라 불리던 허름한 주택단지가 여기저기 세워져 있었다. 조금 여유가 있는 사람들은 단독주택의

방 한 칸을 전세 내어 6~8명의 가족이 부대끼며 살았다.

1980년대 중반까지 우리나라 가정에서 가장 많이 사용하던 난방과 취사 수단은 연탄불이었다. 연탄은 값싸고 사용하기 편리한 서민용 연료였지만, 불완전 연소燃燒 과정에서 생기는 유독가스는 치명적인 사고를 자주 일으켰다. 그래서 정부는 연탄가스를 조심하라는 캠페인을 자주 펼쳤고, 연탄가스로 사망하는 사람들이 나올 때마다 신문들은 주요 뉴스로 보도하곤 했다.

단독주택들이 늘어서 있던 서울 주택가의 모습은 1960년대 말부터 조금씩 바뀌었다. 연탄을 난방 연료로 쓰는 서민 아파트 건설이 시작된 것이다. 아파트는 좁은 땅에 집을 가장 많이 지을 수 있다는 점 때문에, 주택보급률 확대에 골몰하던 정부의 입맛에 딱 들어맞는 주거수단이었다. 서울시는 도시경관을 개선한다는 명분으로 산 중턱의 달동네와 노후화된 주택단지를 차례대로 허물고 시영 아파트 단지를 건설했다.

당시 서울시와 건설업체들의 캐치프레이즈는 '빨리 빨리'였다. 공기를 단축해야 기업들은 이익을 많이 내고, 공무원들은 위로부터 일을 열심히 한다는 칭찬을 받던 시절이었다. 1970년 4월 발생한 서울 마포 와우

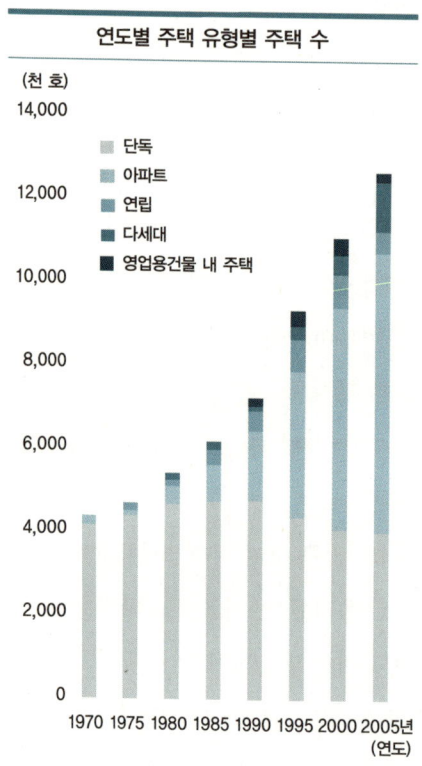

연도별 주택 유형별 주택 수

(천 호)

14,000

■ 단독
■ 아파트
■ 연립
■ 다세대
■ 영업용건물 내 주택

12,000

10,000

8,000

6,000

4,000

2,000

0

1970 1975 1980 1985 1990 1995 2000 2005년
(연도)

자료 : 통계청

아파트 붕괴 사건은, '빨리 빨리'를 부르짖는 성장 지상주의 시대가 낳은 불행한 사고였다. 이 사건으로 아파트의 안전성에 대한 시민들의 불신이 높아지면서, 아파트는 한동안 분양이 잘 이뤄지지 않았다.

그러나 시간이 흐르면서 아파트는 한국 국민들의 주거수단으로 자리를 잡았다. 마당이 없어 관리하기 편하다는 점, 외출을 할 때 열쇠만 채우고 나가면 도둑이 들 염려가 없다는 점이 주부들의 마음을 사로잡았다. 1970년대 중반부터 서울에 건설한 아파트는 짓기가 무섭게 불티나게 팔려나갔다.

서울 강남 개발의 신호탄을 알린 반포 아파트 단지가 1974년 건설됐고, 이어 반포 아파트 단지보다 5배 이상 큰 잠실 아파트 단지가 1977년 완공됐다. 또 대한민국 상류층을 겨냥한 압구정동 현대 아파트가 이즈음에 건설됐다. 1980년대 들어서 목동 아파트 단지, 상계동 아파트 단지가 잇달아 들어서면서, 서울은 점차 아파트 단지에 묻히게 되었다.

수도권 1기 신도시 현황

구 분	합 계	분 당	일 산	평 촌	산 본	중 동
면적(만 평)	1,516	594	476	154	127	165
계획인구(만 명)	116	39	27	16	16	16
주택(만 호)	29.2	9.7	6.9	4.2	4.2	4.1
용적률(%)	–	184	169	204	205	225
개발기간	–	1989.8 ~1996.12	1990.3 ~1995.12	1989.8 ~1995.12	1989.8 ~1995.1	1990.2 ~1996.1

자료 : 국토해양부

활발해진 아파트 건설에 더욱 불을 붙인 것은 베이비부머들의 결혼 러시였다. 1980년대 중후반부터 712만 명에 이르는 베이비부머들이 잇달아 결혼을 하게 되자, 수도권에는 심각한 주택 부족 현상이 빚어졌다. 경제발전으로 국민들의 소득수준이 크게 높아진 것도, 아파트 수요를 부추기는 원인이 되었다. 당시 주택가격이 2~3년 연속하여 20~30%씩 상승해 민심이 흉흉해졌고, 정통성을 의심 받던 노태우 정권은 큰 위기를 느꼈다.

88서울 올림픽이 끝난 후, 정부는 주택난을 해소하기 위해 수도권에 신도시를 개발해 200만 호의 주택을 건설하겠다고 발표했다. 대한민국 땅값을 5~10배씩 끌어올린, 신도시 개발사업이 이때부터 본격적으로 시작됐다. 1차로 분당과 일산 · 중동 · 평촌 등이 신도시로 개발됐고, 뒤를 이어 김포 · 용인 · 파주 · 동탄 등에 대단위 아파트 단지가 건설됐다.

현재 우리나라 전체 주택의 50%가량이 아파트이다. '아파트 공화국'이라는 말이 저절로 나올 만하다. 그리고 그 아파트 공화국의 중심에 바로 베이비붐 세대가 서 있다.

CHAPTER 05

베이비붐 세대의
좌절과 축복

27년간 계속된 군사독재 정권

요즘 대한민국은 언론의 자유, 표현의 자유를 만끽하고 있다. 대한
민국 역사에서 지금처럼 국민들이 하고 싶은 말 다 하고, 읽고 싶
은 책과 잡지를 다 읽을 수 있는 시기는 없었다. 대통령과 국가 권
력기관을 비판하고, 군부 지휘자들을 비난해도 아무 탈이 없다. 국
민이 대한민국의 주인이 됐기 때문이다.

  그러나 베이비붐 세대가 대학을 다니던 1970년대 중후반과
1980년대 초중반만 해도 군인 출신 대통령들과, 집권 여당세력이
나라의 주인 역할을 했다. 표현의 자유를 억압했던 박정희 대통령
과 전두환 대통령 시절엔, 민주주의 회복을 주장하거나 대통령을
비판하는 사람들은 정보기관에 잡혀가 얻어맞거나 고문을 당했다.

  특히 대학생들은 집중적인 감시 대상이었다. 시위를 벌이다 경
찰에 붙잡힌 학생들은 제적을 당한 뒤 곧바로 군대로 끌려갔다. 이
때 군대로 끌려간 젊은이 가운데서 근무 중에 불분명한 이유로 갑
자기 사망하는 의문사疑問死가 자주 발생해 가족들의 애간장을 태

워놓았다.

이 시기엔 또 경찰이 학교에 주둔하면서 교수들과 학생들을 감시했다. 종교 지도자들과 노동조합 간부들도 경찰의 사찰을 받았다. 이런 인권유린 사태가 심각했음에도 불구하고, 신문과 방송 등 언론들은 정권의 위협과 압력에 굴복하여 보도를 제대로 하지 못했다. 권력의 압력을 이겨내고 사실을 보도하려 한 기자들은 정보기관에 끌려가 죽도록 얻어맞았다.

군사독재 정권이 기승을 떨치던 시절, 베이비부머 출신 대학생들은 공장 노동자들을 위한 '야학夜學'을 운영하고, 방학 기간에 농촌과 공단지역에서 '농활農活'과 '공활工活'을 벌였다. 지금은 이 모든 게 없어졌지만, 베이비부머들이라면 대부분 이런 경험을 한 번쯤은 했을 것이다.

또 박정희와 전두환에 반대해 민주화 운동을 벌이던 베이비부머들은 대학에서 퇴학을 당한 후 산업체로 들어가 노동운동을 벌였다. 경찰은 이들에게 '위장취업'이라는 이름을 붙여줬다. 중졸, 고졸이라고 학력을 속이고 취업을 했으니 '사기'라는 것이었다. 이때 공장에 취업해 노동운동을 한 베이비부머 가운데, 나중에 여당과 야당에서 직업정치인으로 성장한 사람들이 다수 배출됐다.

지금 생각해보면 아득한 옛날 얘기 같지만, 불과 20여 년 전까지 이런 살벌한 독재정권이 국민 위에 군림했었다. 그 수많은 세월 동안, 많은 젊은이들이 군사독재 정권에 좌절하고, 또 탄압을 받다가 피를 토하고 죽어갔으니 참으로 안타까운 일이다.

정체성의 혼란 속에서 보낸 학창시절

베이비붐 세대가 중·고등학교를 다녔던 1970년대 초중반은 박정희 유신정권이 기승을 떨치던 시기였다. 학교에선 매주 월요일 아침 교장선생님이 학생들을 운동장에 모아놓고 정신교육을 실시했다. 정신교육의 주제는 대부분 '김일성의 남침 위협'을 경고하거나, '대통령의 위대한 지도력'을 칭송하는 것이었고, 가끔 '말 잘 듣는 착한 학생이 되자'는 훈화도 이어졌다.

국민들을 박정희 대통령의 충실한 지지자로 만드는 정신교육은, 그전부터 시작되었다. 박정희 정권은 1968년 '우리는 민족중흥의 역사적 사명을 띠고 이 땅에 태어났다'로 시작하는 국민교육헌장을 제정, 모든 학생들에게 외우도록 했다. 선생님들은 자주 암송 테스트를 실시해 국민교육헌장을 외우지 못한 학생들을 집에 늦게 보내곤 했다.

이 시절엔 중학교와 고등학교에 다니는 학생들은 모두 머리를 빡빡 깎아야 했다. 머리를 깎으면 공부도 잘되고 위생관리에도 좋다는 설명이었으나, 일본식 교육의 잔재殘滓가 아니었던가 하는 생각이 든다. 아침 등교 때마다 교련 선생님이 교문을 지키고 있다가 머리 긴 학생들을 잡아서 '얼차려'를 주는 것은 이 시대의 흔한 풍경이었다.

또 이 시절엔 김일성의 남침 위협에 대비하여 학교에서 기초 군사지식을 가르치는 교련시간이 일주일에 2~3회씩 있었다. 베이비부머들은 실습시간에 나무로 만든 총을 들고 기본 제식훈련을 했으며, 총검술과 사격술도 배웠다. 교련시간은 1969년부터 도입되어 마지막 베이비붐 세대가 대학 교육을 마치던 1989년까지 계속 이어졌다.

베이비부머들은 치열한 대학 입학시험을 치르기 위해 밤늦게까지 학교에 남아 열심히 공부를 했다. '공부를 해야 출세할 수 있다'는 부모님의 말씀도 있었지만, 대학에 들어가면 고생(공부)이 끝나고, 행복(낭만)이 시작되는 줄 알았기 때문이다. 그러나 대학에 들어가자마자 이런 꿈은 금방 깨지고 말았다.

이 세상에서 대통령은 박정희 대통령 한 분인 줄 알고 있던 베이비부머들은, 대학에 들어간 후 극심한 정체성의 혼란에 빠져들었다. 중·고등학교에서 배운 내용이 사실과 크게 다르다는 것을 깨달은 데 따른 혼란이었다. 대통령은 그전에도 있었고, 다른 나라에선 대통령을 체육관이 아니고 국민들의 직접선거로 뽑는다는 것을 알고 나선, 고민이 많아졌다.

특히 북한 김일성이 독립운동 비슷한 것을 한 경력이 있는 반면, 박정희 대통령은 일본 육사를 나온데다 한때 남로당南勞黨 정보원으로 활동했다는 얘기는 쇼킹한 것이었다. 공산당은 무조건 나쁘다는 선생님의 설명과는 달리, 중국과 베트남·쿠바 공산당 정부가 국민들의 열렬한 지지를 받아 탄생한 정부라는 사실도 쇼킹했다.

정체성의 혼란 속에서 베이비붐 세대는 점차 '민주주의'와 '민족주의'라는 새로운 가치에 눈뜨기 시작했고, 자연스럽게 군사정권 종식을 위한 시위에 나서게 됐다. 특히 전두환 정권이 '5·18 광주 민주화운동'에서 저지른 시민 학살사건은, 베이비붐 세대와 386세대의 시대관時代觀에 엄청난 영향을 주었다. '국민의 군대'가 국민들의 가슴에 총을 쏜 사건은, 이해하기 힘든 충격적인 사건이었던 것이다.

베이비붐 세대의 학창생활은 이렇게 어두운 그림자 속에서 시작됐고 또 끝났다.

간첩 식별법 교육

박정희 대통령 시절, 초·중등 학생들이 학교에서 열심히 외워야 했던 것 가운데 하나가 '간첩 식별법'이었다. 북한이 남한 체제를 전복시키기 위해 남한에 침투시키던 스파이들을 신속히 잡아내자는 취지에서 만든 것이 간첩 식별법이다. 간첩 식별법은 '바른생활' 과목의 시험 문제로 출제되었기 때문에 베이비부머들은 모두 외우고 있어야 했다. 정부가 국민들에게 보급한 간첩 식별법은 대략 다음과 같은 9가지였던 것으로 기억이 난다.

① 새벽에 구겨진 신사복을 입고 산에서 내려오는 자.

② 말끔한 새 구두에 진흙이 묻어 있는 자.

③ 한밤에 라디오를 틀고 북한 방송을 청취하는 자.

④ 일정한 직업이 없이, 돈을 많이 쓰거나 고급 담배를 피우는 자.

⑤ 대화 가운데 인민, 호상이라는 단어를 사용하는 자.

⑥ 현 정부에 불평을 늘어놓으며 북한을 고무 찬양하는 자.

⑦ 장기간 행불되었다가 나타나거나 외국여행이 잦은 자.

⑧ 모스 무전기로 소란을 피우며 주위사람을 잠 못 들게 하는 자.

⑨ 카메라를 들고 군부대 주변이나 해변을 배회하는 자.

위와 같은 간첩 식별법이 효과를 보았는지는 잘 모르나, 박정희 대통령의 집권 중반까지는 간첩이 꽤 잘 잡혔다. 그러나 북한이 1970년대 후반부터 간첩을 조금씩 보내면서 뜻하지 않은 부작용이 생겼다. 보안사령부와 중앙정보부가 멀쩡한 사람들을 잡아다가 간첩으로 만드는, 이른바 '용공조작' 사건이 등장한 것이다. 이 용공조작은 전두환 정권 하에서도 계속 이어졌다.

사회평론가 홍세화 씨가 쓴 『나는 빠리의 택시 운전사』(1995년)라는 책을 보면, 1970년대 초반에 대학을 다닌 연극연출가 임진택 씨는 대학가 축제에서 간첩 식별법을 약간 개조한 신新 간첩 식별법을 소개해 인기를 모았다고 한다. 어떤 사람이 간첩인가를 손쉽게 알 수 있다는 이 판별법에는 촌철살인의 해학諧謔이 숨어 있다. 홍세화 씨가 전한 임진택 씨의 간첩 식별 요령은 다음과 같다.

① 사람이 많은 곳에 가서 '아, 이 많은 사람 중에 간첩은 나 혼자뿐이구나!' 라고 생각하는 자.

② "우리 피차 솔직하게 말합시다." 하고 말을 걸 때 "사실은 내가 간첩이오."

하고 말한 뒤 즉시 후회하는 자.

③ 간첩을 만났을 때, "결국 우리는 둘 다 간첩이로군요." 하며 반가워하는 자.

④ 일정한 직업이 없으면서도 '물을 돈 쓰듯' 하는 자('돈을 물 쓰듯'이 아님).

⑤ 날씨가 화창한데도 진흙에 신발이 묻은 자('신발에 진흙'이 아님).

⑥ 간첩행위를 영업으로 하는 자.

⑦ 간첩면허증을 소지했거나 갱신하려 하는 자.

취업 걱정을 하지 않은 세대

박정희 대통령은 철권통치로 대한민국의 민주화를 지연시켰지만, 그가 경제발전에 기여한 공로가 큰 것은 사실이다. 경제논리로만 따진다면 물가를 안정시키고 '3저 호황'을 이용하여 국민총소득을 4,000달러 선으로 끌어올린 전두환 대통령 역시 평가를 받아야 할 것 같다.

그러나 박정희 대통령을 흠모하는 우리나라 보수파들이 전두환 대통령을 아직 인정하지 않고 있는 것은, 그가 정권을 잡는 과정에서 유혈사태가 벌어지고 재임기간 중 수천억 원의 뇌물을 받아 챙겼기 때문이 아닌가 싶다.

첫 베이비부머가 태어나던 1955년, 대한민국의 1인당 국민총소득(GNI)은 65달러 선에 불과했다. 국민 모두가 가난했던 시절이라 '먹고사는 문제'를 해결하는 것이 국정과제의 최우선 순위로 떠올랐다. 이승만 자유당 정권과 장면 민주당 정권이 이 문제에 결사적으로 매달렸으나, 자본도 없고 기술도 부족해 경제발전이 생각보다 쉽지 않았다.

5·16 군사 쿠데타로 정권을 잡은 박정희 대통령은 취임과 동

시에 경제발전을 통한 민생고民生苦 해결을 공약했다. 그 구체적인 추진안推進案이 바로 '1차 경제개발 5개년 계획'이다. 박정희 대통령은 첫 작업으로 1964년 일본과 국교를 정상화한 다음, 그 대가로 받은 일제 식민지배 피해 보상금을 경제개발에 투입했다. 포항 영일만 벌판에 포항제철을 짓기 시작한 것이 바로 이즈음이다.

그러나 산업기반이 미미했던 1960년대는 일자리가 너무 부족해, 청년실업자가 길거리에 넘쳐났다. 정부가 1964년 독일에 파견할 광부들을 모집하자, 수많은 대졸자들이 몰려 수십 대 일의 경쟁률을 보였다고 한다. 당시는 공무원 시험에 합격하거나 은행과 공기업에 취직하는 것이 거의 유일한 취업 방법이었다. 1960년대의 공식 실업률은 5~8% 선이었으나, 실제 실업률은 20~30%에 달했다고 해야 할 것이다.

우리나라에서 취업난이 풀린 시기는 경제개발 세대(1950~1954년생)가 대학교에 들어가던 1970년대 초반부터다. 수출이 이때부터 빠른 속도로 늘어나면서 한국 경제가 살아나기 시작했고, 이에 힘입어 수많은 수출기업들이 직원들을 수십 수백 명씩 뽑기 시작한 것이다. 일간신문에 '사원 모집'이라는 광고가 큼지막하게 실리기 시작한 것도 이즈음이다.

1964년 1억 달러에 불과했던 우리나라 수출은 1971년 10억 달러로 급증했고, 1977년에는 100억 달러를 돌파하며 이른바 '한강의 기적'을 만들어냈다. 박정희 정권은 신발공장, 섬유공장, 합판공장, 전자부품 공장 등에 '증산增産' '수출' '건설' 같은 구호를 써 붙여놓고 근로자들을 독려했다.

수출이 빠른 속도로 늘어나자 현대, 삼성, 럭키금성(현재의 LG그룹), 대우 등 재벌그룹들은 1975년부터 종합상사(삼성물산, 대우, 현대

종합상사, 럭키금성상사, 쌍용, 국제상사, 선경, 효성, 율산)를 잇달아 세웠다. 일본 총합상사總合商社를 본떠 만들어진 종합상사는, 대한민국 수출전선의 첨병尖兵이 되어 세계시장을 뛰어다녔다.

1970년대 후반엔 중동 건설 붐이 일어나 이번에는 건설회사들이 달러를 갈퀴로 긁어모으기 시작했다. 1979년 2차 오일쇼크가 터져 한국 경제가 비틀거릴 때, 우리나라 건설업체들은 대한민국을 살리는 역할을 해냈다. 1981~1984년 사이에 우리 건설회사들이 중동에서 벌어들인 외화는 무려 86억 달러에 달했다. 정부는 이 돈으로 원유 수입대금의 36%를 충당해 나라가 위기에 빠지는 것을 막았다.

수출 호조와 해외건설 활황 덕분에 1970년대 중후반에 대학을 다닌 베이비붐 세대는 대부분이 취직을 할 정도로 당시는 거의 완전고용이 이뤄졌다. 공고와 상고를 졸업한 베이비부머들도 우후죽순雨後竹筍처럼 생겨나던 섬유공장과 기계공장, 건설현장에서 일자리를 쉽게 구했다. 이런 점에서 보면 베이비부머 세대는 취업 걱정을 전혀 하지 않은 '축복 받은 세대'인 셈이다.

30%만이 누린 대학 교육의 혜택

베이비부머들의 어린 시절은 '궁핍'이란 말로 요약할 수 있다. 우리나라 경제가 아직 먹고살 만한 형편이 아니어서, 형이 쓰던 교복과 책을 물려받아 쓰고, 몽당연필을 볼펜 껍질에 끼워서 닳아 없어질 때까지 쓰는 게 일상사였다. 공책 살 돈이 부족해 공책 한 권에 모든 과목의 필기를 하던 아이들도 많았다.

학교 앞길에서 '달고나'를 연탄불에 녹여 먹던 '뽑기', 단골 간

식거리로 사먹었던 '라면땅'과 '뽀빠이'는, 베이비부머의 머리에 아직 남아 있는 유년시절의 추억들이다. 돈을 절약하기 위해 목욕탕도 한 달에 한 번, 두 달에 한 번 정도밖에 가지 못했으니, 참으로 어렵게 산 시절이었다. 그러다 보니, 가난한 집안의 아이들은 중학교와 고등학교에 가는 것도 벅찼다.

지금은 모든 중학생이 고등학교를 가고, 또 거의 모든 고교생이 대학을 간다. 다시 말해 고등학교 교육과 대학 교육이 대중화되었다는 뜻이다. 그러나 1970년대만 해도 대학은 아무나 가는 곳이 아니었다. 당시 교육부 통계를 보면, 고등학교 졸업자 가운데 30%만이 대학물을 먹을 수 있었다. 요즘 고등학생들의 대학 진학률이 84%에 달하는 것과 비교하면, 격세지감이 엄청난 셈이다.

상황이 이러했기 때문에 형제 가운데 한 명이 대학을 가면 다른 형제들은 진학의 꿈을 접고, 취업 전선에 뛰어드는 경우가 많았다. 상급학교에 진학하든지, 공장 노동자가 되든지 둘 중 하나를 선택해야 하는 게 당시 베이비부머의 운명이었다. 가난한 가계살림 때문에 대학을 가지 못한, 머리가 좋은 베이비부머들은 상고와 공고로 진학했다. 하루빨리 취업을 하여 돈을 벌어야 했기 때문이다.

그러나 공장에 취업했다고 하여 베이비부머들이 공부를 그만둔 것은 아니었다. 상당수가 낮에는 공장에서 일하고 밤에는 회사가 만든 산업체 학교를 다

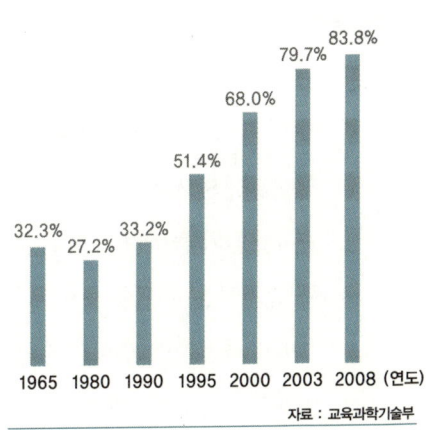

우리나라 대학 진학률 상승 추이

83.8%
79.7%
68.0%
51.4%
32.3% 27.2% 33.2%

1965 1980 1990 1995 2000 2003 2008 (연도)

자료 : 교육과학기술부

니며 주경야독晝耕夜讀을 했다. 당시 산업체 학교를 졸업한 공장 근로자들이 졸업식에서 크게 울어대는 바람에 졸업식은 항상 눈물바다를 이루었고, 이런 모습은 신문에 단골 뉴스로 소개되곤 했다.

기대수명 85세를 돌파한 첫 세대

한국인의 평균수명은 2008년을 기점으로 80세를 넘어섰다. 해방 직후만 해도 한국인의 평균수명은 45세 전후에 불과했고, '돼지띠' 베이비부머가 태어나던 1959년엔 52세 수준이었다. 불과 50년 사이에 30세 가까이 증가한 것이다. 보건학자들의 전망에 따르면 한국인의 평균수명은 앞으로도 계속 늘어나 2030년쯤엔 85세 수준에 달할 것이라고 한다.

다음 그래픽에 나오는 한국인의 '성·연령별 기대여명'은, 2008년 한국인의 평균수명을 기초로 하여 각 연령대에 있는 사람들이 앞으로 얼마나 더 살 수 있는지를 보여주고 있다. 예를 들어 현재 50세인 남자는 28.9년을 더 살 수 있을 것으로 기대된다. 베이비부머들이 현재 47~55세인 것을 고려하면, 80세까지는 무난히 살 수 있을 것이라는 뜻이다.

그러나 이는 어디까지나 평균치일 뿐이다. 우리나라 사람들이 가장 많이 사망하는 연령을 의미하는 '다빈도多頻度 사망연령'은, 오래전에 80세를 훨씬 넘어서서 현재 85세에 접근하고 있다. 매년 3~4개월씩 늘어나는 평균수명 증가에 맞춰 다빈도 사망연령도 계속 증가하는 추세를 보이고 있다.

따라서 베이비부머들은 건강관리를 잘하면 남자의 경우 85세, 여자의 경우는 90세까지 충분히 살 수 있을 것이라는 전망이 우세

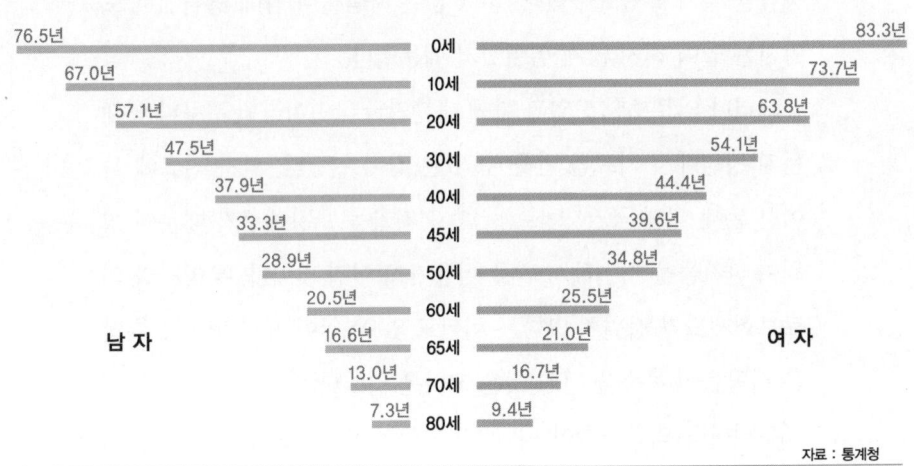

남 자		여 자
76.5년	0세	83.3년
67.0년	10세	73.7년
57.1년	20세	63.8년
47.5년	30세	54.1년
37.9년	40세	44.4년
33.3년	45세	39.6년
28.9년	50세	34.8년
20.5년	60세	25.5년
16.6년	65세	21.0년
13.0년	70세	16.7년
7.3년	80세	9.4년

자료 : 통계청

하다. 이런 점에서 베이비부머들은 기대수명 85세를 넘어서는 첫 세대가 될 가능성이 높다. 장수長壽가 축복이라고 한다면, 그야말로 큰 축복이 아닐 수 없다.

한국인의 수명이 이처럼 빨리 늘어날 수 있었던 이유는 무엇일까? 보건학자들의 설명은 대략 3가지로 요약된다. 첫째, 한국전쟁 이후 한반도에서 전쟁이 없어졌으며, 둘째는 경제발전에 힘입어 보건·위생이 크게 개선되었으며, 셋째는 소득증가에 따라 한국인의 영양상태가 크게 좋아졌다는 것이다. 한국인의 평균수명은 아직 일본·이탈리아 등 장수 국가들보다는 낮으나, 2030년쯤에는 엇비슷해질 것으로 전망되고 있다.

베이비부머들의 수명 증가에 또 하나 기여를 한 것이 있다면 바로 의료보험(건강보험)이다. 박정희 정부가 1977년 처음 도입한 의료보험제도는 단계적인 확대를 거쳐 1989년 시행지역이 전국으로 넓어졌다. 의료보험이 도입되기 전엔, 경제적으로 여유가 있는 사람들만 병원에 갈 수 있었다. 서민들이 입원하려면 병원은 미리 보증금을 맡기도록 요구했다. 돈이 없는 사람들이 밤에 병원에서 도망치는 일이 적지 않게 벌어졌기 때문이다.

그러나 의료보험 도입과 함께 대한민국 국민이라면 누구나 언제든지 병원에서 치료를 받을 수 있는 길이 열렸다. 환자 진료에 들어간 돈에 대해 국가(건강보험공단)가 지급을 보장해주기 때문에 병원이 환자들을 차별해서 받을 이유가 없어진 것이다. 우리나라 의료보험제도가 시원치 않다는 비판도 있으나, 이 제도 덕분에 수많은 사람들이 목숨을 건진 것은 고마운 일이다.

우리나라 의료기술이 지난 50년 동안 획기적으로 발전한 것도 한국인의 수명 증가에 크게 기여했다. 국립암센터 자료에 따르면, 한국인의 경우 80세까지 살면 32%가 암에 걸리는 것으로 조사되고 있다. 그래서 암은 한국인의 첫 번째 사망원인으로 꼽힌다. 20여 년 전만 해도 암에 걸리면 대부분이 사망했으나, 최근 들어 좋은 치료법이 많이 개발돼 수술 후 완치율(5년 생존율)이 계속 높아지고 있다.

특히 우리나라 의료진의 암 치료 기술은 세계 최고 수준에 이르고 있다. 예를 들어 한국인이 많이 걸리는 위암, 자궁경부암, 간암의 5년 생존율은 각각 61.2%, 80.5%, 21.7%로 선진국보다 상당히 높은 편이다(왼쪽 표 참조). '서구형 암'으로 일컬어지는 대장암과 유방암의 생존

암 수술 5년 생존율

암	한국	미국	캐나다	일본
위	61.2%	25.7%	22.0%	62.1%
간	21.7%	13.1%	14.0%	23.1%
자궁경부	80.5%	70.6%	75.0%	71.5%
대장	68.7%	65.2%	60.0%	65.2%
유방	89.5%	89.1%	87.0%	85.5%
폐	16.7%	15.6%	15.0%	25.6%
전립선	82.4%	99.7%	94.0%	75.5%
모든 암	57.1%	66.1%	60.0%	54.3%

자료 : 국립암센터

※한국은 2003~2007년, 미국은 1999~2005년,
캐나다는 1998~2000년, 일본은 1997~1999년 자료.

율도 각각 68.7%와 89.5%를 기록, 미국(65.2%, 89.1%)이나 일본 (65.2%, 85.5%)과 비슷하거나 높은 수준을 보이고 있다. 물론 수술 후 완치율이 아직 떨어지는 분야도 있지만, 우리나라 의료기술이 전반적으로 좋아지고 있는 것은 틀림없는 사실이다.

IMF 위기와 종신고용제의 종말

1997년 발생한 IMF 경제 위기는 한국 사회에 엄청난 상흔을 남겼다. 달러 부족으로 나라가 부도사태에 직면하고, 많은 기업들이 경기불황을 견디지 못하고 도산했다. IMF 경제 위기가 터진 후 1~2년 사이에, 국내 30대 재벌그룹 가운데 무려 19개 그룹이 쓰러졌으니, 당시 우리 경제가 받았던 충격이 얼마나 컸는지를 짐작할 수 있을 것이다.

살아남은 기업들도 경비절감을 위해 회사에서 묵묵히 일하던 근로자들을 대량으로 잘라냈다. 대기업과 중소기업 구별 없이 구조조정을 실시한 결과, 무려 20만 명 이상의 샐러리맨들이 IMF 경제위기로 일자리를 잃었다. 우리나라 기업문화의 근간을 이루던 종신고용제도가 하루아침에 막을 내린 것이다.

대한민국에선 그전까지 어떻게든 취직만 하면 그 직장을 계속 다니면서 결혼을 하고, 집을 사고, 또 정년停年까지 근무할 수 있었다. 특별한 사회보장제도가 없었던 우리나라에서, 고용이 곧 사회보장제도의 역할을 해온 셈이다. 베이비부머가 회사에 충성을 바치는 '회사형 인간'이 된 것도 이런 믿음이 있었기 때문이다. 그런데 IMF 사태로 이런 암묵적인 합의가 일방적으로 깨져버린 것이다.

최근 연례행사가 되어버린 기업들의 구조조정은 50대의 베이비부머들을 1차 타깃으로 삼고 있지만, 최근에는 30~40대 젊은 사원들을 향해서도 겨눠지고 있다. 그 결과 모든 샐러리맨들이 언제 회사 밖으로 내몰릴지 모른다는 위기감에 휩싸이고 있는 게 오늘의 산업현장이다.

기업들의 인사관리가 살벌해지면서 나타난 현상이, 공기업과 공무원 직종의 인기 상승이다. 사람들이 언제 해고될지 모르는 대기업들을 회피하고, 정년이 대체로 보장되는 정부 공무원과 산하 공기업으로 몰리기 시작한 것이다.

종신고용제 폐지와 함께, 기업들에서 나타난 또 하나의 변화는 연공서열年功序列 제도의 폐기다. 그리고 그 자리에 대신 들어선 것이 능력급 제도와, 성과成果 평가 제도이다. 연공서열제의 파괴에 따라, 요즘은 같은 회사에 근무하는 같은 직급의 근로자들 간에도 20~50%의 임금 격차가 발생하고 있다. 과장이라도 다 같은 과장이 아니고, 부장이라도 다 같은 부장이 아닌 시대가 된 것이다.

이런 서구식 기업문화의 등장으로 가장 고생을 하는 그룹이 바로 베이비부머들이다. 팀장으로 일하는 후배 밑에서 찍소리 못하고 근무를 해야 하고, 업무 성과가 떨어진다는 이유로 급여를 삭감당해도 꼼짝없이 수용을 해야 한다. 그렇지 않으면 매서운 바람이 휘몰아치는 저 삭막한 거리로 내동댕이쳐질 수밖에 없는 게 오늘날 베이비붐 세대의 서글픈 자화상自畵像이다.

1인당 국민소득 65달러에서 2만 달러로

베이비부머들이 초등학교를 다닌 1960년대는 식량과 생필품이 절대적으로 부족한 시기였다. 당시만 해도 학교에 도시락을 싸 갈 형편이 되지 못해 점심을 굶는 학생이 많았다. 부족한 식량을 절약하기 위해 정부는 보리와 쌀을 섞어 먹는 혼식운동을 매년 연례적으로 벌였다.

특히 농촌에서 태어난 베이비부머들은 봄철마다 반복되는 '보릿고개'로 큰 고생을 했다. 농촌이 가난의 굴레에서 벗어나기 시작한 시점은 1970년대 중반쯤이다. 박정희 대통령의 주창으로 '새마을운동'이 전국으로 확산되고, 돈 벌러 도시로 떠나간 자녀들이 월급을 부치면서 살림살이가 점차 좋아졌다. 통일벼 등 수확량이 좋은 벼 품종의 보급도 농촌 소득증가에 한몫을 했다.

1970년대 중반부터 빠르게 늘기 시작한 수출은, 두 번의 오일쇼크(1973년과 1979년)로 휘청거리던 한국 경제를 살려놓은 일등공신이었다. 수출 붐을 타고 경제가 고도 성장세를 보였고, 이에 힘입어 도시민들의 생활수준은 꾸준히 향상됐다. 1980년대 들어 도시민들은 살림살이가 나아지고 있는 것을 피부로 느낄 수 있었다. 컬러 텔레비전과 전화기, 냉장고가 본격적으로 보급되기 시작한 시점이 바로 이즈음이다.

1980년대 중반부터는 음식 문화도 한결 풍요로워졌다. 옛날에는 명절 때나 먹을 수 있던 불고기가 자주 식탁에 등장했고, 중국집에 가서 가족끼리 외식을 하는 가정도 늘어났다. 주거시설이 단독주택에서 아파트로 대거 바뀌면서 주거 문화도 혁신적인 변화를 맞았다. 화장실이 집 밖에서 집 안으로 들어왔고, 넓디넓던 마당이 없어져 주부들의 삶이 한층 편해졌다.

이 모든 변화가 불과 한 세대 만에 이뤄졌으니 가히 상전벽해桑田碧海라 할 수 있을 것이다. 눈부신 압축성장壓縮成長을 이뤄낸 대한민국의 경제발전은, 국민총소득의 급속한 상승에서 확인할 수 있

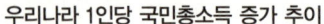

우리나라 1인당 국민총소득 증가 추이

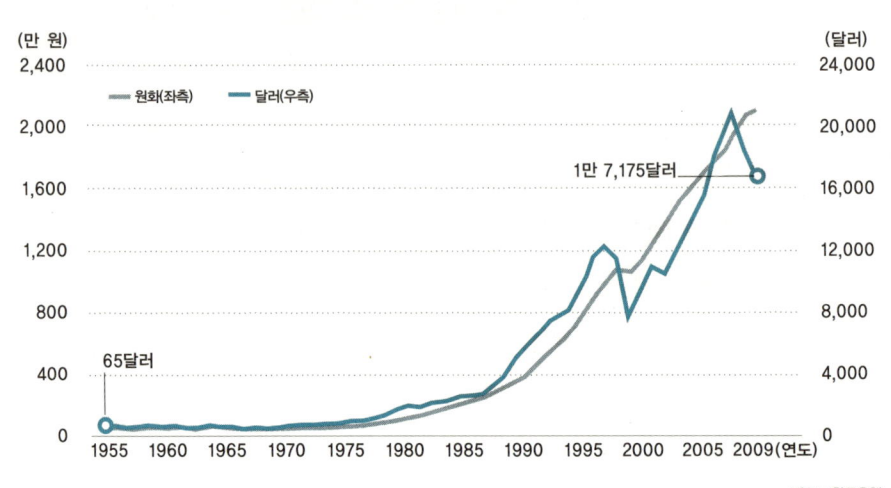

자료 : 한국은행

다. 국민들의 생활수준을 가늠할 수 있는 경제지표가 1인당 국민총소득GNI이다. 예전에는 1인당 국내총생산 GDP을 주로 살펴보았으나, 요즘엔 많은 국가들이 1인당 GNI를 비교 지표로 삼고 있다.

지난 세월, 우리나라의 1인당 국민총소득(이하 국민총소득) 추이를 보면, 1955년 65달러, 1965년 105달러 등으로 1960년대 중반까지는 별다른 향상이 없었다. 이때는 1인당 국민총소득이 필리핀, 태국 등 동남아 국가는 물론이고 아프리카 국가인 가나, 세네갈, 우간다 들보다도 못했다. 그러던 것이 박정희 정부의 수출 드라이브 정책이 점차 효과를 보면서, 1970년 254달러, 1975년 602달러, 1980년 1,645달러 등으로 빠르게 늘어났다.

국민총소득의 획기적인 점프는 전두환·노태우 정부의 3저低 호황 시절에 나타났다. 1인당 국민총소득은 1987년 3,321달러를 기록하더니 서울 올림픽 다음 해인 1989년 드디어 5,418달러를 기록하며 5,000 달러 고지高地를 돌파했다. 그리고 김영삼 정부 시절인 1995년 1인당 국민총소득이 대망의 '1만 달러'를 넘어섰고, 노무현 정부 시절인 2007년 다시 '2만 달러'를 넘어섰다.

그러나 우리 경제가 항상 '순풍에 돛 달듯이' 마냥 앞으로만 달려나간 것은 아니었다. 1998년엔 IMF 경제 위기로 국민총소득이 다시 1만 달러 밑으로 고꾸라져 오랫동안 헤맨 일이 있었고, 2008년엔 글로벌 금융위기 영향으로 국민총소득이 다시 2만 달러 이하로 미끄러졌다.

우리나라 국민총소득은 2009년 현재 1만 7,175달러를 기록하고 있다. 국민총소득 2만 달러대를 아직 확실히 정복한 것은 아니지만, 지난 50여 년 동안 국민총소득이 무려 264배가 늘어난 것은 엄청난 국력 신장이 아닐 수 없다.

소득 2만 달러 허들

우리나라 국민총소득은 1995년 이후 15년째 1만 달러대의 덫에 갇혀 있다. 선진국들이 소득 1만 달러에서 2만 달러로 올라간 시간이, 일본 4년, 싱가포르와 이탈리아 5년, 아일랜드와 핀란드 8년, 영국과 독일 9년, 미국 10년인 것과 비교하면 상당히 길어지는 편이다.

일반적으로 국민총소득이 2만 달러에 접근하면 새로운 허들(hurdle, 장애요인)이 나타난다는 게 전문가들의 지적이다. 우리나라는 현재 압축성장의 후유증인 빈부격차 확대, 소득 양극화 현상으로 진통을 겪고 있다. 이러한 가운데 경제성장률이 크게 낮아져, 늘어나는 복지비용을 마련하느라 국가재정이 적자상태에 빠져들고 있다.

경제연구소들은 2만 달러 허들을 넘어서기 위한 대책으로, 후진적 정치행태의 개혁, 국가 리더십의 재정비, 작고 능률적인 정부의 실현, 생산적인 노사관계의 구축, 새로운 성장 동력의 발굴 등을 주문하고 있다.

CHAPTER 06

베이비붐 세대의
DNA

헝그리 정신과 탁월한 생존능력

베이비붐 세대의 특징을 하나만 꼽으라면 필자는 '탁월한 생존능력'을 지적하고 싶다. 베이비붐 세대가 태어나던 1955~1963년만해도 산아제한정책이 아직 실시되지 않던 시기였다. 그래서 형제가 4~6명에 달하는 베이비부머들이 많았다. 물자가 부족했기 때문에 형이 입던 옷을 동생이 물려 입고, 형이 쓰던 책을 동생이 물려받는 일이 흔했다. 형제들과 부대끼며 살아가는 과정에서, 베이비부머들은 '경쟁의 법칙'을 자연스럽게 몸에 익혔다.

경제 여건이 어려웠던 1970년대엔, 많은 부모들이 자녀를 대학에 보낼 엄두를 내지 못했다. 베이비부머의 대학 진학률이 30% 전후에 그친 데에는 이런 배경이 있다. 대학 진학을 포기한 10대 중후반의 어린 베이비부머들은 서울과 부산, 대구, 인천, 구미, 울산으로 가 공장 근로자로 자리를 잡았다.

베이비부머 근로자들이 당시 받았던 임금 수준은 요즘 비정규직이 받는 월급 수준과 큰 차이가 없었다. 우리나라 경제가 아직 어려웠던 때인데다, 근로자들을 정당하게 대우해주는 기업인들이 소수에 불과했기 때문이다. 또 노조를 만들면 '빨갱이'로 매도 당하던 시대라, 베이비부머들은 참으로 열악한 근로환경 속에서 일을 해야 했다.

베이비부머 근로자들이 부당한 대우에 항의해 파업이라도 벌일라치면 구사대救社隊라는 이름의 '건장한 어깨들'이 등장해 몽둥이를 마구 휘둘렀다. 이 과정에서 수많은 유혈사태가 벌어졌으니, 지금 생각해보면 참으로 안타까운 일들이다. 전태일 분신 사건(1970년), 동일방직 사건(1978년), YH 여성 노동자 신민당사 농성 사건(1979년) 등은 이 시대의 아픔을 간직한 사회적 사건이다.

공장에 취업한 베이비부머들은 쥐꼬리만 한 월급을 받으면, 생활비만 빼고 모두 고향으로 보냈다. 이 돈으로 고향에 계신 부모가 생활을 하고, 또 동생들이 중·고등학교를 다녔다. 그래서 몸이 아파도 병원에 가지 못하고, 각성제를 먹고 기계를 돌렸다. 당시엔 20대 중반의 나이가 되면, 모두가 가족의 생계를 짊어진 가장이 되는 시절이었다.

베이비부머들은 평생을 경쟁 속에서 살아간 세대라고 해도 과언이 아니다. 어렸을 때에는 집안에서 형제들과 경쟁하며 살았고, 초등학교와 중학교에 가선 한 반에 70명씩이나 되는 동급생들과 경쟁을 해야 했다. 대학 입학시험도 치열한 경쟁을 거쳐야 했다. 대학 정원은 그대로 있는 상태에서 입학시험을 보는 아이들의 숫자가 크게 늘어나다 보니, 대입 경쟁률이 크게 올라간 것이다.

대학을 졸업하고 직장에 들어간 뒤에는 대리, 과장, 차장, 부장, 이사로 이어지는 승진의 대열에 끼기 위해 동년배들은 물론, 직장 선후배들과 치열한 생존경쟁을 해야 했다. 그리고 경쟁에서 살아남아 회사의 간부가 된 다음엔, '세계 무역 전쟁'에서 살아남기 위해 일본과 미국, 유럽 기업들의 근로자들과 또 한바탕 경쟁을 벌이며 바쁜 삶을 살아야 했다.

베이비부머들의 피 속에는 강한 생존능력의 DNA가 박혀 있다. 스스로 일어나지 않으면 아무도 도와주지 않는다는 사실을 어렸을 때부터 몸으로 깨달은 때문이다. 베이비부머들이 자녀들에게 엄격하고 입만 열면 "우리 어렸을 때는 그렇게 하지 않았어!" 하면서 훈계하는 습관을 버리지 못하는 것은 아마 이런 이유 때문이 아닐까 싶다.

민주주의에 대한 강한 신념

해방둥이 세대(1940~1949년생)는 일본 제국주의 시대의 끝자락에서 태어나 한국전쟁의 참극을 겪은 세대다. 태어난 역사적 상황 때문에 이 세대는 30년 가까이 지속된 박정희·전두환 군사정부의 독재를 대체로 용인하는 태도를 보였다. 오늘날 '보수 우파'라 일컬어지는 사람들의 주력이 해방둥이 세대이다.

서울대 송호근 교수(사회학)는 이 시대를 살아간 사람들의 세계관을 '국가주의, 성장주의, 권위주의' 세 가지로 요약한다. 독재정권이 국민을 핍박하더라도 경제발전 문제를 먼저 해결해야 하기 때문에 참아야 하고, 또 북한 공산정권과 대결하는 상황에선 자유를 제한 받는 것은 어쩔 수 없다는 사고방식이다.

이런 분위기를 이용하여 박정희 대통령이 만들어낸 정치체제가, 바로 '한국적 민주주의'를 구현하는 '유신정권'이다. 박정희 유신정권은 '우리도 한번 잘 살아보세!'라는 슬로건을 내걸고 국민들의 관심을 정치에서 경제로 돌리는 데 성공했다. 박정희 대통령이 밀어붙인 경제성장 우선 전략은 '100억 달러 수출'이라는 가시적인 성과를 내면서 국민 불만을 한동안 잠재울 수 있었다.

그러나 유신정권의 성장 우선 정책은 1970년대 후반 극심한 물가상승과 빈부격차 확대라는 부작용을 낳았다. 이에 대한 국민들의 불만이 커지고, 권력기관들의 인권유린 사태에 해방둥이 세대들이 등을 돌리면서 유신정권은 그 종말을 맞았다. 1979년 부산과 마산에서 터진 시민들의 반정부 항쟁, 이른바 부마 사태가 바로 그것이다.

경제성장 시대의 선봉에 섰던 경제개발 세대(1950~1954년)는 어린 나이에 '4·19 혁명'과 '5·16 군사 쿠데타'를 목격했고, 학교를 다닐 때 '10월 유신'과 '긴급조치'를 겪었다. 태생적으로 정치의식을 가질 수밖에 없었던 경제개발 세대는 독재정권에 저항하여 민주화 투쟁을 지속적으로 벌였다. 물론 모두가 민주화 운동에 적극 동참한 것은 아니었다.

일단의 경제개발 세대들은 군사정권의 반공 이데올로기에 동조하여, 선거 때마다 집권여당 편에 섰다. 또 민주화 세력도 아니고, 그렇다고 반공주의 세력의 편을 드는 것도 아닌, 엉거주춤한 사람들도 적지 않았다. 남북 간의 군사적 대치와 동서 냉전(冷戰)이라는 시대적 제약이 너무나 컸던 탓이다. 이 때문에 경제개발 세대의 민주화 투쟁은 민주정부 수립이라는 소기의 성과를 거두지는 못했다.

경제개발 세대가 뿌린 '민주화의 씨'는 베이비붐 세대에서 그 불꽃이 활짝 타올랐다. 먹고사는 문제가 어느 정도 해결된 시점에서 자란 베이비부머들은, 전쟁을 겪은 해방둥이 세대들과 생각이 많이 달랐다. 잘 먹고 잘사는 경제성장도 필요하지만, 조금 덜 먹더라도 이제 인간답게 살고 민주주의를 해야 한다는 생각을 한 것이다. 전국 대학가에서 반反유신체제 운동이 활발하게 전개된 것은 당연한 사태 발전이었다.

박정희 정부는 학생들의 시위에 대해 일체의 집회를 금지하는 긴급조치를 발표하고 경찰을 대학 내에 배치하여 학생들을 감시하는 강경 탄압책으로 맞섰다. 하지만 군사정권의 무리한 독주는 결국 민심 이반離反을 불러일으켜, 부산과 마산에서 시민시위(부마 사태)가 발생하는 지경에 이르렀다. 결국 김재규 중앙정보부장의 총탄에 맞아 1979년 10월 박정희 대통령이 사망함으로써 7년간 이어졌던 유신체제가 막을 내렸다.

그러나 유신정권의 붕괴에도 불구하고 민주주의의 회복은 쉽지 않았다. 1980년 5월 '광주 민주화운동'을 총칼로 진압하고 권력을 잡은 전두환 군사정권은, 역사의 시계추를 다시 옛날로 되돌리려 했다. 전두환 정권이 집권한 1980년대 7년간은 유신정권의 재판再版이었다. 전국 각지에서 학생들의 반대시위가 이어졌고, 군사정부는 또 군인과 경찰을 동원하여 민주주의 요구를 무력으로 탄압했다.

베이비부머들이 거대한 장벽에 부딪혀 절망감과 무력감을 절절이 느끼던 사이에도 시간은 어김없이 흘러 그들 역시 순차적으로 대학을 졸업하고 직장인으로 변신했다. 그러나 사회에 들어간 다음에도 민주주의에 대한 베이비부머들의 신념은 변하지 않았다. 전두환 군사정권의 장기 집권을 막았던 1987년 '6월 민주 항쟁'이 대표적인 사건이다.

당시 박종철·이한열 학생의 잇단 사망 사건을 계기로 서울 시청과 명동에 100여 만 명에 이르는 직장인과 학생들이 모여, 대통령 직선제를 요구하는 시위를 벌였다. 이를 계기로 오랫동안 억눌려 있었던 국민들의 민주화 요구가 봇물처럼 터져나왔고, 대통령 간선제間選制 유지를 골자로 한 전두환의 호헌護憲 선언은 자동 폐기됐다.

그래서 '6월 민주 항쟁'은 대한민국 역사의 물줄기를 바꾼 대사건으로 평가 받는다. 6월 민주 항쟁 당시 흰색 반소매 와이셔츠에 넥타이 차림으로 역사의 현장을 지켰던 이른바 '넥타이 부대'가 바로 베이비붐 세대다. 이런 점에서 베이비붐 세대는 대한민국 민주화에 큰 기여를 했다고 자부할 만하다고 하겠다. 그리고 베이비붐 세대는 이후 치러진 대통령 선거에서 자기들의 손으로 김영삼, 김대중, 노무현, 이명박으로 이어지는 민간 출신 대통령을 직접 뽑는 기쁨을 맛보았다.

베이비부머들이 민주주의에 대해 가지고 있는 강한 신념은 지금도 변함이 없다. 그러나 사회생활 기간이 길어지면서 자신들이 처한 상황에 따라, 정치의식이 '보수' '진보' '중도' 3가지로 분화되는 현상을 보이고 있다. 매일경제신문이 2009년 베이비부머 1,000명을 대상으로 실시한 정치의식 조사에 따르면, 스스로 '보수'라고 생각하는 사람이 36%, '중도'라고 생각하는 사람은 29.8%, '진보'라고 생각하는 사람은 27.7%에 달하는 것으로 나타났다.

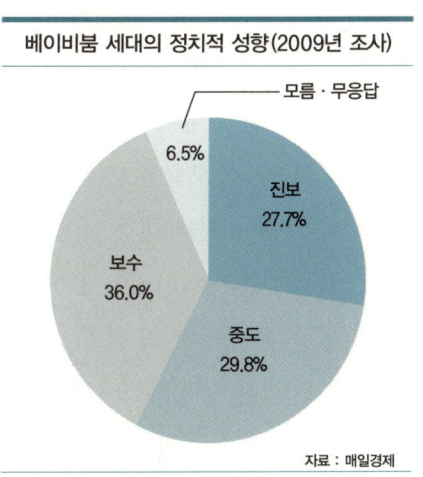

베이비붐 세대의 정치적 성향(2009년 조사)

모름·무응답
6.5%

진보
27.7%

보수
36.0%

중도
29.8%

자료 : 매일경제

지역주의와 학벌주의에 고민하다

대한민국이 앓고 있는 고질병 중의 하나가 '지역주의'와 '학벌주의'이다. 이 두 가지 가운데 가장 심각한 병인 지역주의는, 박정희 대통령과 유신정권의 추종자들이 만들어냈다. 그리고 뒤를 이은 전두환 · 노태우 · 김영삼 · 김대중 대통령이 정권을 잡고 유지하는 과정에서 은근히 부추겼다.

그러나 역대 대통령들만이 지역주의에 대한 책임을 져야 하는 것은 아닐 것이다. 지역주의의 먹이사슬이 거대하다는 뜻이다. 지연地緣과 학연學緣에 뿌리를 둔 지역주의는 새로운 정치권력이 등장할 때마다 이너서클inner circle을 만들고, 또 이 이너서클이 경제권력(재벌)과 연합하여 거대한 먹이사슬을 만들어낸다. 이렇게 하여 형성된 특정지역 세력가들은, '우리가 남이가' 하는 동류의식同類意識으로 뭉치며, 정치적 · 경제적 이익을 독점하는 습성을 보인다.

베이비붐 세대는, 앞서 태어난 해방둥이 세대와 경제개발 세대와는 달리, '민주주의'와 '자유주의'에 대한 강한 믿음을 가진 세대다. 이런 자부심을 가지고 학창시절 군사독재 정권에 맞서 싸웠고, 마침내 30대 초중반의 나이에 민주주의의 회복을 이뤄냈다. 그러나 많은 베이비부머들이 입으로는 자유와 평등을 부르짖으면서도, 사회생활에서는 지역주의와 학벌주의를 용인 또는 묵인하는 이중적인 모습을 보였다.

베이비붐 세대가 이런 애매한 태도를 보인 것은, 여기에 편승해서 얻은 이익이 상당했기 때문이다. 특히 대한민국에서 가장 머리 좋다는 공무원과 법조(판사와 검사) 사회에서 지역주의가 기승을 떨친 것은, 공직사회에서 얻는 '떡고물'이 더욱 컸기 때문이 아닌가 생각된다. 그러나 지역주의는 공직사회에서만 기승을 떨치고 있는 게 아니다.

재계에서 일어나는 지역주의는 공무원들의 뺨을 친다. 매년 연말이나 신년 초에 이뤄지는 재벌그룹 임원 인사를 보면, 특정지역 출신들이 압도적인 비율을 차지하는 경우를 자주 본다. 최근 들어 다소 개선되고 있다고는 하지만, 글로벌 기업을 자임하는 재벌기업들이 토호土豪 기업들이나 하는 지역주의 인사를 지금도 하는 것을 보면 참으로 놀라운 일이다.

또 해방둥이 세대부터 시작된 '학벌주의'는, 몇몇 명문대학 출신들이 대한민국을 좌지우지하는 폐단을 낳고 있다. 권력이 바뀔 때마다, 육사 출신과 서울대 출신, 연세대 출신, 고려대 출신이 우르르 몰려갔다가 우르르 몰려나온다. 재벌기업들도 큰 차이가 없다. CEO는 물론이고 임원들도 대다수가 명문대학 출신들로 구성된다. 그래서 대한민국은 명문대학 졸업장만 있으면 평생 먹고산다는 우스개 이야기가 나돈다.

가난한 시절을 살았던 베이비붐 세대는 불과 30%만이 대학을 갈 수 있었다. 나머지 70%는 어려운 집안을 돕기 위해 중학교와 고등학교를 졸업한 후 농사를 짓거나 공장에서 노동자로 일을 해야 했다. 공장에 취업한 베이비부머들은 젊은 시절 대졸 출신 상급자들로부터 '무식하다' '못 배웠다' '능력 없다'는 등의 극심한 언어폭력에 시달렸다.

1970년대와 1980년대에 발생한 노사분규 가운데 많은 사건들이 우리 사회의 뿌리 깊은 학력 차별주의에 기인하고 있음은 우리 모두가 다 알고 있는 바이다. 지금은 모두가 대학을 가는 시대가 되어 대졸과 고졸 간의 차별은 많이 없어졌다. 그러나 명문대 졸업자와 비명문대 졸업자 간의 차별은 여전하고, 오히려 갈수록 더 커지는 듯한 느낌도 든다.

되돌아보면 베이비붐 세대는 학창시절과 사회생활 모두에서 학력 차별주의를 강하게 느낀 세대라고 할 수 있다. 그래서 학벌의 혜택을 경험한 베이비부머는 그런 혜택을 지키기 위해서, 또 학벌 혜택을 못 본 베이비부머는 자식들에게 그런 설움을 안겨주지 않기 위해 결사적으로 자녀교육에 매달리고 있다. 베이비부머들이 자신들의 노후준비에는 신경을 쓰지 않고, 사교육비를 펑펑 써가며 자녀들의 학벌 스펙 높이기에 여념이 없는 이유는 바로 여기에 있다.

그러나 자유와 평등의 이상理想을 먹고 자란 베이비붐 세대에게, '지역주의'와 '학벌주의'는 어딘가 불편하고 낡아빠진 이데올로기 같은 느낌이 든다. 이 점이 선배 세대들(해방둥이 세대와 경제개발 세대)과 다른 점일 것이다. 노무현 대통령이 많은 정치적 실책을 저지른

소설과 베이비부머

철학자 탁석산 박사는 『대한민국 50대의 힘』(2006)에서 경제개발 세대와 베이비붐 세대의 특징의 하나로 '소설을 열심히 읽은 마지막 세대'라고 말한다. 1970년대는 컬러 텔레비전 방송이 아직 시작되지 않았던 시기인데다, 군사정권의 검열이 심해 좋은 영화가 만들어지기 힘들었다. 그래서 별다른 오락거리를 찾지 못했던 대학생들은 소설과 시를 열심히 읽고 토론을 즐겼던 것으로 기억이 난다.

이 시기 학생들이 즐겨 읽은 소설들의 작가는 박경리·김승옥·이청준·조세희·황석영·박완서·박태순·이문열·박범신·최인호·김홍신 등이었고, 시인으로는 김수영과 김지하, 신동엽 등이었다. 탁석산 박사는 "사회과학 도서가 시대와 역사를 이해하는데 유효하다면, 소설은 인간을 이해하는 데 유효하다"면서 "소설을 많이 읽은 덕분에 대한민국 50대는 386세대에 비해 훨씬 풍부한 인성을 가지고 있다"고 평가를 내리고 있다.

것으로 평가 받고 있지만, 그가 내세웠던 '지역주의 타파' '학벌주의 타파'에 베이비붐 세대가 공감했던 데는 이런 배경이 있다.

한 나라가 후진국에서 중진국으로, 그리고 중진국에서 선진국으로 진입할 때 사회에는 여러 가지 갈등이 나타난다. 특정지역의 인사 독점에 따른 지역 간 갈등, 소득 불평등에 따른 계층 간 갈등, 전통 종교와 신흥 종교 간의 종교 갈등 등이 그런 예이다. 우리는 지난 20~30년 동안 심각한 이념 갈등과 노사 갈등, 지역 갈등을 겪었다.

지금도 이러한 갈등이 계속되고 있고, 오히려 이명박 정부 들어 지역 간 갈등과 계층 간 갈등은 더욱 심해지는 느낌을 준다. 이명박 대통령을 필두로 한 해방둥이 세대가 이를 해결하지 못하면, 곧 경제개발 세대와 베이비붐 세대에게 그 문제해결의 바통이 넘어가게 될 것이다. 대한민국의 발전을 위해서는 세대교체가 불가피하다는 뜻이다.

평생을 회사에 충성한 '회사형 인간'

베이비붐 세대는 평생을 회사를 위해 살았다고 해도 과언이 아니다. 회사보다 내 일을 더 중시하는 요즘 세대들과 달리, 가족보다는 직장과 일을 먼저 생각하며 살아왔다. 한마디로 '회사형 인간'인 것이다. 그래서 월급을 많이 받을 수 있었는지 모르지만, 다른 한편으로 업무에서 받는 스트레스가 커지면서 40대 후반 들어 과로사 過勞死 또는 돌연사 突然死 하는 사람들이 많이 생겨났다.

베이비부머가 회사형 인간이 된 것은, 회사 내에 동년배들이 너무 많아 승진 경쟁이 치열했기 때문이다. 무한경쟁 無限競爭, 약육강식 弱肉强食의 기업사회에서 살아남기 위해 베이비부머들은 20, 30대의 청춘이 언제 지나갔는지 모를 정도로 몸 바쳐 일을 했다. 그리고 40대에는 IMF 경제 위기를 만나, 이번에는 회사에서 쫓겨나지 않기 위해 또 경쟁적으로 회사 일에 매달려야 했다.

이처럼 회사만 쳐다보고 살았기 때문에 놀 줄 모르는 것이, 베이비부머가 가진 특징 중의 하나다. 오락이라곤 텔레비전 시청이 대부분이었고, 일이 바쁘다는 핑계로 책을 잘 읽지도 않았다. 그래서 나이가 들어 머릿속이 '깡통'이 되고, 50대 초반에 직장에서 밀려나는 설움을 겪고 있다.

베이비붐 세대는 형제가 보통 4~5명에 달하는 대가족 가정에서 자라났다. 그러나 정작 결혼을 해서는 자신들 세대의 절반 정도인, 평균 2.3명의 자녀를 낳은 것으로 나타나고 있다. 베이비붐 세대의 출산율이 이처럼 낮아진 이유를 '회사형 인간'에서 찾는 전문가들도 있다. 회사형 인간으로 살다 보니 스트레스가 많아지고, 그래서 부부관계가 소홀해질 수밖에 없었다는 지적이다.

한국성과학연구소 조사에 따르면 우리나라 40, 50대 남성의 섹스 횟수는 연 50회로 평균 주 1회 수준인 것으로 나타나고 있다. 미국인의 연평균 섹스 횟수 124회, 그리스인 117회, 뉴질랜드인 115회, 중국인 72회, 대만인 65회에 비해 크게 낮은 수치다. 우리나라보다 회사형 인간이 많은 일본인의 경우, 연평균 섹스 횟수가 36회로 가장 낮은 것을 보면, 성생활 부진은 사회적 스트레스와 상당한 관련성이 있어 보인다.

일로부터 받는 스트레스가 커지면서 우리나라 40, 50대의 건강은 요즘 말이 아닌 상태다. 세계보건기구WHO 조사에 따르면, 우리나라는 40대 사망률이 세계에서 가장 높은 나라다. 그리고 40,

50대에 사망하는 남성들의 숫자가 여성들보다 3배나 높게 나타나고 있다. 이렇게 보면 베이비붐 세대의 인생도 참 서글프다는 느낌이 든다.

베이비부머들의 척박한 생활에 비해, 요즘 젊은 세대들은 인생을 참 즐겁게 사는 것 같다. 잘 먹고, 잘 놀고, 잘 잔다. 영화와 연극과 뮤지컬에 열광하고, 야구장과 농구장에도 잘 찾아간다. 비디오 게임을 즐기기 위해 비싼 IT기기를 사는 데도 돈을 팍팍 쓴다. 취업이 어떤지는 모르지만, 화끈하게 사는 젊은 청년들의 삶이 부럽기 짝이 없다.

베이비부머가 휴식이란 걸 처음 알기 시작한 시점은 주5일 근무제가 추진된 김대중 정부 시절이다. 주5일 근무제는 2004년 7월부터 단계적으로 시행되어, 현재 20인 이상 사업장까지 확대 적용되고 있다. 명지대 김정운 교수가 『노는 만큼 성공한다』(2005년)라는 책을 내놓아 베스트셀러가 된 것도 이 시기다. 평생을 회사에 바친 베이비부머들이, '이제 쓸모가 없다'는 이유로 퇴출을 당하고 있으니 세상이 참 야박하기는 하다.

넓은 세계로 진출한 국제화의 선두주자

우리나라에서 해외여행이 전면 자유화된 것은 노태우 대통령 시절인 1989년부터다. 88올림픽을 전후로 하여 국내에 입국하는 사람들이 크게 늘어나고, 소득수준 향상으로 우리 국민들의 해외여행 욕구가 크게 늘어난 데 따른 조치였다. 그전까지 해외여행이란 정부 공무원과 기업인 등 일부 계층만이 누리는 호사豪奢였다.

해외여행을 정부가 오랫동안 막고 있었던 것은, 1970년대 후반까지 우리나라에 달러가 무척 부족했기 때문이다. 달러를 아끼기 위해 정부는 내국인의 해외여행 환전 액수를 일일이 통제하는 것은 물론, 중앙부처 고위 공무원이라 하더라도 해외출장을 갈 때 100달러 이상은 들고 나가지 못하도록 했다.

정부가 국민들의 해외여행을 이처럼 통제함에 따라, 1970년대 후반까지만 해도 우리나라에선 여권을 소유하는 것 자체가 큰 특권으로 인식되었다. 당시엔 식당과 술집에서 여권을 잡히고 외상술과 외상밥을 먹을 수 있었다고 하니, 여권의 위력을 간접적으로 추측해볼 수 있을 것이다.

그러나 해외여행이 자유화되기 이전부터, 베이비부머들은 해외로 쏟아져나가기 시작했다. 우리나라 수출전선에서 첨병 역할을 했던 종합상사 상사원들이다. 삼성물산, 현대종합상사, 선경, 럭키금성상사, 효성, 쌍용 등 종합무역상사들은 세계 각지에 지사를 설치하고 10~50명씩 주재원을 파견했다. 수출이 절정을 이루던 1990년대 초반, 종합상사 상사원들을 포함해 국내 기업들의 해외파견원들은 2만~3만 명에 달했다.

삼성물산 등 일부 대기업들은 사업이 전 세계로 확대됨에 따라 현지교육이라 하여, 세계 곳곳에 직원들을 보내 대학에서 공부를 하도록 독려했다. 또 무역 거래에서 영어 구사능력이 중요해지자, 국내 기업들은 3~6개월짜리 어학연수 프로그램을 만들어 직원들을 해외로 내보내기 시작했다. 이런 기업 국제화의 혜택을 가장 많이 본 세대가 베이비붐 세대이다.

해외근무를 나갔던 베이비부머들은, 국내에 들어온 다음 당시는 낯설었던 해외문화를 전파하는 역할을 했다. '더치 페이' '레이디 퍼스트' 같은 선진국들의 생활문화가 우리나라에 들어오고, 골프와 와인 문화가 한국에 퍼진 것도 이즈음이다. 정부가 불온서적으로 지정한 외국 원서原書들을 가방 꾸러미에 몰래 숨겨 들어와 한국 사회에 공급하던 역할도 당시 베이비붐 세대가 담당하던 몫이었다.

해외주재원들의 10~20%는 귀국을 하지 않고 현지에 주저앉아 정착을 했다. 1990년대 들어 우리나라 해외교민이 부쩍 늘어난 것은, 이들의 현지정착이 러시를 이루었기 때문이다. 이렇게 하여 형성된 베이비부머 해외 네트워크는 대한민국 국력이 세계로 뻗어가는 데 일조를 했다.

또 베이비부머들은 미국 유학을 대규모로 떠난 첫 세대라고 할 수 있다. 그 이전에는 아주 뛰어난 수재이거나 돈 많은 부모들 둔 사람이 아니면 유학을 가기 힘들었다. 그러나 경제발전에 힘입어 상류층과 중산층의 폭이 넓어지면서 많은 베이비부머들이 비행기를 타고 태평양을 건넜다.

4~6년간의 해외유학을 마치고 1980년대 후반부터 국내로 돌아온 베이비부머들은 현재 중견 학자들로 성장하여, 대한민국 학계를 이끌어나가고 있다. 베이비붐 세대는 이러한 해외 체험을 통해 우리나라가 수출로 먹고살 수밖에 없다는 사실을 새삼 깨달았고, 대한민국이 세계화와 국제화로 나가는 길을 활짝 열어젖혔다.

주식과 부동산 재테크에 눈뜨다

요즘 '재테크'라는 말을 모르는 사람은 없을 것이다. 재테크는 재산을 뜻하는 재財에 기술을 뜻하는 테크tech를 합쳐 만든 합성어이다. 1980년대 중반 일본 신문에서 처음 등장한 이 말은 곧 한국으로 넘어와, 재산 굴리는 기법을 의미하는 일상용어가 되었다.

베이비부머는 우리나라 역사에서 처음으로 재테크에 눈뜬 세대라고 할 수 있다. 물론 그전부터 부동산시장에는 '복부인'이라 하여 부동산을 자주 사고팔아 돈을 버는 여인네들이 있었다. 그러나 이는 아주 일부 계층에 불과했고, 대다수의 샐러리맨들은 월급을 받으면 은행에 꼬박꼬박 예금·적금을 드는 게 재산 운용의 거의 전부였다.

베이비붐 세대가 '돈을 굴려 돈을 버는 재테크'에 눈을 뜬 계기는, 1980년대 중반부터 시작된 부동산 붐이었다. 당시 결혼 적령기를 맞은 베이비부머들이 잇달아 가정을 꾸리면서, 수도권을 중심으로 심각한 주택 부족현상이 나타난 것이다.

정부가 주택난을 타개하기 위해 수도권에 아파트를 대량으로 건설하기 시작한 시점이 바로 이때다. 베이비부머 신혼부부들이 많이 샀던 아파트는, 1980년대 중반부터 불어닥친 '3저 경제호황'을 타고 가격이 매년 큰 폭으로 상승했다. 그러다 보니 아파트는 무조건 사두면 나중에 큰돈이 되는 '투자 상품'으로 부상하기에 이르렀다.

부동산 붐이 시작되자, 눈치 빠른 베이비부머들은 너도나도 아파트 시장에 뛰어들었다. 특히 강한 교육열을 가진 일단의 주부들은, 학군이 좋은 강남으로 몰려들어 강남 부동산 가격을 크게 올려놓았다. 서울 강남과 강북의 아파트 가격이 벌어지기 시작한 것은 바로 이때부터다.

1980년대 중반은 또 주식시장에 대단한 불이 붙은 시기였다. 3저 호황을 타고 큰돈을 번 기업들이 여유자금으로 주식투자를 시작하면서 증시는 하루가 다르게 가파르게 상승했다. 재테크에 눈뜬 베이비부머들도 저축을 깨서 주식시장으로 몰려들었다. 주식거래자들이 폭발적으로 늘어나자, 일간신문들은 1987년부터 지면에 '주식시세표'를 만들어 증시정보 서비스를 하기 시작했다.

그러나 1980년대 후반의 증시활황은 단지 예고편에 불과했다. 단군檀君 이래 최대 활황이라는 증시 폭발이 2002년부터 시작됐다. 10년 가까이 주가지수 700~1,000 선을 오르내리던 서울 증시가 IMF 경제 위기 이후 외국인들의 주식 대량 매입과 저금리低金利 기조에 힘입어 2,000 선까지 지속적으로 상승한 것이다.

지난 세월을 되돌아보면, 1997년 발생한 IMF 경제 위기는 국내 금융시장의 환경을 크게 바꿔놓은 대사건이었다. IMF 경제 위기 이전만 해도 우리나라 은행 예금금리는 10~15% 선을 유지해, 일반 샐러리맨 가정에선 월급을 받는 대로 은행에 예금·적금을 하여 돈을 굴렸다. 그러나 IMF 경제 위기가 수습된 2004년부터 시중금리가 3~5%대로 급락해, 예금자산과 보험자산의 가치를 별 볼일 없게 만들었다.

당연히 돈이 은행과 보험회사에서 뭉텅이로 빠져나와 증시로 몰려들었고, 주식시장은 엄청난 활황세를 구가했다. 주가가 1년 동안 무려 100% 가까이 오르는 초유初有의 기록이 만들어지기도 했다. 우리나라에 뮤추얼 펀드와 적립식 펀드 바람이 불어닥친 것도 대략 이 시기와 일치한다. 재테크에 밝은 베이비부머들은 이 당시 20여 년간 직장생활을 하여 모은 수천만 원, 수억 원의 목돈을 주식시장에 투자해 짭짤한 수익을 올렸다.

1990년대의 부동산시장 활황과 2000년대의 주식시장 활황은 한국인의 '부의 판도'를 완전히 새롭게 짜는 계기가 되었다. 해방둥이 세대와 경제개발 세대가 핵심 노동력으로 일하던 1970년대

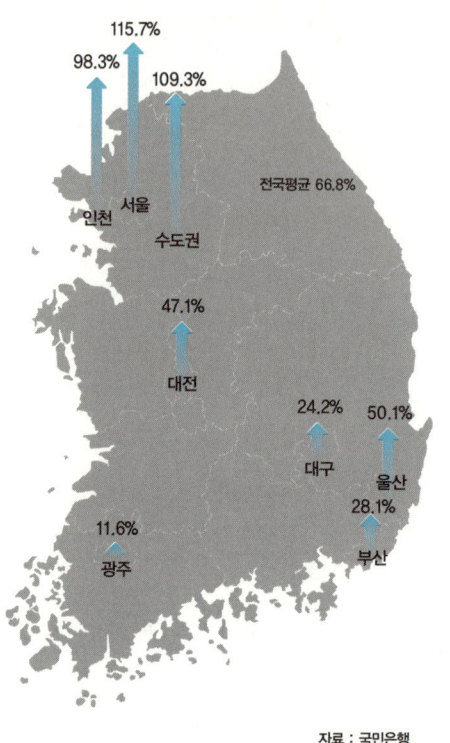

115.7%
98.3%
109.3%
전국평균 66.8%
인천 서울
수도권
47.1%
대전
24.2% 50.1%
대구 울산
28.1%
11.6% 부산
광주
자료 : 국민은행

중반까지 우리나라는 빈부격차가 그렇게 크지 않았다. 특수계층을 제외하고는 모두가 어렵게 살았기 때문에 서로 재산이라고 해봐야 별것이 없었던 것이다.

그러나 부동산과 주식시장의 활황을 경험한 베이비붐 세대는, 같은 세대 안에서 빈부격차가 크게 벌어지는 것을 피부로 느꼈다. 자산시장의 붐을 잘 탄 사람들은 큰 부자가 됐고, 붐을 타지 못한 사람들은 저소득층으로 미끄러졌다.

베이비부머들의 정치의식이 최근 '진보' '보수' '중도' 등 3가지로 팽팽하게 엇갈리게 된 데는 이러한 자산 격차가 한몫을 한 것으로 관측된다.

베이비붐 세대의 오늘

CHAPTER 07

수도권에서 뿌리 내린 30년 인생

명문고(경기고, 경남고, 경복고, 경북고, 광주일고, 대전고) 출신 3,500명의 인생 궤적

질풍노도 같은 삶을 살아온 베이비부머들의 인생을 몇 가지 특징으로 뭉뚱그려 요약할 수는 없다. 그들의 사고방식이 다양하듯이 살아온 삶의 방식 또한 다양할 것이기 때문이다. 그런 의미에서 구체적인 삶의 모습을 살펴보는 케이스 스터디는, 베이비부머들의 특성을 이해하는 데 큰 도움이 될 것으로 생각한다.

케이스 스터디를 위해 필자는 1970년대 중후반 경기고, 경남고, 경복고, 경북고, 광주일고, 대전고 등 6개 고등학교를 졸업한 3,500명을 표본으로 선택했다. 불특정 다수를 상대로 한 조사의 경우 많은 비용과 시간이 들어가는 데 비해, 명문 고교 졸업생들은 졸업 후의 인생 추적이 상대적으로 쉽다는 것이 큰 장점이다. 2007년부터 시작한 이 연구는 6개 고등학교 동창회의 도움을 얻어 약 2년 동안 진행되었다.

물론 6개 고교 졸업자를 대상으로 한 이번 연구가, 712만 명에

조사대상 베이비부머 3,500명 구성

경북고	58년 개띠 645명(1977년 졸업)
경복고	56년 원숭이띠 644명(1975년 졸업)
광주일고	58년 개띠 635명(1977년 졸업)
대전고	59년 돼지띠 622명(1978년 졸업)
경기고	56년 원숭이띠 601명(1975년 졸업)
경남고	55년 양띠 406명(1974년 졸업)

달하는 베이비부머들의 인생 궤적을 전부 보여줄 수는 없다. 그러나 적어도 지방에서 태어나 수도권으로 이동하여 살고 있는 베이비부머들의 삶은 잘 보여주고 있다고 생각한다. 베이비붐 세대에 관한 첫 심층 연구인 필자의 이번 연구는 이런 점에서 상당히 의미가 있다고 하겠다.

조사 대상으로 삼은 6개 고교 출신 3,500명의 베이비부머들은 현재 수도권에서 56%, 지방에서 44%가 살고 있는 것으로 나타났다. 태어날 때는 대부분 지방에서 태어났으나, 고등학교를 졸업한 후엔 거의 절반이 수도권으로 이동해 살고 있는 것이다. 특히 서울 토박이들이 많은 경기고와 경복고는 졸업생의 80% 정도가 수도권에 거주하고 있는 것으로 나타났다.

또 6개 명문고 출신 베이비부머들은 92%가 대학에 진학하고, 나머지 8%는 고등학교를 졸업한 후 곧바로 취업을 한 것으로 나타났다. 1970년대만 해도 대학 진학률이 30% 선에 머물렀던 것과 비교하면, 명문고 출신들은 집안 가족들의 전폭적인 지원 하에 대학에 들어간 것으로 해석된다.

흥미로운 것은 6개 명문 고교가 보여준 놀라운 명문대학 진학률이다. 각 학교마다 매년 650~750여 명의 학생이 졸업하여, 이 가운데 130~300명이 서울대에 합격하고, 50~200여 명이 연세대와 고려대에 진학한 것으로 나타나고 있다. 당시는 대한민국이 아직 어렵게 살던 시절이라, 자녀를 명문대학에 보내는 것은 가문家門의

2010 북이십일 도서목록

북이십일이
특별한 감성으로
새롭게 태어납니다.

지식과 정보의
새로운 향유 방법을 창조함으로써
여러분과 함께 즐거움을 나누고
공유하겠습니다.

1000명의 죽음을 지켜본 호스피스 전문의가 말하는
죽을 때 후회하는 스물 다섯 가지

오츠 슈이치 지음 / 값 12,000원

오직 참으면서 살아온 내 인생은 대체 뭐였을까?

남은 시간은 불과 몇 주. 제대로 움직여지지 않는 손과 다리.
하루 중 대부분을 침대에서 보내고 머리조차 제대로 돌아가지 않는다……
우리는 한없이 참고 또 참으며 끝에 이르러서야 비로소
자신을 속이며 살아왔다는 걸 깨닫는다.
정말로 하고 싶었던 것을 미루고 또 미룬 후에야
이제 더 이상 '뒤' 가남지않았다는걸알게된다.

30만 부 돌파

대한민국 말하기 교과서
김미경의 아트 스피치

김미경 지음 / 값 15,000원

이제 당신도 말을 잘할 수 있다!

16년간 200만 명의 청중을 열광시킨 마법의 말하기 전략
MBC 희망특강 〈파랑새〉의 국민강사 김미경이 말하는 대한민국 말하기 교과서
스피치에 소통, 설득, 공감을 담는 비법 대공개!
조직원에게 감동과 영향력을 주는 리더가 되고 싶다면? 이 책을 읽어라!
_이승한(홈플러스 회장)
대한민국 국민 모두가 재미, 흥미, 의미가 담뿍 담긴 스피치를 신나게 즐기는
그날이 하루 빨리 오기를 소망한다. _이재용(아나운서)

좌절의 별에서 살아남는 법
공병호의 인생강독

공병호 지음 / 값 13,000원

인생, 끝날 때까진 끝난 게 아니

역경을 기회로 만든 열두 명의 인생 이야기. 누구든 살면서 겪게 되는
역경과 좌절의 시간. 한국 최고의 자기경영 전문가 공병호 박사가
모든 사람의 인생에 찾아오는 역경과 좌절을 좀 더 현명하게 대처하고
헤쳐나갈 수 있는 방법을 알려준다.
"죽을 고비를 겪어야 삶의 의미를 알 수 있는 것은 아니다.
삶은 당신이 시작하고자 할 때 언제든 시작된다!" _본문 중에서

한 조각의 상상력
아침미술관 1, 2
이명옥(사비나미술관장) 지음 / 각 권 16,000원

**더욱 화려하고 강렬한 그림으로 돌아온 아침미술관2
나는 매일 아침 한 점의 그림을 읽는다!**

365일 매일 아침 당신만을 위해서 열리는 미술관이 있습니다.
동서고금의 위대한 예술가들이 창조한 그림들이 당신에게
날카로운 통찰력과뜨거운 감동, 기발한 상상력을 선사합니다.
비즈니스에는 감성을, 삶에는 인사이트를 더해줄 365편의 그림은
바로 당신의 영혼을 위한 '모닝커피' 입니다.

상상을 현실로 만드는 마지막 조건
디자인 읽는 CEO
최경원 지음 / 값 15,000원

디자이너를 CEO 바로 옆자리에 두라! _톰 피터스

21세기 디자인 혁명시대, 수석 디자이너의 안목을 훔쳐라!
애플, 필립 스탁, 마크 제이콥스의 디자인은 모르고
그들의 1년 매출만 알아서는 디자인으로 고부가가치를 실현하기 어렵다.
디자인 경영보다 디자인을 먼저 보라.
디자인 혁명 시대, 이제는 디자인 안목을 높이고
미적 감각을 훈련해야 한다.

미래 경제는 구글 방식이 지배한다
구글 노믹스
제프 자비스 지음 / 값 18,000원

미래 경제는 구글 방식이 지배한다!

역사상 가장 빠른 속도로 성장한 구글은 지금까지 없었던 새로운 시대를 열었다.
구글식 사고방식에 길들여진 소비자를 공략하는 방법은 무엇일까?
이제 기업은 기존의 관습을 파괴하고 끊임없이 도전하며
새로운 성공 기회를 찾아야 생존할 수 있다. 구글이 할 수 있다면
당신도 할 수 있다. 구글보다 먼저 구글처럼 사고하고, 행하라.
그리고 성공을 쟁취하라!

• 홈페이지 www.book21.com • 단체구매 안내 031-955-2154

설득의 심리학 ❶❷

오츠 슈이치 지음 / 각 권 값 12,000원

130만 독자를 사로잡은 '설득의 바이블'

'예스'는 정말 단순한 말이다. 하지만 동료, 고객, 소비자, 심지어 가족들에게 이 말을 듣기란 쉬운 일이 아니다. 적어도 설득 과정의 비밀을 알지 못한다면 거의 불가능하다. 이 책은 우리에게 강력하고 가치 있는 설득의 비밀을 알려주는 데 그치지 않고, 빠른 시간 안에 목표를 달성할 수 있도록 도와준다.

칭찬은 고래도 춤추게 한다

켄 블랜차드 외 지음 / 값 10,000원

대한민국에 칭찬 열풍을 일으킨 화제의 책!

직장과 가정에 놀라운 변화를 이끄는 칭찬의 힘을 통해 성공적인 인간관계를 위한 기분 좋은 메시지를 전한다. 집안의 가장으로서, 회사의 간부로서 가족과 직원들에게 열정과 희망을 불러일으키고자 하는 사람들을 위한 훌륭한 지침서이자 안내서!

행복한 이기주의자

웨인 다이어 지음 / 값 10,000원

행복한 사람은 이기적이다!

행복한 사람은 먼저 자신을 사랑한다. 남보다 자신을 배려하고, 다른 사람의 눈치도 보지 않는다. 자신을 사랑함으로써 당당하고, 스스로를 인정함으로써 자유로운 그들이 바로 '행복한 이기주의자'다.

육일약국 갑시다

김성오 지음 / 값 12,000원

사람을 낚는 마음경영의 힘

우리나라에서 가장 작은 4.5평의 약국을 마산의 랜드마크로 만들어낸 의지의 사나이 김성오. 600만 원의 빚으로 시작한 약국에서 시가총액 1조 원 기업체의 CEO가 되기까지 자신만의 독특한 경영철학으로 무일푼 성공신화를 이루어낸 그의 독창적 노하우를 밝힌다.

인문의 숲에서 경영을 만나다 1, 2
정진홍 지음 / 각 권 15,000원

인문학적 깊이가 건널 수 없는 차이를 만든다!

인문학 정신의 울림이 인문의 숲에서 퍼져나가 우리의 삶과 기업과 국가의 미래를 바로 세울 수 있기를 간절히 바라는 마음으로 책을 낸 정진홍 박사. 이 책을 읽는 순간 인문을 향한 열정이 어떻게 남과 다른 나를 만드는지, 어제와 다른 오늘을 만들 수 있는지 깨달을 것이다.

티핑포인트
말콤 글래드웰 지음 / 값 12,000원

작은 아이디어를 빅트렌드로 만드는 티핑 포인트 안내서

왜 어떤 것은 뜨고 어떤 것은 사라지는가? 유행의 출현, 범죄의 증감, 알려지지 않았던 책이 베스트셀러가 되는 극적인 전환, 그 외 삶에서 일어나는 신기한 한 순간의 변화를 이해하는 가장 좋은 방법은 그것을 사회적 '전염'으로 간주하는 것이다. 첨단 유행에서 부터 전위 예술에 이르기까지 티핑 포인트를 추적하는 한 편의 지적 유희를 펼친다.

블링크
말콤 글래드웰 지음 / 값 12,000원

세상을 움직이는 2초의 힘

『티핑 포인트』가 집단이 어떻게 행동하는가에 대한 내용이었다면, 『블링크』는 비즈니스 세계뿐 아니라 일상생활에서 우리가 얼마나 직관과 통찰력에 의지하고 있는지를 밝히고 있다. 제목의 '블링크'란 무의식적으로 눈을 깜박거림, 반짝임. 누군가를 처음 만날 때나 긴급한 상황에서 신속하게 결정을 내려야 할 때, 첫 2초 동안 우리의 무의식에서 섬광처럼 일어나는 순간적인 판단을 뜻한다.

코드그린 : 뜨겁고 평평하고 붐비는 세계
토마스 L. 프리드먼 지음 / 값 29,800원

에너지와 기후, 정치와 비즈니스 시스템을 아우르는 그린 혁명 전략

우리가 원하는 녹색혁명은 분명 세계가 지켜보았던 어떤 혁명과도 다른 모습으로 진행될 것이다. 미래를 위한 약속이자 도전을 얘기하는 이 책은 가장 놀랍도록 명백한 상식을 진보적이고 거침없이 써내려 가고 있다.

정갑영 교수의 만화로 읽는 **알콩달콩 경제학** 1, 2
정갑영 글 · 박철권 그림 / 각 권 13,800원

출구전략이 도대체 뭐지? 도요타가 몰락한 이유는?

우리 집 가계부가 튼튼해지는 경제상식을 만화로 읽는다.
주식, 부동산, 은행과 친해지는 실전 경제상식부터 우리가 사랑하는 영화와 드라마의
경제적 효과까지 한층 더 강력해진 내용으로 돌아온 세상에서 가장 쉬운 경제학 강의
두 번째 시간!

빌 브라이슨 여행 시리즈
• 빌 브라이슨 발칙한 영국산책 / 값 13,800원
• 빌 브라이슨 발칙한 미국학 / 값 12,000원
• 빌 브라이슨 발칙한 유럽산책 / 값 13,800원
　　• 빌 브라이슨 발칙한 미국 횡단기 / 값 13,000원
　　• 빌 브라이슨 아프리카 다이어리 / 값 10,000원

세계적인 여행작가 빌 브라이슨의
유쾌하고 발칙한 여행서!

읽는 CEO (인문 편)
• 디자인 읽는 CEO – 최경원 지음 / 값 15,000원
• 사진 읽는 CEO – 최건수 지음 / 값 15,000원
• 시 읽는 CEO – 고두현 지음 / 값 12,000원

• 와인 읽는 CEO – 안준범 지음 / 값 13,000원
• 옛시 읽는 CEO – 고두현 지음 / 값 12,000원
• 그림 읽는 CEO – 이명옥 지음 / 값 15,000원
　• 수학 읽는 CEO – 박병하 지음 / 값 15,000원
　• 바둑 읽는 CEO – 정수현 지음 / 값 15,000원
　• 도시 읽는 CEO – 김진애 지음 / 값 15,000원

읽는 CEO (인물 편)
• 베토벤 읽는 CEO – 이재규 지음 / 값 15,000원　• 제갈량 읽는 CEO – 홍자오 지음 / 값 13,000원
• 모차르트 읽는 읽는 CEO – 이재규 지음 / 값 13,800원　• 조조 읽는 CEO – 랑룽 지음 / 값 13,000원
• 오다 노부나가 읽는 읽는 CEO – 야카야마 지음 / 값 15,000원
　• 당태종 읽는 CEO – 차오시 지음 / 값 13,000원
　• 유방 읽는 CEO – 왕웨이펑 지음 / 값 13,000원

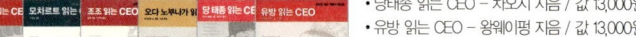

밥 돈 자유
송양민 지음 / 값 13,800원

마지막 헝그리 세대, 베이비부머들의 꿈과 도전의 기록들!

'후세대들을 향해 쓴 베이비붐 세대의 자서전'이라 부를 만한 책이다. _조선일보
신인 지은이는 사회 관찰자의 시선으로 '밥 돈 자유'의 문제를 풀어나갔다. _중앙일보
한국 전체 인구의 14.6%에 달하는 베이비붐 세대가 살아온 역사와
이들의 사회, 경제, 문화적 영향력을 분석한 책. _동아일보

쉬나의 선택 실험실
쉬나 아이엔가 지음 / 값 16,800원

선택심리학의 최고 권위자가 100가지 심리실험을 통해
밝혀낸 후회 없는 선택의 비밀

서양 중심에서 탈피, 동양인의 심리까지 아우르는 선택의 기술. 사소한 선택에서부터
인생을 바꾸는 선택에 이르기까지 선택의 '괴팍스러운 성질'을 먼저 파악하라!
그보다 더 좋은 질문을 던지고 그보다 흥미로운 대답을 제시한 사람은 아무도 없었다.
_말콤 글래드웰Malcolm Gladwell, 『아웃라이어』의 저자

서울에서 30분 수도권 여행지 베스트 85
정규 , 박정현 지음 / 값 13,500원

슬슬 떠나고 싶은 자에게 고함!

여행 전문 플래너가 콕콕 짚어 골라낸 수도권의 숨은 비경이 여기 있다. 감성과 휴식,
낭만과 풍요로룸을 위한 일상탈출 수도권 여행! 오랫동안 여행 전문 플래너로 활동해온
저자가 추천하는 수도권 여행지 베스트 순위 매기기! 서울, 인천, 강화, 부천, 고양, 파
주, 양주, 포천, 가평, 남양주, 양평, 여주, 이천, 용인, 안성 순으로 3위까지 구성했으며
함께 가볼 만한 곳을 수록하여 여행자들에게 다양한 볼거리와 재미를 제공한다.

콜로서스
니알 퍼거슨 지음 / 값 28,500원

폴 크루그먼과 조지 프리드먼을 뛰어넘는
21세기 최고의 경제사학자 니알퍼거슨

"책에 강력한 고압전류가 흐르고 있다. 겁나면서도 짜릿한 건 그 때문이다. 이 책을 접하는 일이
란 지적(知的) 거인의 어깨 위에서세상을 바라보는 기회다. 진정 흔치 않은 행운이다." _중앙일보
"미국이 '제국'에서 물러난다면 세계는 더 큰 위험에 빠질 것이다."근대 국제정치를 주권국가들
의 집합으로 보아온시각을 교정하여, 제국들의 세계로 재조명한다. _조선일보

▲ 2010. 6. 7. 연세대 백주년기념관에서 있었던 저자 강연회 모습

말하기가 스펙보다 더 중요하다!

이제 당신도 말을 잘할 수 있다!

16년간 200만 명의 청중을 열광시킨 마법의 말하기 전략

조직원에게 감동과 영향력을 주는 리더가 되고 싶다면?
이 책을 읽어라! _이승한(홈플러스 회장)

대한민국 국민 모두가 재미, 흥미, 의미가 담뿍 담긴 스피치를
신나게 즐기는 그날이 하루 빨리 오기를 소망한다. _이재용(아나운서)

이 책을 읽다 보면 자기표현뿐 아니라 대중과
공감하는 법도 배울 수 있다. _김미화(방송인)

김미경 지음 / 값 15,000원

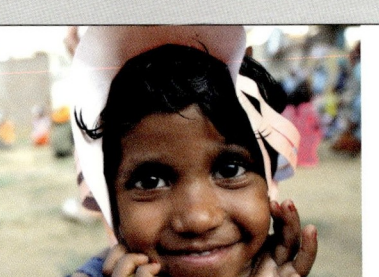

지위 향상을 의미하는 것으로 통했다. 고향 마을 어귀에 플래카드가 붙고 동네잔치가 벌어졌다.

서울로 가지 않은 학생들은 대부분 지방 국립대에 진학했다. 서울 유학을 보낼 수 있을 정도로 여유 있는 집이 많지 않았기 때문이다. 이처럼 명문고 출신들이 대거 지방 국립대로 진학을 한 탓에, 1970년대 초반부터 1980년대 중반까지 지방 국립대의 수준은 서울 명문대에 필적할 정도로 아주 우수했다.

또 고등학교 졸업한 지 33~36여 년의 세월이 흐르면서 저세상으로 가는 사람들도 적지 않게 생기고 있다. 6개 고교 출신 3,500명의 베이비부머 가운데 사망한 사람들의 비율은 현재 4~6% 선에 이르고 있다. 사망 원인을 보면, 한국 남성들의 3대 사망 질환인 암과 뇌혈관질환, 심장질환으로 사망한 경우가 대다수를 차지하고 있다.

확률적으로 계산하면, 나머지 생존자들 가운데서도 10년 이내에 같은 수만큼의 사망자가 나올 것으로 보인다. 그러나 건강관리를 잘하여 암에만 걸리지 않는다면 대부분 평균수명(2008년 남자 78세)을 넘어 85~88세까지 충분히 살 수 있을 것으로 보인다.

아직 살아남은 직장 생존율은 50~70%

서울에서 대학을 다닌 지방출신 베이비붐 세대들은 대부분 시골에서 책가방 하나 달랑 들고 서울로 유학을 왔다. 고등학교 친구 2~3명이 방 하나를 빌려 함께 생활하는 이른바 '자취방'이 유행한 것도 이즈음이다. 부모들이 시골에서 농사를 짓거나 영세자영업에 종사하는 경우가 많아, 하숙집을 얻을 경제적 여유가 없었기 때문이다.

농촌에 살던 부모들은 자녀들의 학자금을 대기 위해 소를 팔고 논을 팔았다. 대학이 우골탑牛骨塔(소뼈로 만든 탑)이라 불린 데는 이런 사연이 숨어 있다. 집안 재산을 팔아치우며 대학을 다녔던 베이비부머들은, 다행히 부모들의 소망대로 서울에서 자리를 잡고 입신출세를 했다. 경남고, 경북고, 광주일고, 대전고 등 지방 명문고를 졸업한 베이비부머들은 특히 '고속도로' 같은 인생길을 달려왔다.

대부분이 삼성과 현대 · LG · SK · 한진 등 일류 대기업과, 한국은행과 산업은행 · 한일은행 · 상업은행 · 조흥은행 · 외환은행 등 일류 금융기관에 취업을 했으니, 다 나름대로 성공을 한 셈이다. 그러나 이런 것은 이제 옛날 얘기일 뿐이다. 대기업일수록 인사관리가 더욱 살벌해, 중소기업에 취업한 동년배들에 비해 더 빨리 회사 밖으로 밀려나고 있다.

구조조정의 폭풍을 맞은 베이비붐 세대들은 벌써 4~5년 전부터 일선에서 퇴직을 시작하고 있다. 소수少數이긴 하지만, 아주 빠른 사람은 IMF 경제 위기 때 해고를 당했다. 이 때문에 베이비붐 세대의 직장 생존율은 연령대별로 현재 50~70% 선에 머물고 있는 것으로 나타나고 있다. 1955~1957년생은 50% 선의 생존율을 보이고 있으며, 1958~1960년생은 70% 선의 생존율을 보이고 있다.

6개 고교 출신들의 직업 구조를 보면, 이들의 직장 생존율은 앞으로 5년 이내에 20~30% 선으로 하락할 것으로 전망된다. 베이비부머들은 동년배들이 많아 학교를 다닐 때부터 치열한 경쟁을 거쳐 어렵게 자리를 잡은 사람들이 대부분이다. 그러나 시대를 잘못 만나 50대 초중반의 이른 나이에 벌써 스러져가고 있다. 이런 점에서 베이비부머의 인생 말년은 참으로 쓸쓸하다고 말할 수밖에 없을 듯하다.

직장을 조기 퇴직한 6개 고교 출신 베이비부머들은 대체로 집에서 칩거하고 있는 것으로 나타나고 있다. 현역생활 시절 대부분 월급쟁이로 일을 했기 때문에 창업에 대해 소극적인 태도를 보이고 있는 듯하다. 인생 말년이 잘 안 풀리는 사람들이 늘면서, 동창회를 열면 참석자가 100명을 넘기 힘들다고 동창회 간부들은 말한다.

베이비부머들의 표준, '개띠' 인생

1955년생부터 1963년생까지 길게 늘어서 있는 베이비붐 세대들의 한가운데엔 1958년생이 있다. 이른바 '개띠' 베이비부머다. '개띠'는 베이비붐 세대 가운데서도 수가 상대적으로 많은 인구집단이다. 개띠는 그들보다 앞에 태어난 양띠(55년생), 원숭이띠(56년생), 닭띠(57년생)에 비해 10만~20만 명가량 숫자가 더 많다.

그러나 그 뒤에 태어난 돼지띠(59년생), 쥐띠(60년생)에 비해서는 3만~5만 정도 더 적다. 베이비붐 세대에서 가장 많은 인구 그룹은 아니라는 뜻이다. 그런데 1958년생 개띠는 수많은 베이비부머 가운데서 마치 베이비붐 세대의 '대표 주자'인 것처럼 주목을 받고 있다. 베이비붐 세대 특집을 싣는 방송과 신문들을 보면, '58년 개띠'에게 스포트라이트를 맞추고 있다.

왜 그럴까. 우선 우리 사회에서 '개'라는 동물이 갖는 의미가 특별하기 때문이 아닌가 싶다. '개 같은 인생'이란 말이 있듯이, 고생스럽지만 잡초처럼 무던하게 살아가는 개의 삶이 우리들의 정서에 묘한 호소력을 가지는 것이다. 그래서 '닭'과 '돼지'보다 개체 수가 훨씬 적은 '개'가 사람들로부터 많은 사랑을 받고, 개의 기운을 받고 태어난 '개띠'들이 주목을 받는 것으로 보인다.

또 하나 이유는 다른 베이비부머들에 비해 개띠들 간의 동류의식同類意識이 유달리 강한 때문이 아닌가 싶다. 사실 58년 개띠는 다른 베이비부머들과 비교할 때, 상당히 독특한 이력을 가지고 있다. 이들이 고등학교(서울과 부산 지역)에 들어가던 1974년 입학시험이 없어지는 평준화 조치가 이뤄졌다. 이른바 '뺑뺑이 세대'의 큰형님이 58년 개띠인 셈이다.

58년 개띠의 삶을 얘기할 때 빼놓을 수 없는 인물이, 박정희 대통령의 아들인 지만 씨다. 지만 씨 또한 58년 베이비부머. 개띠들은 초등학교 4학년 때 중학교 입시가 없어지는 바람에 시험을 보지 않고 중학교에 진학했고, 고등학교에 진학하던 해에 고교 평준화 조치가 발표되었다. 그래서 세간에서는 '학교를 평준화한 것은 박 대통령 아들 때문'이라는 소문이 나돌았다.

이번 연구에서 표본으로 선택한 6개 고교 3,500여 명의 베이비부머 가운데 경북고와 광주일고 1977년(1974년 고교 입학) 졸업자 1,280명이 '개띠' 그룹이다. 같은 '개띠'라도 서울과 부산 개띠들과 달리, 대구와 광주 지역 개띠들은 시험을 치고 고등학교를 갔다. 고교 평준화가 대구와 광주에선 1975년부터 시행이 됐기 때문이다.

그렇지만 지방 출신 개띠들은 서울로 올라와 금방 서울, 부산 개띠들과 뒤섞여 살아가기 시작했다. 그리고 1970년대 개띠들이 모두 앓았던 중병重病을 함께 겪기 시작했다. 민주화 투쟁이라는 병이었다. 개띠들이 대학교를 다니던 1977~1981년은 군사독재 정권이 그 절정기를 맞고 있던 시기다. 그래서 대형 정치사건이 무던히도 많이 일어났다.

민주화 운동의 '아이콘'이었던 김영삼 신민당 총재가 국회에서 제명除名을 당하고, 부산과 마산에서 민주화 시위가 벌어지고, 박정희 대통령이 총격을 받아 사망하고, 전두환 소장이 군부 쿠데타를 일으키고, 광주 민주화운동이 총칼로 진압 당하고, 사북에서 유혈 폭동이 발생하는 그야말로 격변의 시기였다.

이 암울한 시기에 많은 개띠들이 민주주의 회복을 외치다가 감옥으로 갔고, 또 학교에서 제적을 당한 다음 노동현장으로 가 노동운동을 했다. 그래서 무사히 대학을 졸업하고 취직을 한 개띠들은, 당시 감옥으로 간 개띠 친구들에게 평생 마음의 빚을 지고 살아가고 있다.

역사의 격변기를 이처럼 함께 살았고 지켜보았다는, 강한 동료의식이 58년 개띠들의 마음을 지금도 하나로 묶는 고리가 되는 것 같다. 1980년대 초반 대학을 졸업한 개띠들은 사회에 나와서도 그들끼리 자주 몰려다니고 친목모임을 지속적으로 갖는 끈끈함을 보여주고 있다. 동류의식이 유달리 강한 때문인지 개띠들의 삶은 문학적인 소재로도 가끔 등장한다.

58년 개띠 동창생 4명의 삶을 다룬 은희경의 소설 『마이너리그』(2001년), 58년 개띠 노동자의 삶이 드러나 있는 서정홍의 시집 『58년 개띠』(1995년) 등이 대표적이다. 소설과 시에 등장하는 개띠들의 이야기는 물론 '생활인'으로서 겪는 이야기가 대부분이지만, 뒷배경에 흐르는 시대적 아픔이 베이비붐 세대의 가슴을 두드리는 것이다.

수명이 긴 직업은 '의사와 선생님'

6개 고교 출신 베이비부머들이 대학 졸업 후 가장 많이 진출한 직업은 민간기업의 회사원이었다. 1970년대 중반부터 경제가 고도성장 바람을 타면서 기업 쪽에서 일자리가 많이 창출되었기 때문이다. 그래서 지금도 회사원으로 일하는 베이비부머들이 매우 많다. 그러나 대부분이 정년퇴직을 앞두고 있어 회사원들의 앞날은 매우 불안한 상황이다.

대학 졸업 후 30년이 지난 지금 시점에서 가장 돋보이는 직업군은 의사와 선생님, 공무원이다. 아래 표는 6개 명문고 졸업생들의 2008년 현재 직업 분포(회사원 제외)를 나타낸 것이다. 물론 가장 많은 사람이 취업해 있는 직종은 회사원이었지만, 언제 해고될지 모르는 불안한 신분이라는 점에서 랭킹 조사에서는 제외했다.

우선 지방 명문고부터 현직 분포를 살펴보면, 경북고 1977년 졸

오래 살아남아 있는 직업 순위(6개 명문고 조사, 2008년 기준)

순위	경기고 (1975년 졸업자)	경남고 (1974년 졸업자)	경복고 (1975년 졸업자)	경북고 (1977년 졸업자)	광주일고 (1977년 졸업자)	대전고 (1978년 졸업자)
1위	교수 (143명)	사업·자영업 (118명)	사업·자영업 (98명)	의사 (91명)	의사 (100명)	사업·자영업 (105명)
2위	사업·자영업 (73명)	교수 (50명)	의사 (79명)	교수 (84명)	사업·자영업 (76명)	의사 (63명)
3위	의사 (66명)	의사 (49명)	교수 (78명)	공무원 (53명)	교수 (74명)	교사 (60명)
4위	변호사·판검사 (36명)	공무원 (15명)	공무원 (16명)	사업·자영업 (71명)	공무원 (45명)	교수 (53명)
5위	공무원 (25명)	교사 (12명)	변호사·판검사 (14명)	변호사·판검사 (39명)	교사 (32명)	공무원 (33명)

※ 고용이 불안정한 회사원은 순위집계에서 제외했음.

업생 가운데서는 선생님이 101명(교수 84명, 교사 17명)으로 가장 많았고, 그 뒤를 이어 의료 94명(의사 91명, 약사 3명), 공무원 53명, 판검사와 변호사 39명 순으로 나타났다. 경북고 베이비부머 가운데서 고위 공무원과 판검사 비중이 높게 나타난 것은, 박정희·노태우 정부 등 역대 TK정권에서 경북고 인맥이 중심적인 역할을 한 것과 관련이 있는 것으로 풀이된다.

광주일고(1977년 졸업생)도 비슷한 추세를 보여, 선생님이 106명(교수 74명, 교사 32명)으로 가장 많았고, 다음이 의료 105명(의사 100명, 약사 5명), 공무원 45명 순으로 나타났다. 광주일고 베이비부머 직업군의 특징은 의사가 단일 직업 기준으로 1위를 차지하고 있다는 점이다. 호남 출신들의 경우 성공 가능성이 낮은 공직보다는, 생계 걱정 없는 전문직업인 쪽에서 인생의 승부를 건 것으로 풀이된다.

대전고(1978년 졸업생)는 아직 직업을 가지고 있는 졸업생 가운데 선생님이 113명(교수 53명, 교사 60명)으로 가장 많았고, 다음이 의료 71명(의사 63명, 약사 8명), 공무원 33명, 언론사 12명 등으로 나타났다. 대전고 베이비부머 직업군의 특징은 교사와 언론인이 다른 고등학교들에 비해 상대적으로 많다는 점을 들 수 있다.

베이비붐 세대의 첫 주자인 경남고 1974년 졸업생(1955년생)들은 이미 절반가량이 현역에서 물러나 있는 것으로 조사됐다. 아직 직장을 가진 사람들의 직업분포도를 보면 사업·자영업이 118명으로 가장 많았고 다음이 선생님 62명(교수 50명, 교사 12명), 의료 52명(의사 49명, 약사 3명), 공무원 15명 등의 순으로 나타났다.

서울에 위치한 경기고와 경복고는, 우리나라 수재 집단이 선호하는 직업군의 내용을 다시 한 번 확실히 보여주고 있다. 대한민국 최고 수재가 모이는 경기고(1975년 졸업생)의 경우, 교수가 무려 143

명에 달했고, 다음이 의사 66명, 판검사와 변호사 36명으로 나타났다. '공부 잘하면 선생님 된다'는 세간의 속설이 경기고의 사례를 볼 때 딱 맞아떨어짐을 확인할 수 있다.

경복고 1975년 졸업생 가운데서는 선생님이 82명(교수 78명, 교사 4명)으로 가장 많았고, 이어 의료(의사 79명, 약사 5명), 공기업과 정부연구소(31명), 판검사와 변호사(14명) 순으로 나타났다. 경복고는 졸업생들이 사회 다방면에 진출해 있고, 사업과 자영업을 하는 사람들의 비율이 다른 고등학교에 비해 상대적으로 많은 점이 특징이었다.

6개 명문고 졸업생들이 의사와 교직, 공무원에 대거 진출한 데는 부모 세대가 겪은 경제적 상황이 크게 작용한 것으로 보인다. 지금도 마찬가지이지만, 자녀들의 대학 진학과 학과 선택에서 가장 큰 영향을 주는 쪽은 부모들이다. 1930년대에 태어난 베이비부머의 부모 세대들은 젊어서 전쟁을 직접 겪었고, 성인이 되어서는 취직할 만한 일자리가 부족해 고생을 많이 했다.

이런 경험을 한 부모들이 자식들에게 이데올로기에 관계없이 확실한 밥벌이를 할 수 있는 의사와 약사, 교사가 되도록 권유한 것은 쉽게 추측이 가는 대목이다. 또 오랫동안 공무원 텃세에 시달렸던 베이비부머의 부모들은 자녀들에게 권력을 쥘 수 있는 사법시험과, 행정고시를 보도록 적극 독려를 했고, 이런 부추김에 힘입어 많은 이들이 법대와 상대를 나와 공무원으로 입신했다.

베이비부머의 부모들이 자식들에게 권해준 직업들은, 대학 졸업 후 30여 년이 지난 지금, 현명한 선택이었음이 드러난다. 공대와 자연대, 사회대, 인문대 출신들은 요즘 정년을 맞거나 구조조정을 당해 속속 집으로 돌아가는 신세에 몰리고 있다. 반면 의대와 사범대, 법대 출신들은 여전히 직업 현장을 지키고 있다. 이런 사실들을 눈으로 확인한 베이비부머들이기에 사교육비를 써가며 자녀들을 의대와 법대, 사범대로 보내려고 기를 쓰는 이유가 충분히 이해할 만하다 하겠다.

말은 제주도로, 사람은 서울로!

옛날에 '말은 태어나면 제주도로 보내고 사람은 태어나면 서울로 보내라'라는 말이 있었다. 서울에 가면 먹을 것도 많고, 배울 것도 많으니 가급적 서울에서 살게끔 하라는 의미로 해석된다. 베이비붐 세대의 부모들 역시 옛 속담대로 자식들을 서울로 보내 교육을 시키려 했다.

경남고, 경북고, 광주일고, 대전고 등 4개 지방 명문고 1974~1978년 졸업생들(2,300명)의 경우, 50%가량이 서울로 유학을 와서 대학을 다녔던 것으로 나타나고 있다. 1970년대 후반은 경제사정이 아직 빠듯했기 때문에, 일반 가정에서 서울 유학을 시키는 것은 쉬운 일이 아니었을 것이다. 그래서 형제 1명이 서울로 유학을 가면, 나머지 형제들은 대부분 지방 국립대학을 가거나 취직을 하여 집안에 돈을 보태야 했다.

흥미로운 것은 대학을 서울에서 다녔느냐, 아니면 지방에서 다녔느냐에 따라 베이비부머들의 인생이 많이 달라졌다는 점이다. 4개 지방 고교 졸업자들의 현 주소지를 분석한 결과, 서울에서 대학을 나온 사람들은 65~70%가 고향으로 돌아가지 않고 수도권(경기, 인천 포함)에서 생활을 하고 있는 것으로 나타났다. 대기업들이 서울 주변에 몰려 있어, 수도권에서 일자리를 구하기가 한결 쉬웠기 때문이었을 것으로 해석된다.

서울에서 대학을 다닌 사람들이 수도권에서 직장을 구해 사는 것은, 386세대나 G세대에서도 똑같이 나타나는 현상이다. 오히려 후배 세대로 갈수록 더욱 뚜렷해진다. 수도권 인구가 계속 증가하는데는 이처럼 서울로 유학 온 젊은이들의 잔류가 큰 기여를 하고 있는 것으로 분석된다. '한번 해병이면 영원한 해병'이라는 말처럼, '한번 서울 사람이면 영원한 서울 사람'이라는 말이 나올 만하다.

4개 지방 명문고 졸업자 조사에서 나타난, 또 하나 흥미로운 발견은 지방에서 대학을 다녔더라도 의사, 변호사, 회계사 등 전문직 시험에 합격한 사람들은 50~60%가 서울권으로 이동하여 경제활동을 하고 있다는 사실이다. 서울 사람들의 씀씀이가 지방보다 크기 때문에, 자영업을 하는 경우라도 아무래도 서울에서 하는 게 돈을 벌기가 더 쉽지 않았나 싶다.

이런 전문직 종사자의 인구이동을 고려하면, 4개 지방 명문고의 경우 졸업자의 50~60%가량이 현재 수도권에 뿌리를 내리고 살고 있는 것으로 분석된다. 태어나기는 지방에서 태어났지만, 절반 이상이 '서울 사람'으로 탈바꿈한 것이다. 조사 대상으로 선정한 4개 고교가 각각 영남·호남·충청 지방을 대표하는 명문고라는 점을 고려하면, 지방의 인재 유출이 지난 30년 동안 얼마나 심각했는지를 유추해볼 수 있을 것이다.

그러나 베이비붐 세대의 서울 이동은 G세대의 서울 집중현상에 비하면 별것이 아니라고 할 수 있다. 가난한 시절에 학교를 다닌 베이비부머들은 대학 진학률이 25~30%에 불과했다. 반면 풍요로운 시대를 살고 있는 G세대의 대학 진학률은 무려 70~80%에 달한다. 대학을 가는 사람들이 훨씬 많으니, 서울로 올라와 사는 사람도 더욱 많을 수밖에 없다. 이는 구체적인 수치로 확인된다.

필자가 직업능력개발원의 지원을 얻어, 2003년 4년제 대학을 졸업한 1만 3,300명(수도권 고등학교 졸업자 4,600명, 지방 고등학교 졸업자 4,700명)의 젊은이들을 조사한 결과, 64%가 현재 수도권에 살고 있는 것으로 나타났다. 이를 출신 지역별로 좀 더 자세히 살펴보면, 수도권에서 고등학교를 나온 G세대는 대학 졸업 후 93%가 현재 서울권에서 직장생활을 하고 있는 것으로 나타나고 있다. 베이비붐 세대의 수도권 잔류 비율 65~70%를 크게 앞서는 수치다.

또 지방에서 고등학교를 나온 경우라도 G세대는 출신 대학에 관계없이 전체의 40%가 서울로 올라와 살고 있는 것으로 나타나고 있다. 베이비부머들이 공부를 특출하게 잘하지 않으면 서울에서 살기 힘들었던 것에 비하면, 요즘 세대는 무조건 서울로 올라와 사는 것이 아닌가 하는 생각이 든다.

인적 자원의 리로케이션과 지방의 몰락

베이비붐 세대가 지방에서 수도권으로 대거 이탈한 이후 농촌과 지방 도시는 요즘 인구감소 현상이 심각해지고 있다. 베이비붐 세대의 자녀들인 G세대는 아예 고등학교만 졸업하면 보따리를 싸서 서울로 올라간다. 그 결과 지방에 위치한 기초지방자치단체 가운데 인구가 5만 명 전후에 불과한 군 단위 지역이 급속히 늘어나고 있다.

농림수산부 조사에 따르면, 주민들이 계속 사라지는 바람에 현재 빈집으로 남아 있는 농가주택이 40만 호를 넘어서고 있는 것으로 나타나고 있다. 일부 농촌 지역에선 주민이 모두 없어져 마을 전체가 사라진 경우까지 발생하고 있다. 젊은 사람들이 사라진 결과, 지방 농촌에는 요즘 노인들만 넘쳐나고 있다. 전국 230개 시·군·구 가운데, 4분의 1이 넘는 63개 지역이 현재 초고령사회(노인 인구가 20%를 넘는 사회)에 들어섰다.

더욱 중요한 것은 인재들의 유출이다. 지방경제의 버팀목이 되어야 할 베이비부머가 1970년대에 대거 서울로 떠난 데 이어, 1980년대엔 386세대가 서울로 떠났고, 요즘엔 G세대가 떠나고 있다. 사람이 없으니 경제활동이 갈수록 위축되고 그 결과 돈이 모이지 않는다. 그러다 보니 기업들도 지방에는 공장을 세우려 하지 않는다. 한마디로 악순환이 거듭되고 있는 것이다.

지방이 급속히 몰락한 데는 경제력의 수도권 집중현상이 그 원인으로 지적된다. 박정희 대통령을 시작으로 하여, 역대 정부는 그간 경제개발 정책을 추진하면서 수도권을 집중적으로 육성하는 전략을 폈다. 짧은 시간 내에 한국을 공업화하려면 그럴 수밖에 없다는 설명이 이어졌다. 공업단지를 수도권에 집중 배치하고, 도로와 공항 등 사회간접자본도 수도권 중심으로 건설했다.

그 결과 나타난 현상이 '인적 자원의 이동 relocation'이다. 지방에 있던 사람들이 돈을 벌기 위해, 또 더 좋은 생활환경 속에서 살기 위해 수도권으로 계속 몰려든 것이다. 경제발전 과정에서 건설된 고속도로와 고속철도 KTX는 지방 인구의 유출, 지방 자금의 유출을 더욱 촉진하는 역할을 했다.

오른쪽 표 '시도별 GRDP 증가 추이'는 지난 세월 오랫동안 누적된 지방의 쇠퇴를 보여준다. GRDP(지역내총생산)는 한 나라의 국내총생산 GDP을 지역별로 나누어 측정한 것으로, 일정지역 내에 있는 가계·기업·정부 등의 경제주체가 일정기간 동안 새로이 생산한 재화와 서비스의 가치를 화폐가치로 환산한 것이다.

우리나라의 GRDP는 통계청에서 1985년부터 16개 시도를 대상으로 작성하여 매년 발표하고 있다. 1985년과 2008년의 통계를 비교해보면, 서울시와 경기도 · 인천시 등 3개 지역이 10배 이상 급성장한 데 비해, 부산과 대구 · 대전 · 전남 · 경남 · 강원 등은 6~8배 정도 증가하는 데 그치고 있다. 수도권에 비해 지방의 경제성장이 크게 둔화되고 있다는 뜻이다.

이보다 더 극적인 변화는 지방 인구의 급속한 감소이다. 사람들이 수도권으로 계속 빠져나가는 바람에 1950년대, 1970년대와 비교해 비非 수도권 지방자치단체들의 인구가 크게 줄어들고 있다. 이 영향으로 일부 지방 도시들은 인구가 반 토막 나는 사례까지 발생하고 있다. 사람과 돈이 경제가 성장하는 지역으로 몰리는 것은 당연하다. 일자리도 더 많고 돈을 벌 기회도 더 많이 생기기 때문이다.

그러나 젊은이들이 수도권으로 빠져나가고 고령자들만 남게 되면, 지방 도시들은 인구감소에다 소비감소, 세수감소 현상이 겹쳐 한층 더 어렵게 될 것이

시도별 GRDP 증가 추이

지역명	명목 GRDP(조 원)		
	1985(A)	2008(B)	B/A
전국	89.6	1,031.5	11.5배
서울특별시	22.9	245.6	10.7배
부산광역시	7.0	56.4	8.1배
대구광역시	3.9	33.4	8.6배
인천광역시	4.0	48.0	11.9배
광주광역시	2.3*	22.5	9.7배
대전광역시	3.7*	23.7	6.4배
울산광역시	24.3*	52.7	2.2배
경기도	12.3	199.8	16.2배
강원도	3.6	26.5	7.3배
충청북도	3.1	30.1	9.6배
충청남도	5.7	58.2	10.2배
전라북도	3.4	29.5	8.7배
전라남도	6.6	52.8	8.0배
경상북도	6.7	68.5	10.2배
경상남도	9.6	74.9	7.8배
제주도	0.8	9.0	11.3배

자료 : 통계청
*광주, 대전, 울산은 1985년 GRDP가 존재하지 않아
광주는 1987년, 대전은 1989년, 울산은 1998년 자료를 활용.

우리나라 시도별 인구 추이

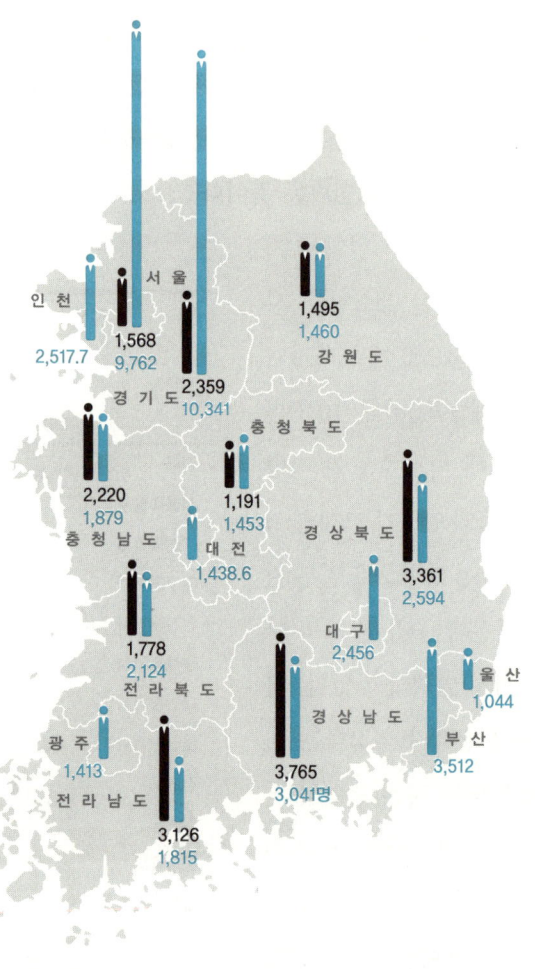

인 천
2,517.7

서 울
1,568
9,762

경 기 도
2,359
10,341

강 원 도
1,495
1,460

충 청 북 도
1,191
1,453

충 청 남 도
2,220
1,879

대 전
1,438.6

경 상 북 도
3,361
2,594

전 라 북 도
1,778
2,124

대 구
2,456

울 산
1,044

광 주
1,413

전 라 남 도
3,126
1,815

경 상 남 도
3,765
3,041명

부 산
3,512

제 주 도
288
530

■ 1955년 인구

▮ 2005년 인구

단위 : 천 명
※ 부산·인천·대구·광주·대전·울산은 1955년에는 광역자치단체가 아니었음.

다. 이렇게 볼 때 지역경제의 위축 현상은 앞으로 더욱 심해질 가능성이 높고, 또 이는 수도권과 지방 간의 경제력 격차를 더 키울 것이다.

CHAPTER 08

후회와 행복이 교차하는 정년 부부

등산과 술, 텔레비전 시청이 일상생활?

우리나라 은퇴자들에게 취미를 물어보면 대부분 등산이라고 말한다. 마음만 먹으면 언제든지 쉽게 할 수 있고, 돈도 별로 안 들어간다는 장점 때문이다. 그래서 은퇴자 생활 1년이면 수도권에 있는 산은 모두 한 번씩 올라가 보게 된다고 한다. 등산을 마치면 친구들과 술 한잔을 나누고, 집에 돌아와서는 텔레비전을 보면서 하루를 보낸다. 다람쥐 쳇바퀴 도는 듯한 생활이다.

은퇴생활 초기엔 이런 생활이 길어야 1~2년 아니겠는가 하고 생각하지만, 운이 없으면 20~30년을 이렇게 보내야 할지 모른다. 우리나라 은퇴자들의 생활이 이렇게 단조로운 것은 여가시간을 보내는 방법을 잘 모르기 때문이 아닌가 싶다. 젊었을 때 회사만 열심히 다녀, 은퇴 후에 무엇을 해야 할지 아무 계획도 세우지 못한 것이다. 그래서 은퇴를 하면 줄곧 집에서만 머무른다.

또 하나는 돈을 쓰지 않으려는 강박관념이 크기 때문이다. 한국인들은 자녀가 결혼할 때 집은 못 사주더라도 전세자금은 어떻게

든 마련해준다. 이렇게 쌈짓돈을 털어 자녀 결혼비용을 대고 나면, 여유자금이 바닥난다. 그래서 우리나라 은퇴자들은 젊어서 꿈꾸었던 해외여행도 제대로 한 번 못 가고, 맛있는 음식 한 번 제대로 먹지 못한다.

부지런한 은퇴자들은 집 주변의 사회복지관이나 노인복지관에서 붓글씨를 쓰거나 댄스 같은 생활 스포츠를 즐기면서 대개 시간을 보낸다. 복지관은 헬스클럽, 탁구장 등 건강관리를 할 수 있는 시설을 잘 갖추고 있어 시간을 보내기가 참 좋다. 그러나 전국적으로 복지시설의 수가 너무 적어, 등록을 희망하는 노인들을 다 수용할 수가 없다.

갈 곳 없는 은퇴자들은 결국 등산과 술로 시간을 보내고, 저녁에는 텔레비전 시청으로 시간을 때운다. 통계청 조사에 따르면, 우리나라 10세 이상 국민들은 텔레비전을 평일에는 2시간 6분, 토요일과 일요일에는 3시간 가까이 시청하는 것으로 나타나고 있다. 텔레비전 시청시간이 이처럼 많은 데는 은퇴자들의 기여가 상당히 많을 것 같다. 등산과 텔레비전으로만 시간을 보내서는 노후생활이 재미가 없어진다.

따라서 은퇴를 하기에 앞서 은퇴 후의 생활방식에 대해 충분히 생각을 해두고, 구체적인 실천계획을 세워 실행해나가는 것이 필요하다. 미국 월스트리트의 신화적인 투자전문가 피터 린치Peter Lynch는 일찍이 "죽을 때 젊어서 일을 좀 더 열심히 하지 못한 것을 아쉬워하고 후회하는 사람은 없다"고 말한 바 있다. 일 이외에 인생의 즐거움을 느낄 수 있는 여러 가지 것들을 찾으라는 얘기다.

은퇴를 앞둔 사람들이 또 하나 명심해야 할 것이 있는데, 돈만이 노후의 행복을 가져다주는 것이 아니라는 사실이다. 심리학자들의 조사에 따르면, 행복한 은퇴자들은 직장에서 퇴직한 후 마음껏 돈을 쓰며 휴식을 취하는 사람들이 아니라고 한다. 가장 행복한 은퇴자들은 일을 계속하거나 자원봉사를 통해 그들이 속해 있는 사회에 '봉사'하고 '기여'하는 사람이라는 것이다.

아무리 돈이 많다고 해도, 해외여행하고 골프 치며 노는 것도 한 10년 하다 보면 지치는 일이다. 사는 보람이 없으면 20~30년에 달하는 은퇴기간은 끔찍하게 긴 시간으로 느껴진다. 은퇴 전에 소일거리를 미리 찾아두고, 사회에 봉사할 방법을 준비하는 것은 그래서 중요하다.

잃어버린 아버지의 역할

대한민국의 직장 남성들은 대부분이 '회사형 인간'이다. 회사 일을 하다 밤늦게 집에 돌아오고, 공휴일인데도 회사를 가는 날이 많다. 회사 동료들과 가끔씩 코가 삐뚤어지도록 술을 마셔야 하고, 주말엔 손님 접대를 위해 골프를 쳐야 한다며 나가 하루 종일 집을 비우는 날이 적지 않다.

회사 일로 머리가 뒤범벅이 되다 보니 아내가 아이들 교육 문제, 집안 경조사 문제 등을 상의해올 때마다 '당신이 알아서 하라'는 말로 책임을 아내에게 떠넘기기 일쑤다. 한마디로 말해 집안일을 너무 소홀히 한다는 얘기다. 이렇게 오래 살다 보면 부부간의 대화는 어느 순간에 사라지고 함께 하는 취미도 없어진다. 함께 여행을 간다는 것은 생각조차 못 한다.

이러한 남편과 얼굴을 맞대고 살아가는 아내들은 과거 서로 사랑했던 기억은 까맣게 잊고, 그저 남편을 밖에서 돈 벌어오는 기계

쯤으로 여긴다. 아이들도 마찬가지이다. 보통 아버지들이 집에 늦게 들어와 아이들에게 한다는 말이 고작 '공부해라' '조용히 좀 해라' '밥알 흘리지 마라'고 하는 정도다. 아이들이 이런 아버지를 가깝게 생각할 리가 없다.

이런 회사형 남자들이 정년 후에 집에서 겪는 것은 냉대冷待뿐이다. 아내는 집 방바닥에 누워 있는 남편을 놔두고 밖으로 놀러 다니고, 자녀들은 혹시 불똥을 잘못 맞을까봐 슬슬 피한다. 이러다 보면 가장은 집안 '외톨이'로 전락하고 만다. 기대했던 은퇴생활이 축복의 시간이 아니라, 고통의 시간이 되어버리는 것이다.

사회에서 은퇴한 후 남편들이 가장 먼저 해야 할 일은, 가족 구성원으로서 가져야 할 자기의 역할을 빨리 되찾는 것이다. 생활비를 버는 가장家長이 아니라, 동등한 가정 구성원으로서 자리를 찾는 것이다. 다시 말해 아내의 멋진 파트너로서, 자녀들의 멋진 아버지로서의 역할을 되찾는 것이다. 이런 노력은 단지 '머리' 속으로만 해서는 안 되고, '몸과 행동'의 변화를 통해 실천해나가야 한다. 정년퇴직이 바로 코앞에 다가온 중장년들의 경우에는 특히 그러하다.

집안에서 무게만 잡는 가장이 아니라, 다정한 남편과 아버지로서의 역할을 되찾는 일은 쉽지 않다. 우선 가장의 권위를 내려놓아야 한다. 내게 필요한 일은 내가 직접 하는 것이 원칙이다. 대문 앞 신문도 가져오고, 커피도 끓여 먹고, 서점에 가서 책도 사서 읽어본다. 때때로 직접 요리를 하여 아내와 아이들을 기쁘게도 해본다.

어린아이들이 일어서는 것을 배울 때 수백 번 넘어지는 것처럼, 아버지가 되는 훈련도 수백 번 해야 한다. 그래야 쑥스러운 마음이 사라지고, 그 자리에 살가운 마음이 들어서게 된다. 이런 일에 적응이 잘 안 되는 사람은 요즘 시중에 하나둘씩 생겨나고 있는 '아버지 학교'에 입학해 교육을 받아보기를 권한다. 아버지 학교에 입학해보면 그동안 너무 편하게 살았다는 것을 느끼게 될 것이다.

아내 눈치 보는 '삼식이'

직장을 그만둔 남편들은 아내들의 눈치를 보지 않을 수 없다. 생활비를 벌어다 주는 당당한 가장의 권위는 사라지고, 이제 아내로부터 용돈을 얻어 써야 하고 밥을 매끼 얻어먹어야 하는 처지가 된 것이다. 이런 위치에 놓인 은퇴자들을 풍자하는 말 가운데 '삼식이' '이식이' '영식이'가 있다.

'삼식이'는 하루 세 번 집에서 밥을 먹는 사람, '이식이'는 하루 두 번 먹는 사람, 그리고 '영식이'는 하루에 한 번도 안 먹는 사람을 가리킨다. 물론 아내로부터 가장 환영은 받는 사람은 '영식이'이고, 가장 미움을 받는 사람은 '삼식이'이다. 요즘의 세태를 풍자하는 말치고는 상당히 뼈가 있는 유머이다.

통계청의 '2009년 생활시간 조사' 결과에 따르면, 우리나라 부부들의 가정관리 시간은 아내가 4시간 11분, 남편이 19분에 불과한 것으로 나타나고 있다. 맞벌이 부부인 경우에도 아내는 2시간

아내와 남편의 가사 시간 비교(2009년 기준)

	맞벌이 가구	비맞벌이 가구
남편	24분	19분
아내	2시간 38분	4시간 11분

자료 : 통계청

38분, 남편은 24분에 그치고 있다. 한국 남자들이 평생을 이런 식으로 살아왔으니, 은퇴 후에 아내로부터 따가운 눈총을 받게 되는 것이다.

정년을 맞아 집으로 물러앉은 남편들은 우선 아내의 고충을 덜어주는 일부터 착수하는 것이 좋다. 가사를 아내에게 모두 맡기는 것에서 떠나 간단한 음식 준비, 세탁기 사용, 집안 청소, 쇼핑 등은 자신의 힘으로 해본다. 가사를 조금이라도 할 수 있게 되면 아내에 대한 의존도가 줄어들 뿐만 아니라 자기 자신의 생활능력에도 자신감이 생기기 시작한다.

물론 아내의 눈치만 보라는 것은 아니다. 불만이 있으면 아내에게 그때그때 말을 해야 한다. 오랫동안 부부관계를 지속할 생각이 있으면 부부싸움도 두려워해서는 안 된다. 본마음을 숨기고 불만을 삭이고 있다가 갑자기 터지면 이혼이라는 더 큰 사건을 맞을 수 있다.

일상생활에 자신이 붙으면, 점차 아내로부터 독립적인 생활을 해보는 것도 좋다. 어차피 이 세상은 혼자 왔다가 혼자 가는 세상이 아닌가. 아내로부터 쌀쌀한 말을 들을 때마다 불안과 분노, 슬픔과 우울증을 느끼고 괴로워하는 것은 정신건강 면에서도 결코 좋은 일이 아니다. 아내로부터 생활 면에서 독립하고 정서적으로 홀로 일어설 때에 '남자의 힘'은 진정으로 생기는 것이다.

물론 아내들도 은퇴 후 외로움을 겪는 남편들이 일상생활에 잘 적응할 수 있도록 성심껏 도와주어야 한다. 그렇게 하는 동안 느슨했던 부부간의 금슬이 더욱 단단해지고, 불안하던 가정도 차츰 제자리를 찾게 된다.

은퇴생활에서 가장 중요한 것은 부부 각자가 자신의 생활을 충분히 즐기는 것이다. 부부는 어느 한쪽이 상대방에게 의존하는 관계가 아니며, 서로 대등하게 살아가는 인생의 파트너이다. 진실한 마음으로 서로 배려하고 사랑할 때에 노년을 살아가는 진정한 기쁨이 생기는 법이다.

'젖은 낙엽족' 증후군

우리나라 남자들은 은퇴를 하면 대부분 집에서 텔레비전이나 신문을 보며 지낸다. 심심하다 보니 아내가 밖에 나가면 '어디 가느냐' '언제 오느냐' 꼬치꼬치 캐물으면서 아내를 귀찮게 한다. 본인이야 답답해서 그렇게 하겠지만, 갑자기 아내에게 의존하는 생활태도는 아내에게 큰 부담을 안겨줄 수 있다.

사실 일에 쫓겨 이렇다 할 취미도, 노년에 대한 설계와 준비도 없이 퇴직을 맞은 사람에겐 은퇴 후의 인생은 괴롭기만 할 것이다. 일본에서는 이처럼 실패한 남성 노인들을 '젖은 낙엽족'이라고 부른다. '젖은 낙엽족'은 자립하지 못하고 아내에게 거의 모든 것을 의존하는 노인들을 가리킨다. 마치 젖은 낙엽이 빗자루에 달라붙어 떨어지지 않듯 아내를 24시간 졸졸 따라다니며 한사코 붙어 있다는 뜻이다.

아내들은 남편이 정년을 맞으면 가사에서 어느 정도 해방되어 자유로운 시간을 가질 수 있다고 기대하는 것이 보통이다. 남편만 제2의 인생을 맞는 게 아니라, 여성들에게 있어서도 제2의 인생이 시작된다는 의미다. 그런데 남편이 아내를 편하게 해주는 것이 아니라, '젖은 낙엽족'이 되어 오히려 간섭이 심해지면 마음이 언짢아진다.

실제로 요즘 남편의 정년을 계기로 가정에서 불화가 발생하는 케이스가 적지 않게 늘어나고 있다. 이른바 '황혼이혼黃昏離婚'의 비극이다. 황혼이혼은 정년이라는 생활상의 변화를 계기로 누적됐던 아내의 불만이 표면화한 것이라고 할 수 있다. 가장이 회사에 다닐 때는 부부가 오랫동안 얼굴을 맞대는 시간이 별로 없다. 그러나 정년 후에 줄곧 부부가 얼굴을 맞대다 보면 티격태격 말싸움을 벌이는 일이 자주 벌어진다.

아내를 쫄쫄 따라다니는 '젖은 낙엽족'이 되지 않으려면, 은퇴 후에 할 일을 미리 준비해두고, 아내와의 관계에 대해서도 마음을 새롭게 정리할 필요가 있다. 아내는 이 세상에서 나와 가장 가까운 사람이긴 하지만, 아내는 어디까지나 아내이고 나는 나일 뿐이다. 은퇴 후에도 아내는 아내의 삶을 살아가고, 나는 나의 생활을 계속해나가야 한다.

서울대 박상철 교수의 한국 장수인 연구보고서를 보면, 친구를 잘 사귀고 솔직한 성격을 가진 사람들이 100세까지 장수하는 것으로 나타나 있다. 은퇴한 후에 가급적 집에 머무르지 말고 밖에 자주 나가 친구를 사귀라는 얘기다. 친구들의 수가 많은 사람일수록 더 오래 산다는 의학연구 결과도 나와 있다.

출퇴근은 현역시절뿐만이 아니고, 은퇴 후에도 필요하다. 그래야 정신건강에 좋다. 갈 데가 없으면 근처 구립 도서관이나 시립 도서관에 가서 책이라도 읽을 일이다. 일단 밖에 나가 활동하다 보면, 그동안 보지 못했던 새로운 것을 발견하게 되고, 이를 통해 인생의 새로운 전기도 찾을 수 있을 것이다. 시작이 없는데, 끝이 어떻게 있을 수 있겠는가.

베이비부머의 절반, 아줌마

우리나라 베이비부머의 절반은 여성이다. 베이비부머가 약 712만 명에 달하므로 356만 명이 여성인 셈이다. 베이비부머 남편들이 밥벌이를 위해 회사에 충성하느라 밖에서 사는 동안 베이비부머 아내들은 가정을 지키고, 자녀들의 교육을 도맡았다. 베이비부머가 대한민국을 변화시키고 경제대국으로 만든 주역이라면, 그 공적功績의 절반은 여성들의 몫이 될 것이다.

한국 중년 여성들을 가리키는 용어로 '아줌마'라는 말이 있다. 아줌마는 우리나라 고유어인 '아주머니'의 줄임말로, 생애기간별로 볼 때 할머니와 아가씨 사이에 끼어 있는 연령대의 여성을 말한다. 아줌마라는 말 속에는 여성을 다소 비하하는 뉘앙스가 숨겨져 있는 것은 사실이다. 식당에서 일하는 여성들을 '아줌마'라고 부르거나, 수다스럽고 부끄러움을 모르는 여성들을 비꼬아서 '아줌마'라고 부르는 것이 그런 예에 속한다.

그러나 대한민국 여성들의 사회활동이 활발해지면서, '강인한' 주부를 상징하는 말로써 아줌마라는 말이 자주 쓰이고 있다. 가계 살림의 경제 권력을 쥐고 있으며, 우리나라 소비시장을 주도하고, 문화생활과 종교생활에도 열정적인 태도를 보이는 여성들이 바로 아줌마인 것이다.

우리 사회에서 아줌마라는 말이 강력한 코드로 등장한 시점은, 1980년대 중반부터다. 바로 베이비부머의 사회활동이 활발해지기 시작한 시점이다. 당시 가정을 꾸린 베이비부머들은 부부가 함께 억척으로 일하며 내 집을 장만하고, 자녀들을 키워 학교에 보냈다.

이 과정에서 대한민국 아줌마들은 특유의 열정으로 주연主演 역할을 해냈다. 저축통장을 수십 개씩 만들어 돈을 불리는 한편으로,

수도권에서 대거 공급되기 시작한 아파트 분양에 열심히 참가해 재산을 늘렸다. 부동산 투기가 대기업 임원 사모님들이 많았던 '복부인'에서 중산층으로까지 널리 확산된 것은 이때부터였다.

자녀교육을 위해 매년 봄과 가을, 좋은 학군을 찾아 이사를 가는 맹모삼천지교孟母三遷之敎의 지극 정성도 빼놓을 수 없다. 우리나라에서 사교육 시장이 번성하게 된 것도, 베이비부머 아줌마들의 교육열 경쟁 때문이다.

이처럼 강한 열정에다 생활력까지 갖춘 아줌마들은 나이가 들어도 활발한 인생을 살아간다. 남편이 은퇴 후 집 안에서만 소일하며 아줌마들의 코드를 이해하지 못하면, 부부는 은퇴기간 동안 계속해서 '화성에서 온 남자, 금성에서 온 여자'처럼 살아갈 가능성이 높아진다.

나이 들수록 강해지는 여성 네트워크

여성들은 남자들보다 친구들을 쉽게 사귄다. 여고와 대학을 함께 다닌 동창생은 기본이고, 같은 아파트 단지에 사는 친구, 같은 교회와 절에 다니는 친구, 자녀 학부모회에서 만난 친구, 직장에서 만난 선후배 등등 친구가 끊이질 않는다. 살던 곳을 떠나, 전혀 모르는 곳으로 이사를 가도 순식간에 새 친구를 많이 만들어낸다.

친구를 잘 사귀는 이런 성품은, 나이가 들어 아가씨가 아줌마가 되고, 또 아줌마가 할머니가 되어도 별로 달라지지 않는다. 오히려 나이가 들수록 친구 네트워크가 더욱 강해진다. 은퇴 후엔 집에서 두문불출하는 한국 남성들과는 DNA가 전혀 다른 셈이다. 이런 낙천적인 성품 때문에 여성들은 남자보다 외로움을 덜 타고, 더 오래 사는 것으로 분석되고 있다.

친구들과의 정신적 교류가 인간의 장수와 행복에 큰 영향을 준다는 사실은 여러 연구실험에서도 확인되고 있다. 하버드 의대 조지 베일런트George E. Vaillant 교수가 진행한 '하버드 대학교 성인 발달 연구'가 바로 대표적인 것이다. 이 연구의 내용과 결과는 베일런트 교수가 쓴 『행복의 조건Aging Well』이란 책에 잘 기록되어 있다.

하버드대 학생 268명, 서민 남성 456명, 여성 천재 90명을 포함해 총 814명을 대상으로 72년간 진행한 이 연구에서 베일런트 교수가 내린 결론은 간단명료하다. 행복한 노년을 만드는 가장 중요한 조건은 부와 명예, 학벌이 아니라 인간관계라는 것이다. 결혼 생활, 금연과 절주, 건강상태 등도 인간의 행복에 영향을 주지만, 인간관계에 비하면 별것이 아니다. 베일런트 교수는 "삶에서 가장 중요한 것은 인간관계이며, 행복은 결국 사랑을 통해 얻어지는 것"이라고 말한다.

태어날 때부터 감성지수가 탁월한 여성들은, 평생 100명 이상의 친한 친구를 갖는다고 한다. 인적 네트워크가 이처럼 풍부하니, 마음이 외로울 때나 슬플 때 얼마든지 마음을 풀 수 있고, 그에 따라 스트레스도 줄어든다. 여성들이 남성들보다 5~7살 정도 더 오래 사는 데는 주변 사람들과 좋은 인간관계를 유지하며 지내는 생활이 크게 작용하는 것처럼 보인다.

남자들이여, 강한 여성들에게 배워라!

남자들은 나이를 먹으면 외로워진다. 학교 선후배와 동창생, 직장 동료 등을 빼면 친구 네트워크가 거의 없다. 특히 정년을 맞아 은퇴생활에 들어가면 기존 네트워크마저 제대로 작동하지 않는다. 주변에 사는 친구들이 줄어들어도 새 친구를 사귀려고도 하지 않는다. 그래서 남성들은 노후가 되면 사회활동의 범위가 줄어들고, 극심한 심리위축을 겪는다.

사회에서의 은퇴를 체면 손상으로 생각하는 사람들도 많다. 우리나라 은퇴자들의 권익보호 단체인 대한은퇴자협회(회장 주명룡)는 전체 회원 12만 명 가운데 매월 회비를 내는 정식 회원이 1,000명에도 못 미친다. 은퇴자라는 이름이 주는 이미지가 좋지 않다는 이유로, 회원 가입을 꺼리는 것이다. 이 때문에 단체 이름에서 은퇴자라는 문구를 빼자고 주장하는 사람들도 있다고 한다.

대한은퇴자협회는 미국 은퇴자협회AARP를 본떠서 만든 NGO (Non-Governmental Organization, 비정부기구) 단체이다. 우리나라 은퇴자협회가 모델로 삼고 있는 미국 은퇴자협회는 회원이 3,500만 명에 달한다. 대부분이 회비를 꼬박꼬박 내고, 자원봉사 활동을 왕성하게 펼치는 사람들이다. 낙관적인 생활 자세를 가진 미국 사람들은, 태어나서 젊은 시절엔 일을 하고, 나이를 먹으면 은퇴를 하는 '자연의 섭리'를 그대로 받아들인다. 항상 현실에 충실하게 살아간다는 뜻이다.

유럽의 은퇴자들은 오히려 은퇴를 빨리 하고 싶어 해서 정부가 이를 늦추느라 골치를 앓고 있다. 바쁜 직장생활에서 물러나, 내가 하고 싶은 일들을 하면서 살아가고 싶다는 욕구가 모든 사람들의 마음속에 깊이 깔려 있기 때문이다. 사회에서 은퇴하면 죽는 줄로 생각하는 우리나라 남성 은퇴자들이 앞으로 꼭 배워나가야 할 덕목이다.

체면을 따지는 한국 남성들과는 달리, 우리나라 여성들은 체면에 개의치 않는다. 옛날은 옛날이고, 지금은 지금이라고 생각한다. 돈이 넉넉지 않다고 해서 친구들을 멀리하고, 외출을 삼간다든지 하는 일도 거의 없다. 젊은 시절은 그 시절대로, 나이 든 시절엔 또 그 시절대로 열심히 적응하여 살아간다. 남성들은 우리 여성들의 적응력을 하루 빨리 배울 필요가 있다.

CHAPTER 09

베이비붐 세대의
끝나지 않는 모험

노화와 노인의 개념이 바뀐다

베이비부머는 평균수명이 80세를 넘어서, 잘하면 90세까지 살 수 있을 것으로 보인다. 평균적으로 살 수 있는 평균수명이 아니라, 사람들이 가장 많이 사망하는 나이(다빈도 사망연령)는 현재 85~86세로 나타나고 있다. 지금의 수명 증가 속도로 볼 때, 베이비붐 세대의 다빈도 사망연령은 90세가 될 가능성이 아주 높다. 일반인들이 생각하는 것보다 사람들의 수명이 매우 길다는 뜻이다.

우리 인간이 늙어갈 때 생기는 가장 큰 문제는 신체 장기臟器들의 생리적 기능 감퇴이다. 세포의 노화老化, aging에 따라 발생하는 신체적 노화현상은 근육질의 감소, 균형유지 능력의 감소, 사고 속도의 저하 등을 유발한다. 1980년대에 노인의학을 연구한 학자들은 이런 노화현상을 '죽음에 이르는 과정에서 나타나는 되돌릴 수 없는 퇴행적 신드롬degenerative syndrome'이라고 해석했다.

그러나 21세기 들어 노화를 보는 시각이 바뀌었다. 노화 속도는 얼마든지 늦출 수 있고 경우에 따라선 되돌릴 수 있다는 주장이 제

기되고 있다. 세계적인 노화학자인 서울대 의대 박상철 교수는 "노화란 일종의 질병이며, 이 질병의 원인을 파악해서 치료하면 사람의 수명은 지속적으로 늘어날 수 있다"고 말한다. 박상철 교수의 이론에 따르면 인간의 수명은 건강 인자와 노화 유전자의 조절을 통해 얼마든지 늘릴 수 있다는 결론에 이르게 된다.

이런 이론에 근거해 일부 미래학자들은 인간의 수명이 120세 혹은 150세 이상으로 늘어날 것이라는 예측도 내놓고 있다. 미래학자 커즈와일은 "20년쯤 지나면 암 퇴치가 가능해지고, 병든 조직과 장기를 수리할 수 있는 신기술이 개발돼 사람의 수명이 무한대로 늘어날 수 있을 것"이라고 말한다. 미래학자들의 말을 들어보면 '황당하다'는 느낌을 받을 때도 있으나, 과학의 발전이 급속히 이뤄지고 있는 것을 보면, 우스개 이야기로 치부할 수만은 없을 것 같다.

인간의 수명이 100세 또는 120세 이상으로 늘어나게 된다면 '노인의 개념'도 크게 바뀌게 될 것이다. 일반적으로 노인老人 하면 하루 종일 방 안에서 수동적으로 지내는 건강하지 못한 노인들을 생각하는 사람들이 많다. 한자 '老'자도 땅 위에 지팡이를 짚고 다니는 늙은 사람을 그린 것이다.

하지만 요즘 지팡이를 짚고 다니는 노인들은 거의 발견할 수 없다. 영양상태의 개선과 보건의료의 발전으로 '건강한' 노인들이 폭발적으로 늘어나고 있는 것이다. 실제로 1년 동안 병원 한 번 가지 않고 쌩쌩하게 살아가는 '젊은' 노인들이 무척 많다. 지금과 같은 상황이 지속되면, 머지않아 노인의 분류 기준을 현재 65세에서 75세로 크게 올려야 할 것이다.

또 미래의 노인들은 지금과 다른 개념의 새로운 인구집단이 될 가능성이 높다. 넘치는 에너지를 가진 미래의 노인들은 풍부한 인생경험을 통해 알게 된 지혜를 젊은이들에게 나눠주고 사회 진보에 기여하게 될 것이다. 또 은퇴자금을 많이 축적해놓은 노인들은 세계를 활보하며 다양한 취미 활동과 예술 활동을 즐기는 활기찬 노후를 보내게 될 것이다. 사회변화와 노인들의 노력 여하에 따라 노인이 '사회의 짐'이 아니라, '사회의 보물'로 존경받는 시절이 다시 올 수도 있다는 얘기다.

스마트폰 시대에 적응하기

베이비부머들은 '농경사회'에서 태어나 '산업사회'를 거쳐 현재 '정보화사회'를 살아가고 있다. 그동안 가정의 오락기기는 트랜지스터라디오에서 흑백 텔레비전으로, 브라운관 컬러 텔레비전으로, 그리고 LCD 텔레비전으로 바뀌었다. 집에 있던 녹음기는 호주머니에 넣고 다니는 워크맨으로 바뀌더니, 다시 목에 거는 MP3로 진화했다. 또 직장에 처음 취직해 문서를 작성하던 타자기는 PC에 밀려 사라졌고, 이어 팩시밀리가 등장해 사무실에서 노트와 원고지를 몰아냈다.

가장 극적인 변화는 통신기기에서 일어났다. 1970년대 중반까지 부자만 가질 수 있었던 검정색 다이얼식 전화기는, 1980년대 들어 전 국민이 한 대씩 갖는 전자 버튼식 전화기로 바뀌었다. 베이비부머가 40대가 되었을 때, 이 세상에 '인터넷'과 '휴대폰'이라는 신기한 물건이 등장했다. 인터넷과 휴대폰은 우리가 살고 있는 세계를 순식간에 하나의 네트워크로 연결하는 경이로움을 선사했다. 덕분에 그 옛날의 낭만을 상징하던 공중전화는 자취도 없이 사라졌고, 손으로 쓰는 편지가 줄어들어 '빨간색 우체통'은 박물관으로 들어가는 신세가 되었다. 불과 20~30년 사이에 벌어진 엄청난 사회변화이다. 베이비붐 세대가 21세기 정보화 시대를 살아가면서 그런대로 선전하고 있는 것은 대략 여기까지다.

최근 새롭게 등장한 스마트폰(PC 기능을 가진 휴대폰)과 태블릿 PC(휴대용 소형 PC) 등 신형 디지털 IT기기들은 베이비부머들의 머리를 갑자기 아프게 만들고 있다. 아이폰과 아이패드(애플), 옴니아 2와 갤럭시폰(삼성전자), 옵티머스Q(LG전자), 모토로이(모토롤라), 넥서스원(구글), 블랙베리(RIM), 킨들(아마존) 등 이름도 생경하고 사용법도 복잡한 새 제품들이 쏟아져 나오는 것이다.

이런 디지털 기기들을 모르면 자녀들과 말도 잘 통하지 않고, 시대에 뒤떨어지는 느낌이 들게 된다. 그래서 베이비붐 세대들은 젊은이들 사이에 끼어 일찍 스마트폰을 구입하는 등 나름대로 열심히 노력하고 있으나, 사용법이 복잡해 익히기가 쉽지 않다. 은퇴를 앞둔 베이비붐 세대가 통신회사들이 운영하는 스마트폰 교실을 찾아다니며 이용법을 공부하는 것은 다 정보화 시대에 살아남기 위한 생존법이다.

그러나 전자기기 하나를 마스터하면 또 새로운 전자기기가 출시돼 배워야 할 것이 항상 쌓여 있다. 최근에는 종이 책과 종이 신문을 무선 인터넷으로 전송 받아 볼 수 있는 전자신문(e-Paper), 전자책(e-Book)까지 등장했다. 전자 단말기 하나로 책도 보고, 신문도 보고, 영화도 보고, 텔레비전 드라마도 보고, 인터넷도 할 수 있는 세상이 열린 것이다.

베이비붐 세대는 본질적으로 '종이 책 세대'이다. 학교 공부를 할 때 읽었던 교과서와 참고서, 사회생활을 시작하면서 읽은 신문과 잡지, 보고서 등이 모두 종이로 만들어진 것이다. 30~40년을 종이

미디어를 보면서 살아왔기 때문에, 인터넷으로 뉴스를 보는 것보다 신문 뉴스를 보는 것이 훨씬 편하다. 글을 쓸 때는 원고지가 편하다는 이유로, 아직 원고지를 고집하는 베이비붐 세대도 적지 않다.

그래서 스마트폰과 태블릿 PC 시대가 베이비붐 세대에겐 어쩐지 불편하고 부담스럽다. 그러나 필자가 생각건대 첨단 전자기기의 작동법作動法을 배우는 데에 너무 스트레스를 받을 필요가 없을 것 같다. IT 시대의 '시대 정신'을 이해하고 사회변화의 흐름을 따라가는 것이 더 중요하기 때문이다. 사용법을 다 모르더라도 스마트폰과 전자책을 얘기하고 있다는 것 자체가, 디지털 시대의 '코드'를 이해하고 있다는 증거이다.

'이모작 인생'이 기다린다

우리가 80세 넘어서까지 산다고 가정할 경우 50세에 퇴직을 하면 앞으로 30년 이상의 세월이 더 남아 있게 된다. 30년이라는 세월은 '여생餘生'이라고 하기에는 너무나 긴 시간이다. 따라서 이는 여생이 아니라 '또 하나의 인생'이라고 부르는 것이 옳을 것 같다. 따라서 은퇴 계획을 미리 잘 짜두는 사람들은 앞으로 인생을 2개, 또는 3개로 쪼개 사는 일이 얼마든지 가능할 것이다.

이미 선진국들에서는 오래전부터 '제2의 인생Second Life' '제2의 경력 Second Career'이라는 말이 유행하고 있다. 이 말은 지식사회의 도래를 예언했던 피터 드러커Peter F. Drucker 교수가 사용해서 유명해진 말이다. 한국에서는 이를 '이모작二毛作 인생'이라는 말로 표현하고 있다. 부지런한 농부는 1년에 여름과 가을, 겨울과 봄에 걸쳐 두 차례 농사를 지을 수 있다는 의미에서 따온 표현이다.

이를 우리의 인생에도 적용해볼 수 있을 것이다. 40~50세까지 한 번의 인생(제1의 인생)을 산 다음, 직업을 다른 것으로 바꾸어 죽을 때까지 또 한 번의 인생(제2의 인생)을 산다는 뜻이다. 예를 들어 대학을 졸업한 후 제조업체에서 20~30년가량 일한 다음에 직업을 바꿔 교사로 근무하거나 창업을 하여 사장으로 근무하는 것이다.

부지런한 사람들은 경우에 따라 평생 3개 이상의 직업을 갖는 '삼모작 인생'까지 살 수 있을 것이다. 이모작 인생, 삼모작 인생을 사는 것이 일반화되면 우리가 그동안 가지고 있던 직업관은 앞으로 크게 바뀔 수밖에 없다. 직업은 평생 하나만 갖는 것이 아니라, 개인의 능력에 따라 2~5개씩 얼마든지 가질 수 있다는 직업관이다. 이렇게 되면 미래에는 직장을 자주 옮겨 다니는 것이 능력의 증표가 될 수도 있을 것이다.

이모작 인생, 삼모작 인생을 사는 것은 수명이 증가한 때문만은 아니다. 사회 분위기가 그렇게 흘러가도록 세상이 바뀌고 있다. 젊은 나이에 구조조정으로 직장을 그만둔 사람이 그냥 집에서 시간을 보낸다면 무려 20~30년 동안 그런 생활을 해야 한다. 이렇게 사는 것은 삶을 너무 지루하게 보내는 것이다. 좀이 쑤셔서라도 밖으로 나와 결국 일자리를 찾을 수밖에 없을 것이다.

젊은이들은 이미 이러한 사회변화에 적응해가고 있다. 대한상공회의소 조사에 따르면, 우리나라 젊은 샐러리맨들의 근속연수는 6년 정도에 불과하다. 월급을 조금이라도 더 주고, 승진을 약속하는 기업이 있으면 즉각 보따리를 싼다. 그래서 30대 초반의 나이에 2~3개의 일자리를 경험한 사람들이 많다. 좋은 방향이든 좋지 않은 방향이든, 고용시장의 환경변화가 이모작, 삼모작 인생의 확산을 유발하고 있는 셈이다.

그러나 은퇴를 한 다음에 새로운 직업 또는 새로운 일자리를 찾는 것은 무척이나 어렵다. 따라서 현직에 있을 때 제2의 인생을 펼쳐나가는 데 도움이 될 만한 교육을 미리 받아두면 나중에 큰 도움이 될 수 있다. 학위를 따는 대학원에 도전하거나 자격증을 따는 과정에 등록하여 필요한 자격증을 미리 따두는 것이다.

대학원은 소정의 입학시험에 합격해야 입학이 가능하다. 이에 비해 대학 교육은 상당한 융통성이 있다. 대학들은 대부분 만 30~35세가 넘은 성인을 대상으로 한 특별전형 프로그램을 운영하고 있다. 4년제 대학은 학생부와 면접 등을 거쳐 선발하고, 전문대는 대부분 학생부만으로 뽑는다. 검정고시 출신자도 만 30세 이상이면 지원 가능하다.

야간이나 주말밖에 시간을 낼 수 없는 사람은 방송통신대와 사이버cyber 대학을 이용해볼 만하다. 온라인online 강의로 진행되는 사이버 대학은 전국에 4년제가 12개, 2년제는 3개가 있다. 방송통신대와 사이버대학은 학비가 싸고 교육내용이 실속 있다는 게 장점이다.

한 학기당 등록금이 방송통신대는 18만~23만 원, 사이버 대학은 100만~150만 원 선이다. 4년제 사립대 신입생의 한 학기 등록금이 400만 원 선인 것과 비교하면, 아주 저렴한 편이다. 방송통신대나 사이버 대학 모두 특별한 결격사유가 없으면 대부분 진학이 가능하기 때문에 제2의 인생 계획을 짜는 데 큰 도움이 될 것이다.

새 인생을 열어주는 평생학습

나이가 50줄에 들어서고 정년까지 맞으면 매사에 자신이 없어지고 기분도 우울해진다. 이런 마음으로 은퇴생활을 하게 된다면 본인도 불행하고, 지켜보는 가족들도 맥이 풀리게 된다. 삶에 새로운 자극을 주는 무엇인가를 찾아 적극적으로 파고들어 보는 것이 어떨까. 앞에서도 얘기했듯이, 인생 80년은 너무나 긴 세월이기 때문이다.

얼마 전 94세의 나이로 선종한 프랑스의 성자聖者 피에르 신부는 "사람에게 중요한 것은 오래 사는 것이 아니라 제대로 사는 것"이라는 말을 남겼다. 은퇴자들이 세상을 열심히 살아가고, 노후의 건강을 유지하는 방법으로 안성맞춤인 게 바로 공부와 학습이다. 젊었을 적 일에 바빠서 제쳐놓았던 책들을 다시 꺼내, 옛 선현들의 말씀과 새로운 학문을 공부하는 것은 마음 설레는 일이다.

옛날 산업사회에서는 대학까지 공부하면, 그걸로 죽을 때까지 평생을 먹고살았다. 지식의 변화가 별로 없었기 때문이다. 그러나 오늘의 지식이 내일은 쓰레기로 변하는, 지식사회선 공부는 평생 하는 것으로 바뀌었다. 직장을 계속 다니든, 아니면 은퇴를 하든지에 상관없이 시대의 흐름을 따라가려면, 항상 책을 손에서 놓아서는 안 된다. 이른바 '평생학습' 시대가 된 것이다.

물론 나이가 들어 공부를 하는 것은 쉽지 않다. 돈 문제도 신경이 쓰이지만, 기억력이 날로 떨어지는 것도 부담이 된다. 실제로 나이가 들면, 집 열쇠를 어디에 두었는지 기억이 나지 않고, 친구 이름이 생각이 나지 않아 얼굴만 마주 보고 있을 때도 적지 않다. 그래서 공부를 하고 싶어도 선뜻 행동으로 옮기기가 두려워진다.

그러나 인간의 뇌腦를 연구하는 뇌 과학자들의 연구에 따르면,

인간의 뇌 용량은 아주 커서 평생 동안 절반도 사용하지 못한다고 한다. 따라서 노화현상으로 뇌세포의 일부가 파괴되어도 아무 문제없이 새로운 것을 익히고 외울 수 있다는 것이다. 특히 학습은 뇌를 자극하는 좋은 수단이다. 의사들이 고령자들에게 외국어를 배우거나 악기 연주법을 배우도록 권하는 게 바로 이런 이유 때문이다.

고령자들이 큰 부담 없이 다닐 만한 평생교육기관으로는 대학들이 운영하고 있는 평생교육원(또는 사회교육원)이 있다. 평생교육원에는 요리사 과정, 사회복지사 과정, 노인체육 지도사 과정, 웃음치료사 과정, 화장품 전문가 과정, 독서 지도사 과정 등 일정기간의 교육을 마치면 자격증을 주는 프로그램이 아주 많다.

회사 다닐 때 소홀히 했던 철학과 역사, 문학 등 인문교양을 다시 공부할 수 있는 프로그램도 많다. 예를 들어 서울대 사회교육원에서는 은퇴자들을 위해 연간 등록금 10만 원을 받고 인생교육 강좌를 열고 있다. 서울대 교수들과 저명한 외부강사들을 초청해 진행하는 이 프로그램은 매년 수백 명이 등록할 정도로 인기를 모으고 있다.

집 근처에 대학이 없는 사람들은, 시청과 구청에서 운영하는 문화원에 가면 된다. 정부기관에서 운영하는 문화원은 시설도 좋을 뿐만 아니라 고령자들을 위한 교양 프로그램을 많이 갖추고 있다. 또 문화원은 대부분 도서실을 운영하고 있기 때문에 이곳에서 조용히 책을 읽거나 자기 공부를 할 수도 있다.

새로운 곳에서 시작하는 은퇴생활

나이 든 은퇴자들이 익숙하게 지내던 곳과 이별을 한다는 것은 쉬운 일이 아니다. 그래서 우리나라 은퇴자들은 95% 이상이 직장생활을 하던 곳에 계속 머물러 산다. 정부의 국토균형개발 정책에도 불구하고 수도권 인구가 좀처럼 줄지 않고 있는 데는 이런 요인이 작용하고 있다.

물론, 아직 소수이기는 하지만 일단의 은퇴자들이 수도권을 벗어나려는 움직임을 보이고 있다. 최근 10년간 서울에서 타 지역으로 거주지를 옮긴 60세 이상 은퇴자들의 이동retirement migration 경로를 추적해보면, 두 가지의 큰 트렌드가 드러난다.

첫째는 서울 아파트를 팔고 가격이 좀 더 싼 경기도 위성도시로 옮기는 행렬이다. 아파트 평수를 줄여 노후생활비를 만들려는 게 목적이다. 통계청 인구이동 조사에 따르면 2001~2005년 사이 약 20만 명의 은퇴자들이 서울에서 경기도 위성도시로 이사를 갔다. 용인·하남·분당·일산·산본·파주 지역에서 60세 이상 노인 인구 비중이 꾸준히 높아지고 있는 것은 바로 이런 이유 때문이다.

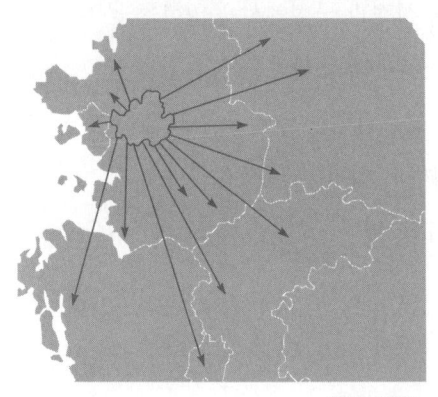

서울 은퇴자들의 이동 경로

자료 : 조선일보

둘째는 서울을 떠나 아예 지방 도시나 농촌으로 향하는 행렬이다. 2001~2005년 사이 약 10만 9,000명의 은퇴자들이 수도권 밖의 지방 도시로 떠나갔다. 전국 곳곳으로 흘러갔지만 강원·대전·충북·충남 등 서울에서 150km 이내에 위치한 지역이 상대적으로 더 많은 은퇴자를 끌어들였다. 서울에서 가까운 지리적 장점에다 집값이 더 싸다는 점이 수도권 은퇴자들의 마음을 사로잡은 것으로 보인다.

지방으로 이주한 은퇴자들은 대도시에 거주할 때보다 만족스런 생활을 하고 있다고 말한다. 특히 농촌으로 이주한 사람들은 텃밭을 가꾸고 땀을 흘리며 사는 자신의 모습에서 또 다른 인생의 보람을 느낀다고 말한다. 월 생활비도 100만~150만 원이면 충분해 도시생활 때보다 경제적으로 한결 느긋하다는 것이다.

문제는 무료한 여가생활이다. 텃밭을 가꾸며 농사를 짓는 사람을 제외하고는, 대다수 은퇴자들이 하루 시간의 대부분을 무료하게 보낸다. 농촌 지역이라 문화공간이 별로 없는데다, 마을 농민들과 적극적으로 어울리지 못하기 때문이다. 농촌이나 지방 도시로 이주하려는 은퇴자들은 이 문제를 곰곰이 생각해보고, 나름의 여가생활 플랜을 꼭 마련해둬야 할 것이다.

또 은퇴자들이 아니더라도, 최근 3~4년 사이에 자연환경이 좋은 시골에 전원주택을 마련하여 주말을 보내는 사람들이 많이 생겨나고 있다. 이른바 '멀티 해비테이션multi-habitation' 현상이다. 유럽에서 시작된 '멀티 해비테이션'은 도시와 농촌 등 서로 다른 지역에 각각 집을 마련해두고 양쪽에 모두 거주하는 주거 트렌드를 말한다. 독일의 '클라인 가르텐Klein Garten', 러시아의 '다챠 Dacha'가 대표적인 형태이다.

'멀티 해비테이션' 문화는 수도권 고속도로망의 확충으로 교통이 크게 편해지고, 행복한 삶을 추구하는 웰빙 문화가 도시민 사이에 확산되고 있는 데 따른 것이다. 물론 두 집 생활을 해야 하기 때문에 소득수준이 높은 사람들이 아니면 즐길 수 없는 한계점도 있다. 그러나 독일과 스웨덴의 경우, 정부가 직접 나서서 도시민에게 값싼 '멀티 해비테이션' 시설을 제공하는 것을 보면, 저렴한 가격의 '세컨드 하우스' 공급은 불가능한 것이 아닌 듯하다.

은퇴 장소 고를 때 주의할 점

노후자금 준비 못지않게 중요한 것이 노후를 어디에서 보낼 것인지를 결정하는 문제다. 어디서 사느냐에 따라, 생활비 지출 규모가 달라지고, 문화 혜택과 의료 혜택을 받을 수 있는 범위가 결정된다. 사람들에게 노후 계획을 물어보면, 은퇴한 후에 고향으로 돌아가 여생을 보낼 것이라고 대답하는 사람이 많다.

그러나 우리나라 은퇴자 가운데 고향으로 돌아가 사는 사람은 2%도 되지 않는다. 신문에 농촌으로 이사를 가거나 해외로 은퇴 이민을 가는 사람들의 이야기가 종종 실리고 있으나, 이런 사람들도 소수에 지나지 않는다. 대부분이 살던 곳에 계속 눌러앉든지 아니면 자식들이 이사 가는 곳으로 따라가는 경향을 보인다. 이동이 거의 없다는 뜻이다.

은퇴자들이 생활 근거지를 잘 떠나지 않는 이유는 간단하다. 상류층은 돈이 많기 때문에 다른 곳으로 이주할 필요성을 못 느끼고, 중산층과 서민들은 자식 교육비에 돈을 쏟아붓느라 경제적 능력이 취약해져 다른 곳으로 이주하는 것을 꺼린다. 물론 돈 때문에만 같은 도시에서 계속 사는 것은 아니다. 사람들은 나이를 먹으면 가족, 친척, 친구들을 부쩍 더 찾는 경향을 보인다. 그래서 자녀에게서 멀리 떨어져 사는 이사를 꺼리게 되는 것이다.

반면 은퇴문화가 발달한 미국에서는 은퇴자들의 이동이 비교적 활발하다. 미국 노년학회 조사에 따르면, 미국 은퇴자의 15%가 새로운 제2의 인생을 찾아 날씨가 좋은 곳, 생활비가 저렴한 곳, 레크리에이션 활동을 즐길 수 있는 곳으로 이동을 한다. 이 가운데 5%가량은 자기가 살던 주州, state를 떠나 다른 주로 이사를 가고 있다. 미국 남부에

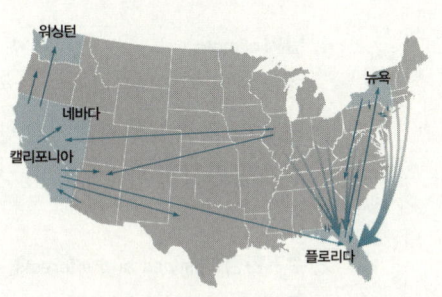

미국 은퇴자들의 이동 경로

워싱턴
네바다
캘리포니아
뉴욕
플로리다

※ 화살표는 미국 은퇴자들이 많이 이동하는 지역을 가리킴.

위치한 플로리다 주, 중서부에 위치한 네바다 주와 애리조나 주, 북서부에 위치한 워싱턴 주가 인기를 모으는 지역이다.

유럽 선진국들의 은퇴자들도 상당히 활발한 이동 패턴을 보인다. 유럽은 국경이 터져 있어서, 국가 간의 이동이 자유롭다. 그래서 은퇴자들이 친한 사람들끼리 그룹을 만들어, 물가가 싼 나라로 이사를 가는 사례가 많다. 이사를 가지 않더라도 날씨가 추운 겨울엔 2~3개월씩 날씨가 온화한 지중해 지역으로 가서 살다 오기도 한다. 이 때문에 최근 유럽연합EU에 가입한 동유럽 국가들은 외국인 은퇴촌隱退村을 만들어 돈 많은 은퇴자들을 열심히 유치하고 있다.

앞에서도 말했듯이, 우리나라는 아직 은퇴자들의 이동이 활발한 나라는 아니다. 그러나 앞으로 소득수준이 높아지고 강한 독립심을 가진 고령자가 늘어나면, 미국이나 유럽처럼 새로운 곳으로 이사해서 살려는 은퇴자가 점차 늘어날 것으로 보인다. 은퇴 장소는 한번 고르면 10년 이상 사는 곳이기 때문에 사전에 체크를 잘 해두고 부족한 점이 무엇인지도 파악해두어야 한다. 다음은 은퇴자

들이 노후를 보낼 곳을 고를 때 주의해야 할 7가지 사항이다.

1. 날씨 climate

경치가 아무리 아름다워도 날씨가 좋지 않으면 노후 주거지로 적합하지 않다. 온화한 날씨를 가진 곳이 고령자들의 건강에 좋다. 대기에 습기가 많은 곳도 피해야 한다.

2. 주거환경 lifestyles and interests

주거하는 지역에 편의시설이 많은 곳을 선택하는 것이 좋다. 대학교, 도서관, 헬스클럽, 할인점 등 교육시설과 문화시설, 상업시설 등이 골고루 들어서 있는 곳이 좋다.

3. 주택 housing

노후에는 고정수입이 많지 않다. 따라서 거주비용(재산세, 임대료 등)이 적당한 주택을 골라 입주하는 것이 좋다. 고령자들이 살기에 편하도록 문턱을 없앴거나 계단에 안전 손잡이가 있는 집이라면 더 좋을 것이다.

4. 안전 safety

나이가 들면 범죄자들의 공격을 받기 쉽다. 따라서 이사를 갈 경우에는 주변 지역의 치안 상태를 잘 파악해둬야 한다. 밤늦게 산보를 하거나 집을 비워놓고 외출을 해도 문제가 없는지도 알아본다.

5. 생활비 affordability

은퇴생활에 들어가면 돈의 여유가 없어진다. 절약생활을 몸에 익히지 않으면 나중에 어려움에 처하게 된다. 식품 구입비, 교통비, 재산세 등 세금이 적게 들어가는 곳을 고르는 게 좋다.

6. 의료 healthcare

나이를 먹으면 잔병이 많이 생기고, 언제 긴급한 상황이 발생할지 알 수 없다. 급할 때에 이용할 수 있는 병원이나 의원이 주변에 있는 것이 좋다.

7. 교통 transportation

가족이나 친지를 만나고 싶을 때 만나려면 이동하기가 편해야 한다. 국
철이나 지하철이 있으면 아주 좋다. 버스가 자주 다니는 곳인지도 체크
해보아야 한다.

검증! 베이비붐 세대의
은퇴 충격

4

CHAPTER 10

검증 1
노동력이 부족해진다?

No! 노동력 부족사태는 없다

4~5년 전부터 우리나라 경제연구소들이 베이비부머가 은퇴하면 노동시장에서 인력 부족현상이 심각해질 것이라는 보고서를 잇달아 발표하고 있다. 고령 근로자들이 단기간에 대량으로 은퇴하면 공장 운영이 크게 어려워질 것이라는 주장이다. 고령 근로자들의 은퇴와 관련해, 노동부는 오는 2015년쯤부터 우리나라의 산업현장에서 인력난이 나타날 것이라고 분석한다.

이런 분석은 취업난에 고생하는 젊은이들에게 앞으로 일자리가 크게 늘어날 것이라는 기대감을 갖게 만들고 있다. 이는 과연 믿을 만한가. 결론부터 말하면 '장기적으로 그럴 가능성이 높지만, 앞으로 20~30년간은 인력 부족 사태는 나타나지 않을 것'이라고 정리할 수 있다. 우리보다 훨씬 앞서 인구 고령화 현상이 진행되고 있는 선진국들의 경험이 이를 증명한다.

미국과 유럽, 일본의 베이비부머들은 정년(60~65세 전후)을 맞아 이미 4~5년 전부터 은퇴를 하기 시작했다. 그러나 선진국들의 고

주요 국가의 고용률(2008년 기준)

아이슬란드	84.2%
덴마크	78.4%
스웨덴	75.7%
영국	72.7%
미국	70.9%
일본	70.7%
한국	63.8%

자료 : OECD

용 상황을 살펴보면, 베이비붐 세대의 은퇴는 일자리 창출에 별 도움을 주지 못하고 있다. 경제성장률의 하락이 고용시장에 더 직접적인 영향을 주고 있기 때문이다.

저성장低成長에 빠져 있는 유럽 국가들은 현재 실업률이 8~10%를 웃돌고 있다. 청년실업률은 이의 두 배인 15~20% 선에 달한다. 장기불황에 시달리고 있는 미국은 더욱 심각하다. 미국 자동차 산업계는 지난 4년간 100만 명이 넘는 직원을 해고했으며, 미국 금융회사들도 지난 4년간 30만 명이 넘는 인력을 감축했다. 줄어든 일자리의 희생자는 고령자가 아니라, 대부분 30~40대 중년 근로자들이다.

베이비부머의 은퇴에 따라 일자리가 창출되기는커녕, 있는 일자리까지 증발하는 현상이 벌어지고 있는 것이다. 미국과 독일, 프랑스가 고령사회(노인인구가 14%를 넘어서는 사회)에 들어선 이후에도 높은 실업률에 시달리고 있는 데는 바로 이런 배경이 있다.

세계에서 가장 늙은 나라인 일본은 5년 전 세계 최초로 초고령사회(노인인구가 20%를 넘어서는 사회)에 진입했다. 그래서 '단카이 세대(1947~1949년에 태어난 일본판 베이비붐 세대)'가 2007년부터 집단 은퇴를 시작하면, 노동자 부족 사태가 발생할 것이라는 전망이 많았다.

그러나 노동력 부족 사태는커녕, 청년들이 일자리를 구하지 못하는 극심한 취업난이 수년째 지속되고 있다. 경제 버블이 붕괴한 후, 일본의 경제성장률은 1~2%대로 하락해, 기업들의 고용흡수 능력이 크게 떨어진 것이다. 직원을 뽑는 기업들도 최근에는 비정규직만 늘리는 현상이 두드러지고 있다. 그렇다 보니 선진국이라는 일본에서 비정규직이 차지하는 비중이 무려 40% 선에 달하고 있다.

선진국들의 사례를 볼 때, 인구 고령화가 깊어져도 우리나라는 앞으로 20~30년간 노동력이 부족해지는 사태는 오지 않을 것으로 보인다. 오히려 건강한 고령자들이 크게 늘어나고, 이들이 취업시장에 계속 머무르려고 하면서, 오히려 노동력은 차고 넘칠 가능성이 높다고 하겠다.

일자리 부족이 더 심각하다

일반적으로 노동력의 고령화 수준은 경제활동인구 가운데서 50세 이상 노동력이 차지하는 비중을 기준으로 하여 따진다. 우리나라의 경우, 이 비중이 지난 2000년에 25% 수준이었으나, 오는 2020년에는 40%, 2050년에는 50%를 넘어설 것으로 전망되고 있다. 우리 국민들의 나이가 이렇게 빨리 늙어간다는 것은 매우 심각한 현상임에 틀림없다.

그래서 노동부는 "우리나라 생산가능인구(15~64세)의 증감 추이를 감안할 때 2015년쯤 노동수요가 노동공급을 초과하는 인력난이 발생할 가능성이 높다"는 경고를 내놓고 있다. 이런 전망이 맞아떨어진다면 5년 후부터는 취업난이 사라지는 것은 물론, 근로빈곤층working poor도 점차 없어질 가능성이 높다. 노동력 자체가 부족해지면 사람 값(인건비)이 뛸 수밖에 없고, 고용시장의 주도권이

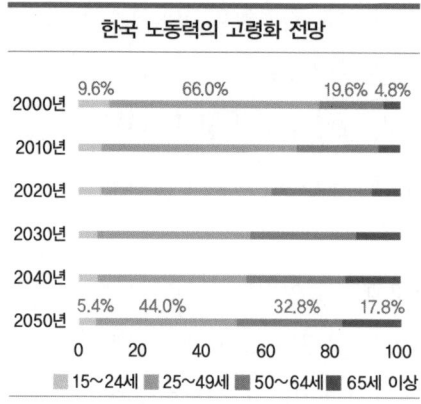

한국 노동력의 고령화 전망

	15~24세	25~49세	50~64세	65세 이상
2000년	9.6%	66.0%	19.6%	4.8%
2010년				
2020년				
2030년				
2040년				
2050년	5.4%	44.0%	32.8%	17.8%

기업에서 노동자 쪽으로 옮겨가기 때문이다.

그러나 미래를 예측하는 것은 힘든 일이지만, 노동부의 전망은 '매우 비관적'이라는 게 필자의 판단이다. 인구 고령화의 충격을 고용시장에서 심각하게 느끼려면 앞으로 20~30년은 더 지나야 할 것이다. 저출산 때문에 언젠가는 노동력이 부족해지는 시기가 오겠지만 이는 한참 후에나 일어날 것이기 때문이다.

필자의 산업현장 조사와 전문가 인터뷰에 따르면, 우리나라에서 2030년까지 노동력 부족현상이 심각해질 가능성은 희박하다. 우선 베이비붐 세대들이 한꺼번에 은퇴하는 것이 아니라, 10~20년에 걸쳐 순차적으로 은퇴한다는 사실이 그렇다. 이는 인구 고령화 현상이 노동시장에 주는 충격을 크게 덜어줄 것이다. 여기에 제조업체에서 빠르게 확산되고 있는 공장자동화, 기업들의 상시적인 구조조정은 산업현장의 인력 수요를 빠른 속도로 줄여나가고 있다.

이러한 가운데 10여 년 전부터 시작된 국내 노동시장의 개방은, 노동시장의 수요를 해외인력으로 메워감으로써, 노동력 부족을 억제하는 데 한몫을 하고 있다. 이미 중소기업 업종에선 동남아 출신 노동자들이 핵심 인력으로 자리를 잡아가고 있으며, 건설현장에서는 연변 교포들이 없으면 공사가 어려울 정도로 외국인 노동자들의 기여가 크다. 앞으로 세계화 현상이 더욱 깊어지면 국내로 들어오는 외국인 노동자는 더욱 많아질 것이다.

북한과의 통일 가능성도 노동시장의 큰 변수다. 우리나라가 통일을 이루어, 기업들이 북한 노동력을 이용할 수 있게 되면 노동시장에선 중장기적으로 엄청난 공급초과 현상이 발생할 가능성이 높다. 이미 적지 않은 기업들이 개성공단 등에서 북한 근로자들을 고용하여 수출상품을 생산하고 있다.

우리나라에서 매년 새로 생기는 일자리는 많아야 20만 개가 고작이다. 반면 노동시장에는 매년 50여 만 명의 대졸자들이 새로 진입하고 있다. 저출산 때문에 20~30년 후 이 숫자가 20만 명으로 준다고 해도, 노동시장 개방으로 대처하면 큰 영향은 없을 것으로 보인다. 노동력의 공급은 젊은 청년들만이 아니고, 나이 든 고령자쪽에서도 얼마든지 충원이 가능하다.

만약 고령 근로자들의 정년을 현행 55~60세에서 앞으로 58~63세로 연장하면, 노동시장은 오히려 공급초과 현상에 부딪힐 것이다. 날로 커지고 있는 고령자들의 목소리를 고려할 때, 정년연장은 빠르면 10년 후, 늦어도 20년 후엔 반드시 이뤄질 것으로 보인다. 이런 점에서 보면, 앞으로 우리나라는 인력 부족이 아니라 오히려 일자리 부족 사태에 놓일 가능성이 높아 보인다.

공장자동화가 일으키는 생산성 향상

베이비붐 세대의 은퇴가 왜 새 일자리의 창출로 연결되지 못하고 있는 것일까. 먼저 지적할 수 있는 것이 공장자동화 현상이다. 요즘은 산업현장의 생산라인이 다 자동화되어 있어 노동자들이 과거에 비해 많이 필요 없다. 또 노동절약적 생산방식이 빠르게 발전하고 있는 것도 새 일자리 창출을 어렵게 하고 있다.

실제로 요즘 산업현장에 가보면, 자동차나 배를 만들 때 로봇이

용접 일을 맡고, 재고창고에서 무인 운반기계가 부품을 실어 나르는 일을 하는 것을 발견할 수 있다. 특히 공장에서 근로자들의 일손을 대치해가는 2, 3세대 로봇의 발전은 눈부시다. 판매가격도 갈수록 떨어져 구입하는 기업들이 빠른 속도로 늘어나고 있다.

로봇은 현재 공장에서 단순 반복적인 일을 하는 데 그치고 있다. 그러나 앞으로 IT(정보기술), BT(생명공학기술), NT(나노기술) 등 첨단기술을 융합시킨 '제4세대 로봇'이 머지않아 개발되면, 산업현장에서 또 한 번 혁명적인 변화가 일어날 것이다. 공장자동화는 생산성을 높여주기 때문에 기업들은 노동자를 예전처럼 많이 고용하지 않고도 더 많은 생산을 이뤄내고 있다.

서비스 업종도 마찬가지다. IMF 경제 위기 전에 은행이나 증권사 지점에 가보면 20~30명 가까운 사람들이 일을 하고 있었다. 그러나 지금은 상주 직원이 10명을 넘는 점포를 보기 힘들다. ATM 기계 등이 일손을 많이 덜어줌으로써, 종전에 20명으로 하던 일을 5~10명이 충분히 해낼 수 있기 때문이다.

특히 제조업체들의 생산성 향상은 참으로 눈이 부실 지경이다. 국내 최대기업인 삼성전자의 경우, 지난 1997년 5만 7,800명의 직원이 18조 4,000억 원의 매출을 올렸다. 그러나 2009년에는 8만 5,000명의 직원으로 무려 89조 7,000억 원의 매출을 기록했다. 10년 간 직원 수는 1.5배가량 늘어났으나, 매출은 무려 4.8배나 급증한 것이다. LG전자도 같은 기간 동안 직원 수는 1.1배 증가한 데 비해 매출은 3.3배 증가하는 급속한 생산성 향상이 나타났다.

공장자동화가 새 일자리를 흡수해나가고 있는 것은 전 세계적인 현상이다. 미국과 EU 국가들에서는 지난 10년 동안 제조업 일자리가 매년 30만~50만 개씩 줄어들고 있는 것으로 나타나고 있다.

대기업의 고용 없는 성장 사례

매출액(본사 기준)

				고용인원(본사 기준)	

삼성전자
18.4조 원
89.7조 원
매출액은 4.8배 성장
고용은 1.5배 증가
5만 7,800명
8만 5,000명

현대자동차
11.6조 원
31.8조 원
매출액은 2.7배 성장
고용은 1.2배 증가
4만 6,700명
5만 6,000명

LG전자
9.2조 원
30.5조 원
매출액은 3.3배 성장
고용은 1.1배 증가
2만 6,000명
2만 9,000명

■ 1977년 ■ 2009년

경제불황이 오래 길어진 탓도 있겠지만, 주된 이유는 생산성 향상 때문이라는 게 경제학자들의 공통된 진단이다. 공장 기계화가 더욱 빨라지면 미래의 공장에서는 사람의 자취가 아예 사라질 것이라는 전망도 나온다.

미국 경제학자 제레미 리프킨Jeremy Rifkin은 저서 『노동의 종말 The end of Work』에서 "20~30년 후면 현재 존재하는 일자리의 90%는 사라질 것이며, 특히 화이트칼라가 가장 큰 타격을 받을 것"이라고 예언하고 있다. 리프킨의 주장이 다소 과장된 것이라고 하더라도, 그런 추세가 날로 뚜렷해지고 있는 것은 부인할 수 없는 사실이다.

세계화가 유발하는 '고용 없는 성장'

세계시장이 하나로 통합되는 세계화globalization의 진전은 일자리의 창출을 더욱 어렵게 하고 있다. 뉴욕타임스 칼럼리스트 토머스

프리드먼Thomas L. Friedman이 저서 『세계는 평평하다The World is Flat』에서 생생히 묘사한 것처럼, 글로벌 기업들은 요즘 국경을 자유롭게 넘나들며 비즈니스 전략을 짠다. 공장이나 콜센터를 중국에 세우고 싶으면 중국에 세우고, 인도에 만들고 싶으면 인도에 만든다.

세계 각국에 공장과 서비스센터가 많이 흩어져 있다 보니, 이 기업이 도대체 미국 기업인지 아니면 중국이나 인도 기업인지 헷갈릴 지경이다. 실제로 우리나라 대기업들도 선진국들의 무역 장벽을 뚫기 위해, 또 저임 노동자를 이용하기 위해 해외생산 비율을 빠르게 늘려나가고 있다. 삼성, 현대자동차, LG 등 재벌그룹들은 요즘 전체 매출의 60~80%를 해외에서 올릴 정도로 시장이 국제화되어 있다.

예를 들어 현대자동차는 지난 1997년 아산공장을 건설한 이후 10년 넘게 한국에서 공장을 짓지 않고 있다. 그 대신 미국 앨라배마 주와 인도 첸나이, 중국 베이징에 새 공장을 건설했다. 또 기아자동차는 얼마 전 미국 조지아 주에 자동차 공장을, 한진중공업은 필리핀에 새 조선소를 지었고, 포스코는 멕시코에 자동차용 강판 공장을 건설했다.

대기업뿐만 아니라 중견 및 중소기업들도 생산비용을 줄이기 위해 인건비와 땅값 등 제조원가가 싼 지역으로 공장을 계속 이전하고 있다. 그래서 한국 경제가 지속적인 성장을 하고 있음에도 불구하고 국내 기업들이 만들어내는 일자리들은 중국과 인도, 동남아, 동유럽 등으로 계속 빠져나가고 있다.

코트라KOTRA 조사에 따르면, 국내 기업들이 중국과 베트남, 인도네시아, 방글라데시 등 4개국에 진출해 고용한 해외 근로자 수가 388만 명에 달하는 것으로 나타나고 있다. 만약 이들 공장이 국내에 만들어졌으면, 아마 300만 개 이상의 일자리가 한국에 생겼을 것이다. 수출로 먹고사는 한국은 세계화의 혜택을 가장 많이 보는 나라이지만, 고용시장에서만 바라보면 세계화는 '마이너스' 효과를 가져다주고 있는 셈이다.

한국의 특수 상황, 풍부한 비경제활동인구

인구 고령화에도 불구하고 우리나라에서 앞으로 20~30년간 노동력이 별로 부족하지 않을 것으로 생각되는 이유가 또 하나 있다. 바로 유휴 인력인 비경제활동인구非經濟活動人口가 아주 많다는, 한국적 특수 상황이다.

비경제활동인구란 만 15세가 넘은 인구 가운데 취업자도 실업자도 아닌 사람을 가리킨다. 즉 일할 수 있는 능력은 있으나 지금 당장은 일할 의사가 없거나, 나중에 일자리를 구할 목적으로 현재 공부 등을 하면서 취업준비 활동을 하는 사람들이 여기에 해당한다. 쉽게 말해 '숨어 있는 실업자'라고 할 수 있다.

통계청 조사에 따르면, 우리나라 실업률은 2010년 봄 현재 4%선(청년실업률은 9%)이다. 사람 수로 따지면 대략 100만 명이 실업자라는 얘기다. 그러나 이 통계에는 취업이 어려워 집에서 '그냥 쉬고 있는' 138만 명, 취직공부를 하고 있는 '취업준비생' 68만 명이 포함되어 있지 않다. 이들까지 포함하면 우리나라 실제 실업자 수는 306만 명이 넘는다.

안타까운 것은 실업자의 절반이 청년들이라는 점이다. 놀고 있는 젊은이들이 많다는 사실은, 청년 고용률이 40%대에 머물고 있다는 데서 잘 드러난다. 통계청 조사에 따르면, 우리나라 청년층 (15~29세)의 고용률은 2005년 45.3%에서 계속 하락해 2009년 현재 41.3%를 기록 중이다. 쉽게 말해 청년 10명 가운데 6명은 집에서 쉬고 있다는 얘기다.

이처럼 현재 비경제활동인구에 속해 있지만, 언제든지 경제활동인구로 전환될 수 있는 인력이 우리나라엔 아주 많다. 젊은 청년실업자뿐만 아니라, 일자리만 주어지면 언제든지 취업할 의사가 있는 가정주부들과 중장년 명예퇴직자들도 부지기수에 달한다.

OECD 보고서에 따르면, 청년과 여성들의 노동시장 참여율을 선진국 수준으로 높일 경우, 우리나라는 2030년까지 노동력 규모가 계속 증가할 것으로 예상되고 있다. 비경제활동인구의 활용 여하에 따라, 인구 고령화가 유발하는 노동력 부족현상을 얼마든지 막을 수 있다는 게 경제전문가들의 분석이다.

청년들의 취업난 실태

취업준비생이 공식 청년실업자보다 많고

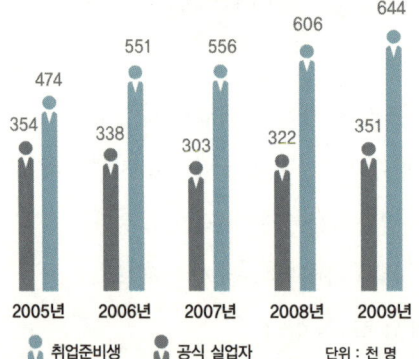

	2005년	2006년	2007년	2008년	2009년
취업준비생	474	551	556	606	644
공식 실업자	354	338	303	322	351

👫 취업준비생 👫 공식 실업자   단위 : 천 명

그나마 잡은 직장도 3분의 1은 비정규직

20대 임금 근로자: 3,830 3,847 3,772 3,689 3,670 3,547 3,438

20대 비정규직 근로자: 1,134 1,282 1,237 1,141 1,144 1,101 1,051

2003 2004 2005 2006 2007 2008 2009 (연도)

자료 : 통계청, 월간중앙, 단위 : 천 명

CHAPTER 11

검증 2
실버산업이 번창한다?

No! 실버산업 번창 안 한다

한국 경제의 성장 잠재력이 떨어지면서 새로운 성장 동력을 찾으려는 움직임이 부산하게 일고 있다. 글로벌 헬스케어, 로봇산업, 바이오산업, 실버산업 등이 그런 예에 속한다. 이 가운데 실버산업은 인구 고령화에 힘입어 매우 빠른 성장세를 보일 것이라는 게 정부의 예측이다. 세계에서 노인인구가 가장 빠르게 증가하는 나라라는 이유 때문이다.

우리나라 65세 이상 인구는 2010년 전체 인구의 10% 선에서 2018년 14%로 높아지고, 2026년에는 20%를 넘어설 것으로 전망되고 있다. 정부 보고서는 "노인 수가 많아지면 우리나라 실버산업도 일본과 미국처럼 급속히 성장할 것"이라고 진단한다. 정부 보고서에 따르면, 국내 실버산업 시장 규모는 2002년 12조 8,000억 원에서 2020년 148조 6,000억 원으로 늘어날 것으로 전망된다. 연평균 성장률이 무려 12.9%에 이르는 엄청난 시장이다.

이 예측이 들어맞는다면 실버산업은 정말 '황금알을 낳는 거위'

가 되는 셈이다. 과연 그럴까? 필자가 보기엔 전혀 그렇지 않다. 필자가 만나본 실버산업 전문가들은 정부의 전망치(2020년 148조 원)는 근거가 불확실하고 현실감도 떨어진 탁상공론이라고 지적한다. 전문가들은 실버시장이 미국과 일본 수준으로 발전하려면 앞으로 20년은 더 지나야 할 것이라고 말한다.

실버시장이 당분간 성장하기 어려울 것으로 보는 이유는 크게 두 가지다. 첫째로 우리나라 소득수준이 아직 높지 않기 때문이다. 선진국의 예로 볼 때, 실버산업은 1인당 국민총소득이 3만 달러는 되어야 성장하는 산업이다. 국민총소득이 이제 2만 달러 언저리에 도달한 우리나라로서는 아직 시기가 무르익지 않았다.

둘째는 실버시장의 소비자인 고령자가 아직 많지 않다는 점이다. 세계 최대 실버시장이 형성된 일본은, 65세 이상 인구가 현재 2,900만 명을 넘어서고 있다. 이에 비해 우리나라는 아직 500만 명 내외에 그치고 있다. 노인의 숫자가 일본의 6분의 1에 불과한 실정이다. 노인인구가 단순히 늘어난다는 사실 하나만으로, 실버시장의 번성을 점칠 수는 없는 일이다.

정부가 실버산업 육성에 관심을 보이는 이유는 '고용 없는 성장'으로 실업난이 심각해짐에 따라 이 분야에서 고용 창출 효과를 내심 기대하고 있기 때문이다. 보건복지부 보고서에 따르면, 시장 규모가 148조 원에 달하는 2020년쯤엔 실버산업에서 만들어지는 일자리는 68만 개에 이를 것으로 전망되고 있다.

그러나 이 같은 전망 역시 너무 낙관적이라는 지적이 많다. 영세한 중소기업들만 바글바글한 국내 시장에서 대규모 고용 창출을 기대하는 것은 무리라는 것이다. 오히려 일부 업종에서는 사람들이 일을 하려고 들지 않아, 머지않아 구인난求人難이 발생할 수 있다는 전망도 나온다. 치매癡呆와 중풍 환자를 돌보는 장기요양산업이 그런 분야이다.

일본의 경우, 일은 힘들고 임금은 낮다는 이유로 젊은이들이 요양산업 취업을 기피해 산업 자체가 어려움을 겪고 있다. 그래서 일본 요양업계는 베트남, 필리핀, 인도네시아 등 동남아 국가에서 일할 사람을 수입해다 쓰고 있다. 요즘 극심한 취업난 속에서도 3D업종에선 사람을 구하지 못해 어려움을 겪는 것을 보면, 앞으로 국내 요양산업도 그렇게 될 가능성이 높아 보인다.

하늘에서 뚝 떨어지는 실버시장은 없다

실버시장은 하늘에서 뚝 떨어지는 시장이 아니다. 현재 생산활동을 하는 기업들이 시장에서 고령 소비자들의 니즈needs를 파악해, 새로운 고령자용 상품을 만드는 것이 실버시장이다. 이런 점에서 보면, 실버시장은 기존 시장의 확대라고 할 수 있다. 노인을 위한 휠체어, 노인을 위한 침대, 노인을 위한 기저귀를 만드는 것이 바로 실버산업이다.

일본에서는 2009년 성인용 기저귀 시장이 유아용 시장을 따라잡았다고 해서 큰 화제를 모았다. 저출산 현상으로 어린아이는 계속 줄어들고, 노인 숫자는 계속 늘어난 결과, 노인들이 사용하는 성인용 기저귀가 더 많이 팔려나간 것이다. 매출 규모가 아직 크지는 않지만, 일본 여행업계와 건강관리업계(헬스클럽)에서도 60대 이상의 고객이 점차 늘어나는 추세라고 한다.

실버시장이 성장하려면 이처럼 노인 소비자들이 탄탄히 받쳐줘야 한다. 20, 30대의 젊은이가 취직을 한 다음, 노후를 대비해 연금 상품에 가입하고, 소득이 높은 50대 소비자가 30인치 컬러 텔레비전을 버리고 40인치 컬러 텔레비전을 산 것까지 실버산업 매출로 잡으면, 시장 규모가 실제 이상으로 부풀려지게 진다. 새로운 실버시장의 창출이 매우 어려운 것은 바로 이런 배경 때문이다.

물론 하늘에서 뚝 떨어지는 실버시장도 있다. 미국 화이자 제약회사가 만든 발기부전 치료제 '비아그라'가 그런 예에 속한다. 비아그라는 젊은 사람들이 먹기도 하지만, 성적 능력이 떨어지는 고령자들이 많이 먹는 약이라는 점에서 새로운 실버시장을 창출한 상품이라 할 수 있다.

노인 소비자가 아직 500만 명에 그치고 있는 우리나라는 실버산업 초기 단계에 있다고 할 수 있다. 그래서 판매하는 상품의 종류도 제한적이고, 산업현장의 분위기도 썰렁한 편이다. 매년 전국에서 10여 차례 열리는 '실버 박람회'에 가보면 침대, 휠체어, 지팡이, 목욕용품 등이 전시 매장의 대부분을 차지하고 있는 것을 볼 수 있다.

그 한편에서 영세 제약회사들이 쑥뜸을 팔고, 장묘업체들이 납골당 분양 홍보를 하고, 식품업체들이 건강 드링크를 팔고 있다. 실버로봇, 고령자용 자동차 등 고가의 첨단제품이 번쩍이는 미국과 일본의 실버 박람회와는 딴판이다. 여기에는 그럴 만한 이유가 있다.

우리나라 실버시장이 작다 보니, 대기업들이 뛰어들지 않고, 자본금 10억 원 미만의 영세 중소기업들만 즐비하기 때문이다. 중소기업들은 연구 투자비를 넉넉하게 쓸 수 없고, 그래서 제품의 질도 고만고만하다. 국내 실버시장이 이처럼 열악하다 보니, 질 좋은 고가품 시장은 일본 업체들이 점령하고, 질 나쁜 저가품 시장은 중국 업체가 시장을 휩쓰는 현상이 나타나고 있다.

실버타운과 시니어타운, 노인요양산업

"한국이 고령화 사회에 진입하면 실버산업이 꽃을 피운다."

사회복지학을 연구하는 학자들이 자주 하는 말이다. 실제로 요즘 신문을 보면 고령자용 쇼핑몰, 실버보험, 실버타운 판매광고가 눈에 띄게 늘어나고 있다. 이 때문인지 많은 지방자치단체들이 실버산업을 지방특성화 산업으로 선정, 매년 수백억 원의 예산을 지원하며 실버산업에 뛰어들고 있다.

그러나 눈에 띄는 성과를 내놓은 곳은 다섯 손가락에 꼽을 정도로 아주 소수이고, 대부분의 지원금이 공중으로 날아간 것으로 알고 있다. 돈만 뿌리면 실버산업이 저절로 생기는 것으로 생각하는 공무원들의 전형적인 전시행정 때문이다. 국내에서 이뤄지는 실버 비즈니스 대부분이 뜬구름 잡는 이야기에 그치고 있는 데 비해, 현재 비교적 시장이 살아 움직이고 있는 분야가 '실버타운'과 '노인요양산업'이다.

실버타운은 고령자들을 위해 개발한 집단주거지로 서울과 수도권 인근에 약 50여 개가 만들어져 있다. 최근엔 지방자치단체들이 농촌에 은퇴인구를 끌어들이기 위한 방법으로 대규모 노인주택 조성사업을 펼치고 있다. 예를 들어 전라남도는 수백억 원의 예산을 투입하여, 해남과 보성 등 남해안 지역에 대규모 '시니어타운'을 건설하는 프로젝트를 추진하고 있다.

대부분 분양 형태를 띠는 실버타운 건설은 주택 한 채당 2억~6억 원의 목돈을 받을 수 있기 때문에 건설회사들이 큰 관심을 가지고 있는 사업이다. 그러나 아직 시장이 크지 못해, 실버타운을 운영하는 사업자들은 전반적으로 고전하고 있다. 1990년대 말 이후 새로 생긴 30여 개의 실버타운 대부분이 망한 것이 그러한 예이다.

수억 원에 달하는 입주금도 큰 부담이지만, 정든 집을 떠나 도시 변두리에 있는 실버타운에서 살려는 60대 이상 노인들이 별로 없기 때문이다.

그래서 그 대안으로 나온 것이 소비자 타깃을 고령층에서 중년층으로 바꾼 '시니어타운'이다. 실버silver가 조용하게 사는 고령의 60~70대를 의미한다면, 시니어senior는 활동력이 아직 살아 있는 40~50대를 의미한다. 전라남도가 조성 중인 해남 시니어타운에는 콘도형 주택과 함께 헬스클럽, 골프장, 요트장, 승마장 등 고급 레크리에이션 시설이 들어설 예정이다.

쉽게 말해, 시니어타운은 건강하게 늙고 싶어 하는 40~50대 시니어 소비자들의 욕구를 반영한 집단주거지인 셈이다. 시니어타운은 활동적인 중년층을 겨냥한 새로운 개념의 주택상품이기는 하나, 분양가격이 실버타운처럼 2억~3억 원대 이상으로 올라간다면 입주자 유치가 쉽지 않을 것으로 보인다.

요양산업은 몸이 불편한 고령자들을 보살피고, 휠체어와 특수침대 같은 고령자용 복지용구를 빌려주는 비즈니스다. 도시 대로변에 '노인요양원' '복지용구 대여점'이라는 간판을 달고 영업을 하는 곳들이 여기에 해당한다. 노인이 2,900만 명을 넘어선 일본에선, 요양산업이 폭발적으로 성장하고 있다.

우리나라도 2008년 7월부터 도입된 '노인장기요양보험'에 힘입어 노인요양 시장이 비교적 빠르게 성장하고 있다. 요양산업은 정부가 대금 지급을 보장하는 '확실한' 실버시장이라는 것이 강점이다. 아픈 노인들에게 장기요양 서비스를 제공한 다음, 건강보험공단에 대금을 청구하면 자동적으로 돈이 서비스업체의 통장으로 들어가는 것이다.

노인장기요양보험

치매, 중풍 같은 노인성 질병을 앓는 노인이 있는 가정은 환자 본인뿐 아니라 온 가족이 큰 고통을 겪는다. 환자를 요양병원에 모시려면 큰돈이 들어가고, 집에서 모실 경우 가족들이 하루 종일 환자 옆에 지켜 서서 수발을 들어야 하기 때문이다. 특히 치매, 중풍 환자의 수발은 여자들의 몫으로 치부되기 일쑤여서 가정주부들이 겪는 고통은 이루 말로 다 표현하기 힘들 정도다. 이러한 문제를 해결하기 위해 만들어진 제도가 '노인장기요양보험' 제도이다. 나이 많은 노인이 고령으로 움직이기 힘들어지고, 병 수발을 들어줄 간병인이 필요할 때 비용의 20%만 내면 신체활동 또는 가사 지원 서비스를 받을 수 있다. 2010년 현재 65세 이상 노인 500만 명 가운데 중증 치매와 뇌졸중을 앓고 있는 26만 명이 이 제도의 혜택을 보고 있다.

독일, 일본, 영국, 스웨덴 등 선진국들은 오래전부터 이 제도를 시행해왔으나, 우리나라는 비용 문제 때문에 2007년 7월부터 시행에 들어갔다. 서비스는 크게 두 가지 종류로 나뉜다. 요양시설에 들어갈 수 있는 '시설 급여', 가정에서 식사·취사·조리·청소·간호 등의 여러 가지 서비스를 받을 수 있는 '재가 서비스'가 그것이다.

요양보험 가입자가 전체 비용의 20%만 내면, 나머지 60%는 보험료를 걷는 건강보험공단이, 20%는 정부가 각각 부담한다. 노인장기요양보험 보험료는 시행 초기엔 건강보험료의 4.7%로 정하되, 2010년부터 연차적으로 올려 오는 2030년 8% 선까지 인상한다는 게 보건복지부의 구상이다.

관심사는 장기요양보험 시장이 앞으로 얼마나 커질 것인가이다. 요양업계 종사자들은 노인인구 증가에 따라 큰돈을 벌 수 있을 것으로 기대하나, 전문가들은 이런 전망에 부정적이다. 우리나라 국고國庫가 넉넉하지 못해 장기요양보험에 지출하는 예산을 매년 엄격하게 관리해나갈 것이기 때문이다. 우리나라보다 8년 먼저 장기요양보험 제도를 도입한 일본이 이미 그런 방향으로 나아가고 있다.

시장 창출을 결정하는 고령자 소득 규모

실버산업이 꽃을 피우려면, 생활 여유가 있는 고령자들이 많아야 한다. 중요한 것은 '고령자의 수'가 아니라 '고령자 소득'이라는 뜻이다. 선진국에서 실버산업이 번창하는 것도, 지갑이 두둑한 고령자들이 많기 때문이다.

실버산업이 세계에서 가장 발달한 일본의 경우, 60세 이상 노인이 전체 개인금융자산의 75%를 보유하고 있다. 미국의 경우는 50세 이상이 전체 금융자산의 77%가량을 보유하고 있는 것으로 나타나고 있다. 고령자들이 이처럼 넉넉한 재산을 가지고 소비를 하기 때문에 실버시장이 상당한 규모로 커지고 있는 것이다.

이에 비해 우리나라 고령자들은 생활수준이 그렇게 넉넉하지 못하다. 통계청 조사에 따르면, 60세 이상 고령자가 가지고 있는 금융자산은 우리나라 전체 개인금융자산의 20%(2006년 조사)에 그치고 있다. 미국이나 일본 고령자의 3분의 1 수준에 불과하다는 얘기다. 우리나라 실버산업의 전망을 상당 기간 불투명하게 보는 근거가 여기에 있다.

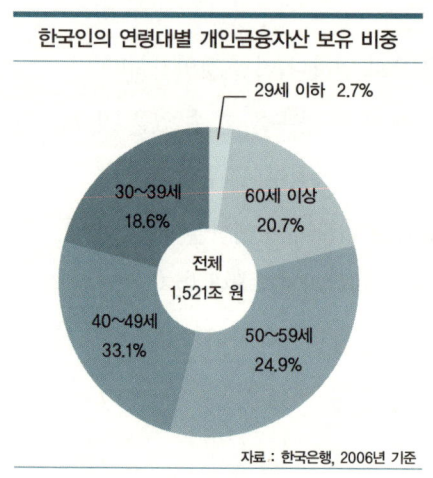

한국인의 연령대별 개인금융자산 보유 비중

- 29세 이하 2.7%
- 30~39세 18.6%
- 60세 이상 20.7%
- 전체 1,521조 원
- 40~49세 33.1%
- 50~59세 24.9%

자료 : 한국은행, 2006년 기준

국세청의 조사 결과는 더욱 나쁘다. 국세청의 2006년 소득조사에 따르면, 우리나라 노인의 32%는 금융자산은 물론이고 소득도 한 푼 없는 것으로 나타났다. 이처럼 돈이 없으니 아파도 병원에 제대로 못 가고, 근근이 먹고사는 것에 그치는 빈곤에 허덕이는 것이다.

그러면 베이비부머의 은퇴는 실버시장에 어떤 효과를 미칠까? 올해부터 9년간에 걸쳐 연차적으로 은퇴하는 우리나라 베이비부머는 712만 명에 달한다. 베이비부머들은 대부분 고졸 이상의 교육을 받았고, 소비 수준도 부모 세대에 비해 높다는 점이 플러스 요인으로 꼽히고 있다.

우리나라 중년층·고령층의 연간 소득 규모

45~49세	1,578만 원
50~54세	1,460만 원
55~59세	1,139만 원
60~64세	966만 원
65~69세	783만 원
70~74세	510만 원
75세 이상	452만 원

자료 : 고령화 연구패널 2006년 조사

그래서 베이비부머의 은퇴가 실버산업을 부흥시킬 것이라는 기대감이 높아지고 있다.

그러나 베이비붐 세대의 재산 구조를 보면, 이런 기대는 크게 하지 않는 게 좋을 듯싶다. 우리나라 베이비붐 세대가 해방둥이 세대, 경제개발 세대 등 선배 세대들보다 경제적으로 부유한 것은 사실이다. 문제는 재산의 대부분을 현금이 아니라 부동산으로 가지고 있다는 것이다.

통계청 조사에 따르면, 우리나라 베이비부머들은 전체 자산의 70% 가까이를 부동산으로 보유하고 있다. 집을 팔지 않으면 여유 자금을 만들기 힘들다는 뜻이다. 이런 점에서 베이비부머들은 선배 세대들보다 사정이 다소 낫다고 할 뿐이지 경제력이 취약하기는 매한가지다. 이 때문에 베이비붐 세대가 한꺼번에 은퇴를 하면, 오히려 나라 전체가 소비감소로 어려움에 직면할 수 있다는 분석도 나오고 있다.

실버산업이 일본에서 꽃핀 이유

일본은 문자 그대로 '노인 천국'이다. 65세 이상 노인 수가 2010
년 현재 2,900만 명으로, 일본 전체 인구의 20%에 달한다. 노인이
많다 보니 전국 곳곳에 노인 쇼핑센터와 노인 거리가 있고, 기발한
아이디어를 적용한 노인용품이 숱하게 쏟아져 나온다. 음악회를
가면, 관객의 절반가량이 노인들이고, 영화관과 도서관에 가도 수
많은 노인들을 만날 수 있다.

부러운 것은 일본 노인들이 돈도 많다는 것이다. 앞에서도 말했
듯이, 일본에선 전체 개인금융자산(1,700조 엔)의 75%를 60세 이상
고령자들이 보유할 정도로, 가지고 있는 재산 자체가 많다. 여기에
재산을 자녀에게 물려주는 상속 문화도 우리나라보다 약하다. 일
본 노인들이 수천만 원을 호가
하는 외제 자동차를 구입하고,
해외여행을 자주 즐기는 데는
이런 배경이 있다.

안정된 연금제도는 일본 은퇴
자들의 생활수준을 떠받치는 튼
튼한 사회보장 장치이다.
30~40년가량 직장생활을 한
다음 퇴직을 할 경우, 매월 20만
~35만 엔 정도의 연금을 받는
다. 일본에선 이 정도의 연금을
받는 노인이 전체 노인의 50%
에 달한다. 연금이 충실한데다,
보유 재산까지 많다 보니 노인

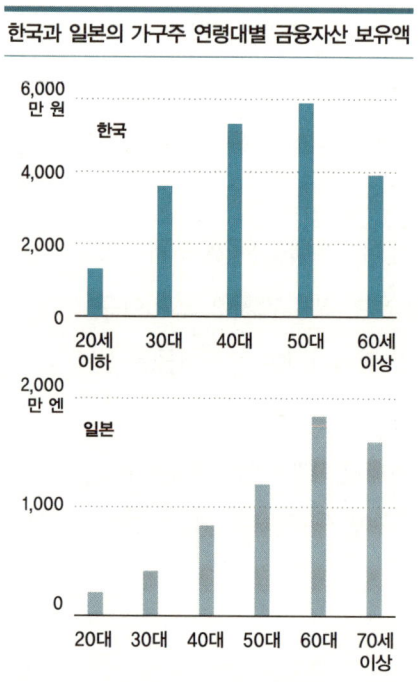

한국과 일본의 가구주 연령대별 금융자산 보유액

자료 : 통계청, 일본 금융홍보중앙위원회, 2006년 기준

들의 호주머니를 겨냥한 실버산업이 번성하는 것이다.

이에 비해 우리나라 고령자들은 재산도 많지 않을 뿐더러 자신의 노후를 위해서는 돈을 거의 쓰지 않는 성향을 보인다. 대표적인 사례가 주택연금의 판매 부진이다. 집을 담보로 잡히고 생활비를 받아 쓰는 주택연금은 시행한 지 2년 이상 지났음에도 이용자가 3,000명 수준에 불과하다. 자녀들에게 집을 물려주려는 고령자들이 많은 결과, 주택연금이 잘 팔리지 않고 있는 것이다.

실버산업이 발전하려면 일본처럼 월 200만 원 이상의 연금을 받는 고령층이 많아야 한다는 게 전문가들의 진단이다. 연금제도를 이제 막 도입한 우리나라는 현재 연금을 이 정도 받는 사람들의 비율은 3.3%에 불과하다. 국민연금공단에 따르면, 우리나라 국민연금 수령자들은 현재 월 30만~40만 원 수준의 연금을 받는 데 그치고 있다.

앤티 에이징 시장의 밝은 미래

인간은 얼마나 오래 살 수 있을까? 인구통계를 보면 인간의 평균 수명은 현재 1년에 3~4개월씩 늘어나고 있다. 이런 추세라면 2050년쯤엔 평균수명이 90세, 2090년쯤엔 100세로 늘어날 가능성이 높다.

미래학자들은 2025년부터 인간수명이 1년에 1살씩 늘어나 2050년엔 100세를 넘어설 것이라 주장한다. 그러나 이들의 주장에는 과장된 것이 많아 액면 그대로 믿기는 어렵다. 의학자들의 연구에 따르면, 인간의 수명은 최대 120세까지 늘어날 수 있을 것이라 한다. 실제로 지난 1997년 사망한 프랑스의 잔 칼망 할머니는

122년 5개월을 살았다. 지금까지 확인된 최고령 사망 기록이다.

인간의 수명이 빠르게 늘어나면서 사람들의 최대 관심사로 등장한 것이 바로 '앤티 에이징(anti-aging, 노화 방지)'이다. 앤티 에이징은 쉽게 말해 건강을 증진시켜 평균수명을 늘리거나, 노화aging 속도를 지연시켜 사람들이 활기찬 몸과 마음을 유지할 수 있도록 도와주는 것을 말한다. 바로 건강산업이 대표적인 앤티 에이징 산업이라 하겠다.

사실 병에 걸리지 않고 건강하게 늙고 싶은 것은 젊은이들뿐만 아니라 모든 고령자들의 꿈이기도 하다. 여러 실버산업 가운데 '앤티 에이징' 산업이 앞으로 고령사회의 총아寵兒가 될 것으로 전망되는 이유가 여기에 있다. 피부에 생기는 검버섯과 주름을 없애주는 피부과 병원, 건강상태를 체크해주는 건강검진 센터, 24시간 운동을 즐길 수 있는 헬스클럽 등이 요즘 활황을 누리는 대표적인 앤티 에이징 비즈니스이다.

이뿐만이 아니다. 요즘 의료박람회를 가보면 전시품의 절반 이상이 앤티 에이징에 관한 것임을 발견할 수 있다. 성형수술을 하는 첨단 의료기계에서부터 항노화抗老化 의약품, 줄기세포 치료제, 호르몬 주사제, 기능성 건강식품에 이르기까지 제품의 종류는 매우 다양하다. 우리 국민들의 소득수준이 높아지면 앞으로 이 같은 앤티 에이징 제품에 대한 소비가 크게 늘어날 것으로 보인다.

우리보다 잘사는 선진국들을 보면 이런 추세가 확연함을 읽을 수 있다. 예를 들어 노화를 지연시켜주는 앤티 에이징 클리닉이 번창하고, 비아그라와 씨알리스 등 노인 의약품 개발이 활기를 띠고 있는 것이 그렇다. 비아그라 같은 블록버스터 의약품은 전 세계적으로 한 해 판매액이 10조 원을 넘어설 정도다.

주름을 펴주고 노화를 지연시키는 기능성 화장품의 판매도 급신장하고 있다. 효과가 얼마나 있는지는 미지수이지만, 젊게 보이고 싶은 고령 소비자들의 증가에 힘입어 시장 규모가 하루가 다르게 늘어나고 있다. 이처럼 앤티 에이징 시장은 실버 소비자들의 구매 욕구가 확실하다는 점에서 앞으로 가장 빠른 성장세가 예상되는 실버산업 분야라고 하겠다.

CHAPTER 12

검증 3
주식 · 부동산시장이
폭락한다?

No! 가격조정은 있어도 폭락은 없다

인구 구조의 변화가 노동시장 등 국가경제 전반에 큰 영향을 미친 다는 사실은 앞에서 살펴보았다. 또 하나 큰 변화가 예상되는 분야 가 바로 자산시장資産市場, asset market이다. 자산시장은 주식과 채 권 등 유가증권이 매매되고, 아파트와 상가 등 부동산 가격이 형성 되는 곳이다.

자산시장이 요동치면 가계와 기업, 정부가 가지고 있는 재산가 격이 급격히 변하게 된다. 하루아침에 큰 부자가 되기도 하고, 반 대로 빈털터리가 되기도 한다. 따라서 인구 구조의 변화가 주식시 장과 부동산시장에 어떤 영향을 미칠지를 따져보는 것은 매우 중 요하다.

4~5년 전부터 서점가에는 베이비부머의 은퇴가 본격화되면, 자 산가격이 급락할 것이라고 주장하는 예언자들의 책들이 봇물처럼 쏟아져 나오고 있다. 이런 책들의 줄거리는 대략 이렇다.

'앞으로 부동산과 주식을 팔려는 고령자들이 늘어날 것이다. 그러나 저출산 때문에 매물을 사줘야 하는 젊은이들은 계속 줄어든다. 그 결과 자산시장에서는 심각한 수급 불균형 현상이 나타난다. 앞으로 주식시장과 부동산시장은 폭락할 것이다.'

논리적으로 명쾌한 주장이다. 주택이든, 땅이든, 주식이든, 채권이든 살 사람이 줄어들면 가격은 떨어질 수밖에 없다. 그러나 인구구조만 가지고 자산시장의 흐름을 모두 설명할 수 있다면 경제학과 금융학·부동산학이라는 학문이 필요 없고, 금융 컨설턴트와 파이낸셜 플래너(FP) 같은 직종도 머지않아 사라지게 될 것이다.

사실 자산시장에 영향을 주는 요인은 너무나 많다. 정부정책과 시중자금 사정, 사람들의 기호 변화에 따라 춤을 추는 게 자산시장이다. 부동산시장의 경우만 하더라도 지역과 상품에 따라 가격이 천차만별로 움직인다. 주식시장도 경기 순환循環과 시중자금의 흐름에 따라 엎치락뒤치락한다.

예를 하나 들어보자. 2008년 가을 '리먼 브러더스'가 도산한 후 글로벌 금융위기가 찾아왔을 때, 예언자들은 부동산 대폭락, 주가 대폭락의 시기가 왔다고 주장했다. 그러나 예상과 달리, 전 세계 주식시장은 6개월 만에 상승세로 돌아섰고, 부동산시장도 하락세가 멈추었다. 중국 부동산시장은 오히려 더 큰 폭으로 상승해 미국과 유럽 시장과는 또 다른 움직임을 보였다. 변화무쌍한 자산시장의 흐름을 '이렇다' '저렇다' 하고 단언하는 것은 위험하다는 뜻이다.

자산가격의 대폭락을 예언하는 책들은 원래 우리나라보다 일본에서 먼저 유행했다. 1991년부터 경제 버블이 꺼지면서 일본의 땅값이 전국적으로 60~80%가량 폭락하자, 그 원인을 설명하는 이론으로써 인구 구조의 변화가 논의되기 시작했다. 문제는 인구집단을 어떻게 가르느냐에 따라 자산시장에 영향을 미치는 인구집단의 설명력이 달라진다는 것이다.

예를 들어 인구집단을 30~50세, 35~50세, 30~55세, 35~55세, 35~60세로 나눠 부동산 가격 추이와 비교해보면 어떤 것은 잘 들어맞고, 어떤 것은 들어맞지 않는 현상이 발생한다. 인구 이론을 주장하는 사람들은 이 가운데 가장 잘 들어맞는 것을 선택해, 부동산시장과 연결시켜 앞으로 부동산 가격이 폭락할 것이라 주장한다. 이 이론이 정확한 것이라면, 시장의 예언자들은 예측모형에 근거하여 큰돈을 벌었을 것이다. 그러나 필자가 알기에 '부동산 대폭락'이나 '주식 대폭락' 같은 책을 쓴 사람들은 실전에서 별로 좋은 성적을 내지 못한 사람들이다.

투자를 할 때는 균형된 사고방식을 갖는 게 무엇보다 중요하다. 처음부터 '주식이나 부동산은 앞으로 이렇게 움직일 것'이라는 확고한 예단을 가지고 매매를 하면, 시장의 다른 변수들을 놓칠 가능성이 커진다. 시장 예언자들의 경고를 경청하는 것은 좋으나 이를 금과옥조金科玉條로 삼아 투자행동을 하는 것은 위험하다는 뜻이다.

인구 구조는 장기 변화요인이다

불확실성으로 가득한 이 세상에서 미래를 예측하는 것은 매우 힘들다. 다만 예외적인 게 하나 있으니 바로 인구 변수다. 출산율과 사망률을 기초로 하여 만들어지는 인구 구조는, 다른 경제변수와 달리 50년 후의 인구 추이까지 예측이 가능하다. 인구 구조는 이런 점에서 자산시장의 미래 흐름을 들여다볼 수 있는 '좋은 거울'이라고 하겠다.

부동산시장을 예로 들어보
자. 일반적으로 주택수요가 가
장 많은 연령대는 30~50대 그
룹이다. 30대는 결혼을 하여 첫
아이를 낳을 때쯤 주택을 처음
구입한다. 이때는 가족 수가 많
지 않기 때문에, 소형 주택이 주

연령구간별 인구 정점 시기와 비율		
연령구간	총인구 대비 비중	정점시기
35~54세	33.4%	2010년
40~59세	32.5%	2015년
15~64세	73.2%	2016년
25~49세	42.5%	2004년
		자료 : 통계청

류를 이룬다. 그러나 아이가 중·고등학교에 진학하는 40, 50대 중
년이 되면 소형 주택을 팔고 중대형 주택으로 이사를 가는 트렌드
를 보인다.

그래서 30~50대 인구 그룹이 늘어나면 주택가격이 상승세를 타
고, 30~50대 인구 그룹이 줄어들면 주택가격이 하락세를 탈 가능
성이 높아진다. 실제로 일본과 미국 시장을 보면, 35~54세 인구집
단의 추이와 부동산시장이 비슷한 움직임을 보이고 있음을 알 수
있다(다음 페이지 그래픽 참조).

일본의 경우 35~54세 연령층이 가장 많았던 1990년에, 주택가
격이 천장을 친 후 하락세로 돌아섰다. 마침 일본 경제의 버블이
함께 꺼지면서, 일본 부동산시장은 이후 20년 동안 긴 동면冬眠에
빠져든 상태다. 미국의 경우, 35~54세 인구가 가장 많았던 2007
년에 주택가격이 정점頂點에 도달한 이후 하락세가 완연한 분위기
이다. 가격 하락을 촉발한 직접적 요인은 '서브프라임(subprime, 비
우량 주택담보대출)' 사태였지만, 그 근저에는 인구요인이 잠재되어
있다는 설명이다.

우리나라 자산시장도 인구 구조의 변화에 큰 영향을 받고 있음
은 물론이다. 노무현 대통령 집권기간 동안, 강력한 부동산 억제대

책에도 불구하고 서울을 비롯한 수도권에서 아파트 가격이 큰 폭으로 올랐다. 이런 현상에 대해 부동산 전문가들은 이 시기에 크게 늘어난 30~50대 인구 그룹의 역할을 그 원인으로 설명하고 있다.

앞에서도 지적했듯이, 사람들은 가족 수가 많지 않은 30대엔 소형 아파트에 거주한다, 아이가 성인으로 자라는 40, 50대가 되면 소형 아파트에서 중대형 아파트로 이사를 가려는 욕구를 보인다.

미국과 일본 부동산시장 흐름

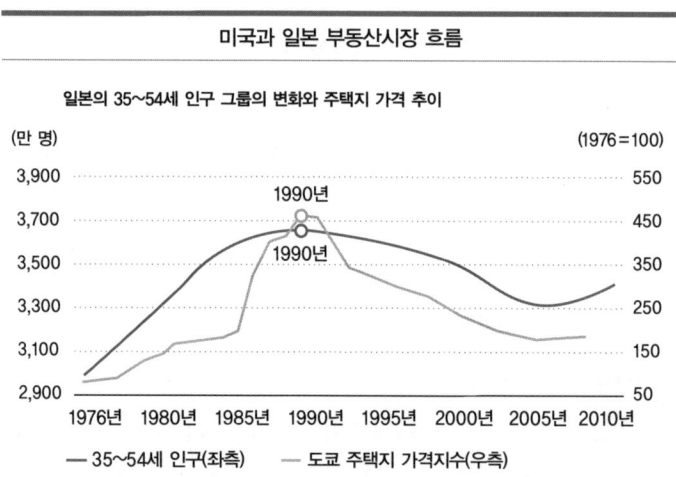

일본의 35~54세 인구 그룹의 변화와 주택지 가격 추이

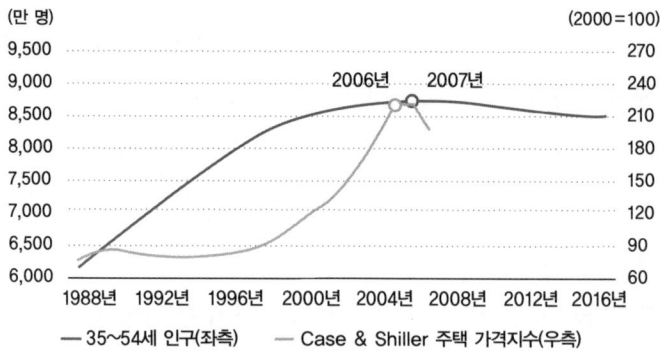

미국의 35~54세 인구 그룹의 변화와 주택 가격 추이

자료 : 통계청

이러한 자연스런 수요증가는 정부가 아무리 부동산 보유세保有稅를 올려 막으려 해도 막기 힘들다는 게 전문가들의 지적이다.

우리나라 전체 인구에서 35~54세 인구 그룹이 차지하는 비중은 2011년에 최고치를 기록한 다음, 2012년부터 완만한 하락세로 돌아설 전망이다. 이런 점에서 국내 부동산시장은 앞으로 오를 가능성보다 하향 안정세를 보일 가능성이 더 커 보인다는 게 부동산 전문가들의 지적이다.

그러나 이는 장기적인 추세가 그렇다는 얘기이며, 실제 시장은 상품과 지역에 따라 다양한 움직임을 보일 것이다. 예를 들어 인구가 계속 몰리는 수도권과, 인구가 줄어드는 지방 도시 간의 움직임은 차이를 보일 수밖에 없다. 아래 그래픽에서 볼 수 있듯이, 지방은 2009년부터 35~54세 인구가 감소세로 접어든 데 비해, 수도권은 2018년부터 감소세로 돌아설 것으로 전망되고 있다. 부동산 가격이 하락할 경우, 지방 주택이 훨씬 큰 타격을 받을 것이

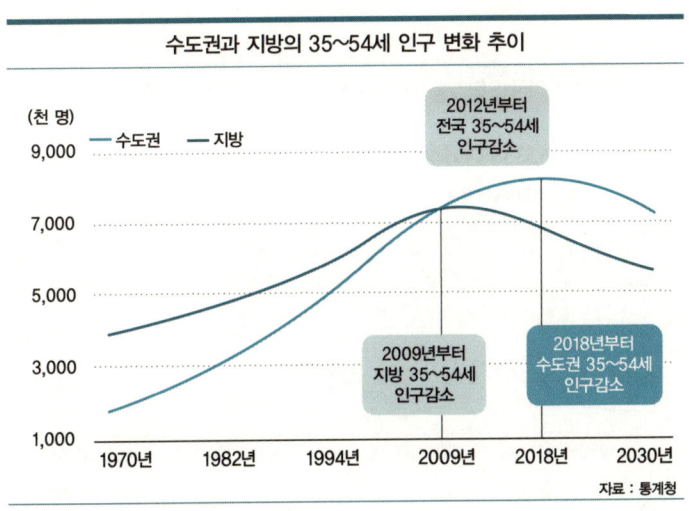

수도권과 지방의 35~54세 인구 변화 추이

라는 의미다.

　인구감소에 관계없이 가격이 오르는 부동산 상품도 적지 않을 듯하다. 예를 들어 1인 가구와, 2인 가구의 폭발적인 증가 현상에 따라 소형 주택과 주거용 오피스텔은 앞으로 수요가 계속 늘어날 것이라는 지적이 많다. 또 도심재개발 사업이 대대적으로 추진되고 있는 서울 용산과 강남 지역도 가격이 상대적으로 강세를 유지할 가능성이 크다는 전망이다.

　주식시장의 경우에는 35~54세 인구집단보다는 40~59세 인구집단의 설명력이 높다. 중년층과 장년층에 각각 해당하는 40대와 50대는 자산시장에서 가장 힘이 센 인구 그룹이다. 중장년층은 다른 연령층에 비해 재산을 불리고 싶은 욕구가 매우 강한데다, 오랜 직장생활을 통해 모아놓은 금융자산도 꽤 많다는 특징을 가지고 있다.

　아래 그래픽은 미국 S&P 주가지수와 40, 50대 인구 비중의 추이를 함께 비교한 것이다. 1950년 이후 미국 주식시장의 움직임을

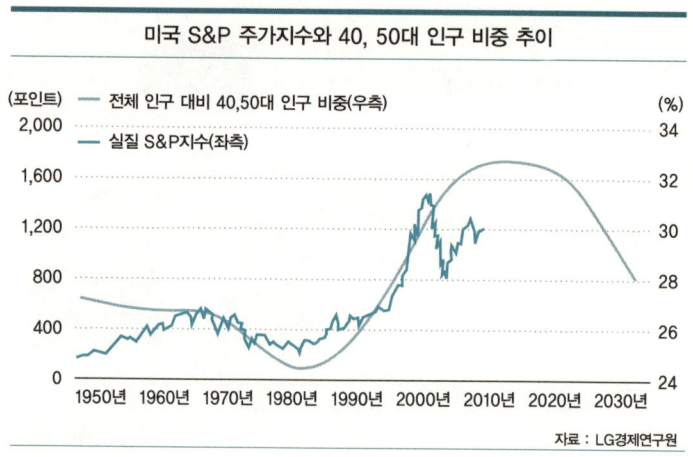

미국 S&P 주가지수와 40, 50대 인구 비중 추이

자료 : LG경제연구원

보면, 주가와 40, 50대 인구 비중이 비슷하게 움직인 것을 발견할 수 있다. 이때 부동산시장처럼 35~54세 인구집단을 가지고 비교하지 않는 이유는, 그렇게 하면 설명이 딱 맞아 떨어지지 않기 때문이다. 인구와 자산시장 간의 상관관계는 이처럼 애매한 부분이 많기 때문에 자료를 읽을 때는 항상 주의를 할 필요가 있다.

참고로 덧붙이자면, 우리나라 인구에서 40, 50대가 차지하는 비중은 현재 약 28%이다. 이 수치는 앞으로 계속 증가해 2015년에 32.5%로 최고치를 기록한 다음, 이후 완만하게 하락세를 보일 전망이다. 한국 증시가 일시적으로 하락하더라도 앞으로 상당 기간 강세가 이어질 것으로 전문가들이 전망하는 이유는 이것 때문이다.

주시해야 할 돈의 흐름과 사회 트렌드

우리나라 부동산시장과 주식시장은 최근 10년 동안 유례없는 활황세를 보였다. 정부가 IMF 경제 위기 해소와 경기부양을 위해 오랫동안 저금리 정책을 펴온데다, 신도시 개발과 기업도시·혁신도시·행정도시 건설을 추진하면서 200조 원대의 토지매입자금을 시중에 풀어놓은 때문이다.

이렇게 흘러나온 자금들이 주식시장과 부동산시장으로 흘러들어 자산가격을 계속 끌어올린 것이다. 예를 들어 최근 5년 동안 주식형 펀드에 몰린 돈만 무려 100조 원에 달한다. 인구 구조가 자산시장에 큰 영향을 주기는 하지만, 어디까지나 장기적인 요인이며 단기적으로는 돈의 흐름이 더 중요하다는 얘기다.

시중에 돈이 많아지면 나타나는 현상이 바로 금리 하락이다. IMF 경제 위기 이전만 해도 우리나라 은행 예금금리는 연 10~15%에 달했다. 그러나 경제불황을 극복하기 위해 정부가 돈의 공급을 계속 늘리면서, 은행 예금금리는 최근 3~4% 선까지 급락하고 있다. 이 때문에 은행에서 돈이 빠져나와 실물시장으로 이동하는 현상이 계속 일어나고 있다.

저금리 현상은 우리나라에만 벌어지고 있는 게 아니라, 현재 전세계적으로 일어나는 현상이다. 2008년 가을 글로벌 금융위기로 세계경제가 불황으로 치닫자, 각국 정부는 돈을 무한대로 찍어 경기부양에 나섰다. 바로 이 돈이 세계 자산시장의 흐름을 하락세에서 상승세로 돌려놓는 기폭제가 되었다. 시장에 풀린 돈의 양이 엄청나게 늘어남에 따라 국제금리도 요즘 사상 최저 수준으로 떨어져 있다.

그러나 돈이 너무 풀리면 부작용이 생긴다. 바로 물가가 들먹거리는 것이다. 언젠가는 정부가 인플레이션을 잡기 위해 금리를 올리거나 시중에 공급하는 돈의 양을 줄일 수밖에 없다. 만약 정부가 시중에서 돈을 빨아들이면, 부동산시장과 주식시장에서 움직이는 돈도 줄어들게 될 것이다. 그럴 경우 자산시장은 하락세로 돌아설 가능성이 커진다. 자산투자를 하는 사람들이, 정부의 금융정책과 부동산정책에 늘 주의를 기울여야 하는 이유가 여기에 있다.

또 자산투자를 할 때 꼭 유념해야 할 것이 사회 트렌드의 변화다. 한때 컴퓨터와 이동통신 등 IT기술이 발전하면 사람들이 도시를 떠나, 자연환경이 좋은 교외 지역이나 지방 도시로 이동하게 될 것이라는 예측이 있었다. 도심 사무실에 앉아 있지 않아도, IT기기를 이용해 교외에 있는 집이나 지방에서 얼마든지 사무를 볼 수 있다는 이유였다. 이른바 '도시 쇠퇴론'이다.

1990년대 후반부터 인터넷 혁명이 세상을 뒤덮으면서 이런 주장은 매우 설득력 있게 받아들여졌다. 실제로 1990년대 초반부터 2000년대 초반까지 서울에 살던 사람들이 수도권 위성도시에 전원주택을 지어 이사하는 붐이 대대적으로 일었다. 일부 IT기업들도 본사를 지방으로 이전하여, 도시 쇠퇴론에 힘을 보탰다.

그러나 이런 트렌드는 4~5년 전부터 시들해지고 있다. 도시는 중요성이 떨어지기는커녕 날로 그 인기가 높아지고 있다. 지방에는 미분양 아파트가 계속 쌓여도, 서울과 부산·인천 등 대도시에선 아파트 분양이 호조를 이루고 있는 것이 그런 사례다. 도시는 문화시설과 편의시설이 풍부하고 젊은이들이 좋아할 만한 이벤트가 많이 개최된다. 이런 점들이 사람들을 도시로 끌어모으는 매력 포인트다.

도시의 기능이 이처럼 생산에서 소비로 바뀌는 현상을, 경제학자들은 '소비도시consumer city'라 부르고 있다. 이 이론을 주창한 미국 하버드대 에드워드 글래이서 교수는 "쾌적성이 뛰어난 도시의 인기는 앞으로 점점 더 높아질 것이며, 이는 선진국과 후진국을 가리지 않고 나타나는 세계적인 현상"이라고 말한다.

또 하나, 자산투자에서 눈여겨봐야 할 것이 중산층과 상류층의 기호변화다. 소득이 증가하면 사람들은 보다 고급스런 주택을 구입하려는 경향을 보인다. 최근 3~4년 사이에 수도권에서 고급 주상복합 아파트와 고급 빌라가 많이 건설된 데는 이런 배경이 깔려 있다. 이들 주택단지에는 골프 연습장과 수영장, 헬스클럽 등 커뮤니티 시설이 잘 갖추어져 중산층의 구매 욕구를 자극하고 있다.

특히 상류층은 상품만 좋으면 가격에 구애 받지 않고 주택을 사들이는 경향이 있다. 그 결과 나타난 것이 수십억대 초고가超高價 주택의 등장이다. 예를 들어 우리나라에서 가장 비싸다는 서울 강남 삼성동 아이파크의 경우, 한강이 내려다보이는 조망 좋은 펜트하우스는 평당 가격이 1억 원을 호가하고 있으나, 팔겠다는 사람보다 사겠다는 사람이 더 많은 상황이다.

미국의 경우는 우리나라보다 지역별 주택가격 격차가 훨씬 심하다. 예를 들어 부유층이 선호하는 뉴욕 맨해튼 '센트럴 파크' 주변이나 롱아일랜드 '사가포냇' 지역의 경우, 주택 평균가격이 약 50억 원으로 미국의 평균 주택가격보다 20~30배나 높다. 일본 도쿄 시내에 위치한 '롯본기 힐스', 홍콩의 고급 주택단지 '세번 8' 단지의 경우도 집값이 최고 300억 원대까지 호가한다.

결론적으로 말해, 인구 고령화와 베이비붐 세대의 은퇴를 계기로 부동산 가격이 폭락하리라고 일반화하는 것은 섣부른 판단이다. 총론은 맞을지 모르지만, 각론에 들어가면 다른 얘기가 된다.

특히 대도시와 지방 등 지역 간, 아파트와 상가 등 상품 간의 가격 차별화는 앞으로 더욱 커질 가능성이 높다. 우리가 돈의 흐름과 사람들의 심리 변화에 주목해야 하는 이유는 이 때문이다.

대도시 인기는 오랫동안 이어진다

우리나라는 2023년쯤부터 인구가 감소할 것으로 전망되고 있다. 인구가 감소하면 주택을 포함한 모든 부동산 가격이 하락 압력을 받게 될 것이다. 그러나 명심해야 할 것은 인구감소의 영향이 지역에 따라 다르게 나타날 것이라는 사실이다. 사람들이 계속 몰려드는 대도시는, 앞으로도 가격이 강세를 보일 가능성이 높다는 게 전문가들의 지적이다.

대도시의 위상이 튼튼할 것으로 보는 첫 번째 이유는, 일자리가 도시 지역에서 많이 창출되고 있다는 사실이다. 제조업이 번성했던 옛날에는 직장을 구하려면 공장이 많이 몰려 있는 지방 공업도시로 가야 했다. 그러나 산업의 판도가 20여 년 전부터 중후장대重厚長大 산업에서 경박단소輕薄短小 산업으로 바뀌면서, 지방 공업도시의 시대가 저물고, 대도시의 시대가 열리기 시작했다.

특히 서비스업의 급속한 성장은 대도시 인구집중 현상을 가속화시키고 있다. 금융, 의료, 법률, 관광, 식당, 숙박 등 서비스산업은 업종의 특성상 도시형일 수밖에 없다. IT, BT, NT 같은 첨단산업들도 도시에서 자리를 잡고, 사업을 전개하는 경우가 대부분이다.

일자리가 이처럼 대도시에서 많이 만들어지다 보니, 사람들이 도시로 계속 몰리는 것이다. 서울시가 국제상업지역으로 개발하고 있는 용산지구, IT업체들이 몰려 있는 강남 지역은 앞으로도 인구가 꾸준히 늘어날 가능성이 높은 지역으로 거론된다. 따라서 우리나라 인구가 2023년쯤부터 감소하기 시작한다 하더라도, 서울을 포함한 수도권 인구가 감소할 가능성은 그렇게 높지 않다고 생각한다.

또 하나 중요한 것은 대도시가 갖추고 있는 생활의 편의성이다. 대도시에는 학교, 백화점, 병원, 전시관, 영화관 등 공공시설과 편의시설이 많이 들어서 있다. 지하철과 시내버스 등 교통 시스템도 잘 만들어져 있다. 젊은이들은 당연히 이런 대도시에서 살려고 할 것이며, 오랫동안 이런 생활에 익숙해져 있는 고령층도 가급적 도시를 떠나지 않으려 할 것이다.

이런 점에서 볼 때, 우리나라 베이비붐 세대들도 은퇴를 한다 해도 시골로 가기보다는 편의시설이 잘 갖춰진 도시에서 계속 거주할 가능성이 높아 보인다. 미국과 유럽의 경우, 현역생활을 할 때 교외에 살던 사람들이 자녀를 결혼시키고 은퇴한 후엔 교외주택을 팔고, 좋은 주거환경에 편의시설을 잘 갖춘 도시로 다시 이주하는 경향을 보인다.

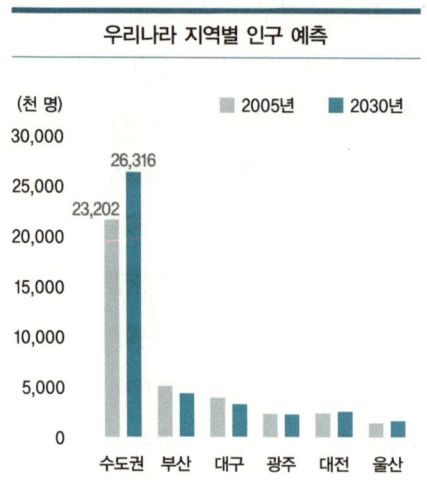

우리나라 지역별 인구 예측

(천 명) ■ 2005년 ■ 2030년

26,316
23,202

수도권 부산 대구 광주 대전 울산

자료 : 통계청

통계청의 인구전망 보고서에 따르면, 우리나라가 인구감소 시대에 들어서더라도 경기도와 인천, 대전, 울산 등 4개 시도는 2030년까지 인구가 계속 증가할 것으로 전망되고 있다. 특히 수도권 규제완화 조치의 혜택을 가장 많이 보고 있는 경기도 인구는 2005년 1,061만 명에서

2030년 1,404만 명까지 크게 늘어날 전망이다. 반면 부산과 대구·광주의 인구는 상당 폭 줄어들 것이라는 게 통계청의 예측이다.

한편 지방 도시들과 농촌 지역은 인구감소의 영향을 크게 받을 것으로 보인다. 20년 넘게 진행된 젊은이들의 이탈로, 우리나라 농촌 지역은 이미 노인들만 사는 '노인특구'가 되어 있다. 현재 사람들이 떠나 빈집으로 남아 있는 농가주택은 무려 40만 호에 달한다. 최근 도시생활에 지친 30, 40대들이 농촌으로 이동하는 귀농歸農이 활발해지고 있으나, 무너지는 농촌을 되살리기에는 역부족인 상태다.

지방 도시들은 고속도로와 KTX(고속철도) 개통으로 인구와 돈이 수도권으로 계속 빠져나가는 현상이 심화되고 있다. 여기에 구舊도심과 신新도심, 구도시와 신도시 간의 인구이동이 빠른 속도로 일어나는, 도시 재편 현상까지 발생하고 있다. '기업도시' '혁신도시' 형태로 속속 지어지고 있는 신도시들이, 오래된 주변 도시들의 인구를 블랙홀처럼 빨아들이고 있기 때문이다.

수도권 인구분산 정책에 따라 건설된 서울 주변의 신도시들은 지방 도시들보다 상황이 좋기는 하지만, 인구 고령화가 깊어지면 역시 노인들만 남는 도시가 될 가능성이 높다. 신도시에 입주한 주민들 대부분이 베이비부머들이고, 앞으로 15~20년 후 이들의 나이는 65세가 넘어설 것이다. 이런 점에서 보면 앞으로 행정 기능을 갖춘 몇몇 도시를 제외하고는, 대다수 지방 도시들은 쇠락의 길을 갈 가능성이 높아 보인다.

세계 자산시장 붕괴 시나리오에 대한 반론

베이비붐 세대의 은퇴가 자산시장에 큰 영향을 줄 것임은 분명하다. 그러나 그 영향의 강도強度와 시간의 길이에 대해서는 의견이 분분하다. 충격이 정말 크다면, 앞으로 10년간은 부동산이나 주식시장은 아예 쳐다보지 않는 것이 현명할 것이다. 소나기가 쏟아지는데 양복 입고 밖에 나가는 것은 멍청한 짓이기 때문이다.

그러나 앞으로 어떻게 될지는 아무도 모른다. 만약 이 주제가 그렇게 중요한 것이라면, 노벨 경제학상을 받은 학자들이 모두 달려들어야 할 사안이다. 하지만 경제학계에서 베이비붐 세대의 은퇴와 자산시장의 향방을 다룬 논문은 별로 없는 상태다. 예측이 불가능하다고 결론이 난, 주식시장과 부동산시장의 움직임을, 경제학자가 예언한다는 것 자체가 우스운 꼴이 되기 때문이다.

그래도 베이비붐 세대가 보유 부동산과 주식을 한꺼번에 팔아치우면 어떤 일이 벌어질까를 놓고 갑론을박의 논쟁이 벌어져왔다. 논쟁의 주역들은 오랫동안 자산시장에 몸을 담가온 경제분석가와 시장 애널리스트들이었다. 이들의 논쟁을 간단히 소개하면 다음과 같다.

먼저, 부동산시장과 주식시장 구별 없이 모두 가격이 급락할 가능성이 높다고 보는 시각이다. 시장에선 이를 '자산시장 붕괴 가설asset meltdown hypothesis'이라 부르고 있다. 붕괴meltdown라는 말은, 그냥 하락한다는 의미가 아니라, 홍수에 큰 둑이 무너져 내리는 것처럼 주저앉는다는 뜻이다.

이런 가설을 주장하는 경제분석가 해리 덴트Harry Dent는 저서 『버블 붐Bubble Boom』에서 "인구통계학적으로 볼 때 미국 증시는 2010년 후반부터 폭락세로 돌아서 2022년까지 깊은 침체 국면이 나타날 것"이라고 예언한다. 주식을 파는 사람은 늘어나는 데 비해, 매물을 사줘야 할 젊은이 숫자는 줄어들기 때문에 결국 수요와 공급의 '균형'이 깨질 수밖에 없다는 것이다.

그는 심지어 2010년 이후 나타날 주가하락이 1930년대 세계대공황 당시의 주가 하락폭(10년간에 걸쳐 주가가 약 90% 하락함)보다 더 클 것이라는 전망까지 내놓고 있다. 사람들은 상대적으로 주식시장이 부동산시장보다 베이비붐 세대의 은퇴와 인구감소의 영향을 적게 받을 것으로 생각하는 경향이 있다. 그러나 해리 덴트의 예언을 들으면, 주식시장이 훨씬 더 큰 충격을 받을 것으로 전망되고 있다.

그러나 자산시장 붕괴 가설에 대한 반론도 만만치 않다. 첫째, 시장 붕괴론이 과장되었다는 주장이다. 베이비붐 세대가 한꺼번에 은퇴하는 게 아니라, 10~20년에 걸쳐 단계적으로 은퇴할 것이라는 지적이다. 이렇게 되면 부동산이나 주식을 한꺼번에 매각할 이유가 없을 것이고, 시장이 위기를 맞을 가능성은 낮아진다.

둘째, 중국과 인도 · 브라질 등 신흥 경제대국의 부상이다. 이들 경제대국들은 수출로 벌어들인 막대한 외환보유고外換保有高를 발판으로 삼아 최근 선진국 기업들과 부동산을 지속적으로 사들이고 있다. 실제로 중국은 현재 외환보유고가 2조 4,000억 달러를 넘고 있으며, 미국과 유럽 시장에서 매년 사들이는 유가증권과 부동산 물건이 천문학적인 규모에 달하고 있다.

셋째, 재산상속에 따른 시장 자율 조정 기능이다. 세계 어느 나라든지 부모가 젊어서 축적한 금융자산(예금, 펀드, 주식)은 대부분 팔아서 쓰지만, 주택의 경우 자식에게 물려주고 가는 사례가 아직 더 많다. 특히 한국과 일본 · 중국 등 동아시아 국가들을 보면, 재산을 자식들에게 상속하고 싶어 하는 부모들의 의지가 매우 강하다. 매물로 나올 주택 물량이 생각보다 적을 수 있다는 뜻이다.

이런 점에서 볼 때, 베이비부머의 은퇴가 주식과 부동산시장의 붕괴를 가져올 것이라는 전망은 지나치게 비관적인 시각이라 하겠다. 베이비붐 세대의 은퇴, 그리고 인구감소 현상은 주식시장과 부동산시장에 큰 영향을 안겨줄 것은 분명하다. 하지만 그 영향은 장기적으로 분산해서 나타날 가능성이 높아, 많은 사람들이 우려하는 경제 위기로 연결되지는 않을 것이다.

'리먼' 사태와 유럽 재정위기에서 보는 시스템 위기

인구 구조와 주식시장 간의 상관관계로만 본다면, 미국 증시는 2010년 초반부터 대세 하락 국면으로 들어가야 맞다. 주식시장의 핵심 투자층인 40, 50대 인구가 2010년을 기점으로 감소세로 돌아서고, 여기에 베이비붐 세대의 은퇴 효과가 겹쳐 주가가 떨어질 수밖에 없는 환경이 조성되기 때문이다. 그러나 예상과 달리, 미국 주가는 2009년 하반기부터 바닥을 치고 상승세를 나타내고 있다. 도대체 무슨 일이 벌어진 것일까.

필자가 생각하기엔, '리먼 브러더스' 효과 때문이 아닌가 싶다. 널리 알려져 있듯이, 미국 5대 증권사의 하나였던 리먼 브러더스는, 2008년 미국 경제를 강타한 '서브프라임 모기지(비우량 주택담보대출)' 사태에 말려들어 그해 9월 갑자기 도산했다. 리먼이 무너지자 미국 금융시장은 공황상태에 빠져들어 주가가 20% 가까이 폭락했다. 은행들이 부동산대출을 크게 줄이면서 부동산시장 역시 15~30%가량 폭락했다.

리먼 사태가 발생한 1년 후, 미국 부동산시장은 아직 찬바람이 불고 있으나, 주식시장은 예전의 가격을 회복했다. 미국 정부와 미 연준(FRB)이 경제부양을 위해 돈을 계속 쏟아부으면서, 시중 유동성이 엄청나게 늘어난 덕분이다. 쉽게 말해 돈이 주가를 밀어올린 것이다.

리먼 사태는 신자유주의 경제 시스템에 내부 모순이 오랫동안 쌓이다가, 그 모순 덩어리가 갑자기 폭발음을 내며 터져버린 사건이다. 아무도 예측하지 못했기에 그 충격이 더욱 컸다. 리먼 사태 때문에 우리나라도 하마터면 또 한 번 외환위기를 맞을 뻔했다. 다행히 조기에 수습하여 위기를 벗어났지만, 한국 경제가 시스템 위기에 매우 취약하다는 사실을 대내외에 보여준 사건이었다.

사실 시스템이 무너지면, 어느 나라건 경제는 순식간에 주저앉는다. 1930년대 발생한 미국 대공황이 대표적인 사례이다. 문제는 이런 시스템 위기가 언제 찾아올지 아무도 모른다는 점이다. 2009년 가을 세계 금융시장을 강타한 남유럽 국가들의 재정위기 사태도 시스템 위기라고 볼 수 있다. 재정위기가 발발한 이후, 그리스와 이탈리아, 포르투갈 등 남유럽 국가들의 주가는 20% 가까이 폭락했다.

장기적으로 변화하는 인구 구조는, 시장을 즉각적으로 무너뜨리는 시스템 위기에 비하면 한가한 것일 수도 있다. 시스템 위기가 발생하면 그 경제적 파장이 위기 발생 국가에만 그치지 않고, 주변 국가들과 세계시장으로 순식간에 파급되기 때문이다. 이런 점에서 시스템 위기의 예측 능력을 키우고, 또 위기관리 능력을 배양하는 것은 매우 중요하다고 하겠다.

삼성경제연구소는 수년 전 여론조사를 통해 '20세기 한국의 10대 경제사건'을 선정해 발표한 바 있다. 10대 사건에 뽑힌 IMF 경제 위기, 한국전쟁, 오일쇼크, 한일병합 등은 모두 시스템 위기와 관련이 있는 사건들이다. IMF 경제 위기는 우리나라가 예방은 잘 하지 못했지만, 수습은 비교적 잘함으로써 오늘날 경제대국으로 다시 도약하는 발판을 만들었다.

반면 구한말에 발생한 한일병합은, 무능한 정부와 넋 잃은 백성들이 위기에 잘 대처하지 못해 나라를 망해먹은 사건이었다. 결론적으로 말해, 국가의 흥망은 시스템 위기를 어떻게 잘 관리해나가느냐에 달려 있으며, 우리가 지금 관심을 쏟아야 할 부분도 바로 이것이다. 베이비부머의 은퇴와 인구 고령화 문제도 이런 방향에서 접근해 나가야 할 것이다.

예측! 베이비붐 세대의 앞날

CHAPTER 13

대한민국의
회색빛 미래

국가 활력이 떨어진다

1,600만 명이 넘는 1, 2차 베이비붐 세대의 은퇴와, 앞으로 가속화될 인구 고령화 현상은 대한민국의 미래를 회색빛으로 만들 가능성이 높다. 베이비부머의 은퇴가 완료되고, 65세 노인인구 비율이 이미 20%를 넘어선 일본을 보면, 대한민국의 미래 모습을 어느 정도 가늠해볼 수 있다. 인구 고령화가 경제 활력을 떨어뜨리는 메커니즘은 크게 4가지 경로로 설명할 수 있다.

첫째, 노동력의 양적量的, 질적質的 하락 현상이다. 경제성장은 기본적으로 자본과 노동의 투입량에 따라 결정되는데, 베이비붐 세대의 은퇴로 노동 투입량이 감소하면 경제가 위축될 수밖에 없다. 특히 지식사회에서 중요한 것은 노동의 질이다. 우수한 노동력을 많이 확보해야 노동생산성이 올라가고, 지속적인 경제성장이 가능해진다.

통계청에 따르면 우리나라 생산가능인구(15~64세)는 2016년을 정점으로 하여 점차 감소세로 돌아설 것으로 전망되고 있다. 출산율 저하에 따라 젊은 청년들의 숫자도 점차 줄어들게 된다. 이처럼 양질良質의 노동력이 감소하면 기업은 물론 국가적으로도 창의적이고 혁신적인 분위기가 점차 위축될 수밖에 없을 것이다.

둘째, 소비의 감소이다. 일반적으로 60대 이상 가구의 소비 규모는 40대 가구의 65%, 50대 가구의 70%에 머무르는 것으로 조사되고 있다. 한국 사회의 소비를 이끌던 베이비붐 세대가 대거 은퇴하면, 소비수요가 크게 줄어들 가능성이 높다는 얘기다. 이는 우리나라 내수시장의 성장이 앞으로 정체될 가능성이 높다는 것을 뜻한다.

이웃 일본의 경우를 보면, 저출산과 인구 고령화에 따른 소비감소는 매우 심각한 상태다. 일본 국내의 자동차 판매 대수는 2004년 585만 대에서 2008년 470만 대로 4년 사이에 25%나 감소했다. 아이들이 주요 고객인 교육·출판산업과 소매업, 레저산업의 매출도 빠른 속도로 줄어들고 있다. 내수시장이 위축되면 경제성장에서 차지하는 수출의 몫이 앞으로 더욱 커지게 될 것이다.

셋째, 기업가 정신의 위축이다. 경제가 지속적으로 성장하려면 소비활동 못지않게 생산활동이 활발해야 하고, 특히 새로운 기업의 창업이 활발해야 한다. 그래야 고용이 늘어나고, 경제의 전체

베이비붐 세대의 은퇴와 인구감소가 우리사회에 미치는 영향

총인구 감소	➡	내수 위축
생산가능인구감소	➡	질 좋은 노동력 부족, 저성장
베이비붐 세대 은퇴	➡	소비·주택 수요의 둔화
학령인구 감소	➡	각급 학교 구조조정
군입대자원 감소	➡	군인력 축소
1인 가구 등 증가	➡	주택수요 대형 → 중소형으로 변화

자료 : 통계청

판이 커지게 된다. 창업의 주축 세력은 아무래도 젊은이들이다. 노인이 많은 고령사회가 되면, 위험을 감수하며 과감하게 사업을 시작하는 젊은이들이 점차 줄어든다.

제조업의 몰락에도 불구하고 미국 경제가 나름대로 성장세를 유지해나가고 있는 것은, IT나 BT 같은 첨단산업 분야에서 젊은이들의 창업이 활발한 때문이다. 실리콘 밸리 같은 지역이 대표적이다. 우리나라가 한국전쟁의 폐허를 뚫고 오늘날 선진국 문턱까지 진입할 수 있었던 것은 정주영, 이병철, 구인회 같은 훌륭한 기업가들이 많았던 데 힘입은 바 크다. 한국 경제는 요즘 이런 위대한 창업자 뒤를 잇는 기업가들이 실종된 상태다.

넷째, 국가 리더십의 퇴조 또는 실종이다. 인구 고령화가 깊은 나라들에선, 국가 지도자들이 새로운 변화를 추구하기보다 현상유지에 주력하는 경향을 보인다. 그래서 국가개혁은 늦어지고, 복지 포퓰리즘populism이 번창한다. 또 고령 정치인들이 국가 요직을 돌아가면서 맡기 때문에 젊은 인재들이 자라나지 못한다. 생산과 소비, 창업, 국가 리더십 등에서 활력이 떨어진 나라는 내리막길로 갈 수밖에 없다.

2005년부터 인구가 감소하고 있는 이웃 일본이, 현재 이런 문제로 골치를 앓고 있다. 일본은 요즘 경제성장률이 1~2%대로 떨어진 가운데, 도요타·소니·히다치·스미토모 등 글로벌 기업들의 성장세 위축으로 큰 어려움에 빠져 있다. 이런 상태에

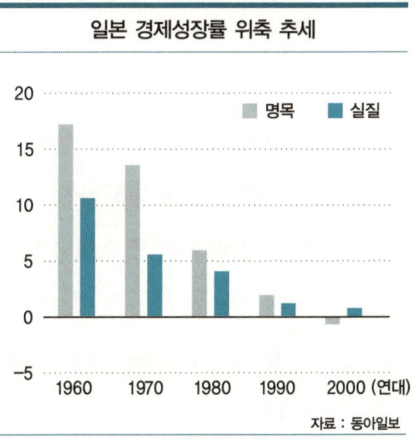

일본 경제성장률 위축 추세

자료 : 동아일보

서 정치권마저 우왕좌왕右往左往함에 따라, 소비자들은 불안한 미래를 우려해 좀처럼 지갑을 열지 않고 있다.

일본 경제가 버블이 꺼진 1991년부터 '잃어버린 20년'이라는 장기불황에서 계속 헤어 나오지 못하고 있는 것은 바로 이 때문이다. 인구 고령화가 빠르게 진행되고 있는 우리나라가 타산지석他山之石으로 삼아야 할 사안이다.

경제성장률 하락과 그 파장

우리나라는 두 차례에 걸친 오일쇼크에도 불구하고 1970년대 ~1980년대에 매년 7~10% 선의 높은 경제성장을 이뤄냈다. 수출이 지속적으로 늘어나고, 내수시장이 계속 커진 덕분이다. 1990년대 들어 성장률이 다소 낮아지기는 했지만, 6%대의 비교적 높은 성장세는 계속 이어갔다.

그러나 우리나라 경제 규모가 세계 12위권으로 진입한 2000년 이후엔, 성장률이 3~4%대로 크게 둔화되고 있다. 글로벌 금융위기가 발생한 2009년에는 경제성장률이 0.2%로 크게 하락했다. 경제 규모가 커지면 커질수록 이전의 성장률을 유지하기 어렵기 때문에 나타나는 현상이다. 미국과 일본 등 선진국들의 경제성장률이 하락하고 있는 것도 마찬가지 이유다.

이런 가운데 등장한 인구 고령화는 앞으로 한국의 잠재성장률을 더욱 떨어뜨릴 것으로 전망되고 있다. 산업현장에서 양질의 노동력이 감소하여 노동생산성이 하락하고, 노인인구의 증가에 따라 민간소비와 저축률(또는 투자율)이 크게 위축될 가능성이 높기 때문이다.

더 큰 문제는 인구감소이다. 통계청 추계에 따르면, 우리나라 인구는 저출산 때문에 2018년 4,934만 명을 정점으로 해서 감소세로 돌아설 전망이다. 인구감소는 '경제성장이 어려운 사회'를 만든다는 게 경제전문가들의 지적이다. 한 나라의 GDP(국내총생산)는 그 나라 국민들이 만들어내는 부가가치를 모두 더한 것이다. 따라서 인구가 감소하면, GDP 증가율도 낮아질 수밖에 없다.

한국개발연구원KDI은 우리나라 잠재성장률이 2000년대 4.6%에서 2010년대 4.2%, 2020년대 2.9%, 2030년대 1.6%, 2040년대 0.7%로 계속 낮아질 것으로 예상한다. 잠재성장률이란 물가상승을 유발하지 않으면서 자본과 노동력 등 생산활동에 필요한 자원을 최대한 활용해 달성할 수 있는 최대 성장률을 말한다. 정부가 인구 고령화와 저출산 현상을 심각한 문제로 진단하고 이에 적극 대처하고 있는 것은 바로 이 때문이다.

잠재성장률이 하락하면 새로운 일자리가 생겨나기 어려워지고, 국민들의 소득도 늘어나기가 어려워진다. 그에 따라 민간소비가 위축될 것이고, 이는 또 기업들의 매출 증가율과 이익 증가율을 떨어뜨리는 결과로 연결된다. 한마디로 경제불황이 심각해진다는 뜻이다.

경제가 좋지 않으니 기업들은 경비절감을 위해 정규직 대신 비정규직 채용을 늘리려 할 것이 뻔하다. 또 사원들의 임금을 동결하거나 인상률을 크게 억제

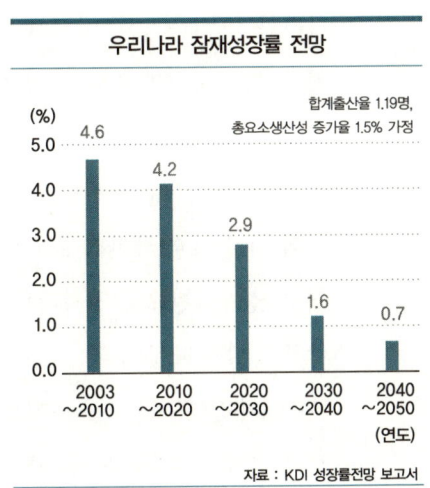

우리나라 잠재성장률 전망

합계출산율 1.19명,
총요소생산성 증가율 1.5% 가정

자료 : KDI 성장률전망 보고서

하려 할 것이다. 인구 고령화 현상이 깊어진 일본에서 최근 10년 동안 근로자의 실질임금 인상률이 1~2%에 머물고 있는 데는 이런 배경이 있다.

그렇다고 하여 옛날처럼 정부가 나서서 재정투자를 확대하는 일도 쉽지 않다. 정부가 매년 막대한 예산을 들여, 새 도로를 닦고 댐을 만들고 공항을 건설하는 것은 그 바탕에 인구가 계속 증가한다는 전제를 깔고 있다. 사람이 늘어나기 때문에 이들을 수용할 도시 기반 시설을 늘리는 것이다.

그러나 인구감소 시대에선 이런 인프라 투자가 힘들어진다. 이용자가 줄어들기 때문이다. 민간소비가 줄어드는 상황에서 정부가 재정투자를 늘리지 못하면, 나라 경제는 '확대균형擴大均衡'이 아니라 '축소균형縮小均衡'으로 나아가게 될 것이다. 이렇게 되면 국가의 미래는 회색빛이 될 수밖에 없다.

빈부격차, 앞으로 더 벌어진다

나라가 큰 갈등 없이 발전하려면 상류층과 저소득층 간의 빈부격차가 크지 않아야 한다. 빈부격차가 커지면 사회통합이 어려워지고, 정치가 불안해지기 때문이다. 불행하게도 우리나라는 OECD 30개 회원국 가운데서 빈부격차가 상당히 큰 나라에 속한다. IMF 경제 위기 이후 국민경제의 버팀목인 중산층이 크게 약화된 상태에서, 경제불황으로 일자리를 잃은 사람들이 빈곤층으로 계속 추락하고 있기 때문이다.

한국개발연구원 조사에 따르면, 우리 사회의 절대빈곤층은 IMF 경제 위기 이후 두 배 가까이 늘어난 것으로 분석되고 있다. 가처분소득이 최저생계비(4인 가족 기준, 한 달 105만 원)에 못 미치는 절대 빈곤층이 전체 가구의 11.5%, 언제든지 절대빈곤층으로 떨어질 수 있는 차상위次上位 계층이 4.8%로 나타나고 있다. 전체 가구의 16%가량이 사회의 바닥에서 가난에 허덕이고 있다는 얘기다.

빈곤층의 확산은 40, 50대 중년 실업자들의 급증과 맞물려 있다. 요즘과 같은 '고용 없는 성장' 시대에선 한번 직장을 잃게 되면 재취업을 하는 것이 사실상 불가능하다. 그래서 월급쟁이들은 직장을 잃는 즉시, 중산층에서 탈락할 위기에 몰린다. IMF 한파 때 퇴직을 했던 45~54세 연령층 가운데 5년 후 재취업에 성공한 사람은 10명 중 3.8명에 불과하다는 보건사회연구원의 조사가 이를 말해준다.

이처럼 IMF 경제 위기 이후 직장을 잃어 빈곤층으로 추락한 사람들을 '신新 빈곤층'이라 부른다. 신 빈곤층이든, 절대빈곤층이든 빈곤층의 증가는 '가난의 대물림' 현상을 고착화시키고, 우리

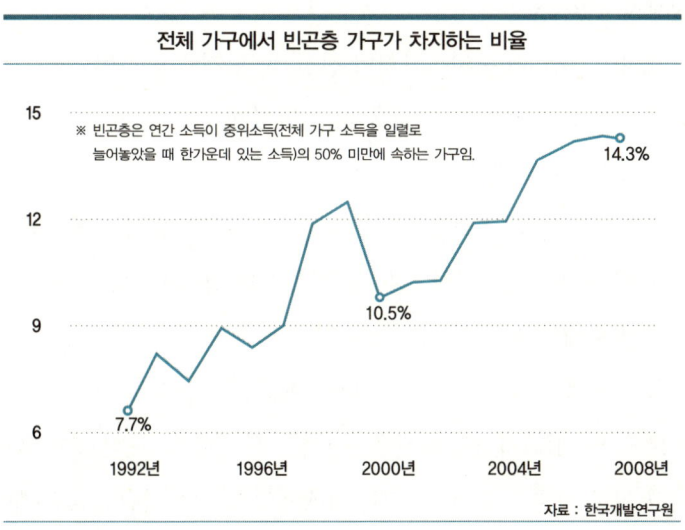

전체 가구에서 빈곤층 가구가 차지하는 비율

※ 빈곤층은 연간 소득이 중위소득(전체 가구 소득을 일렬로 늘어놓았을 때 한가운데 있는 소득)의 50% 미만에 속하는 가구임.

14.3%

10.5%

7.7%

1992년   1996년   2000년   2004년   2008년

자료 : 한국개발연구원

사회의 기반을 무너뜨리는 요인이다. 이런 점에서 빈곤층의 자립을 지원하여 다시 중산층으로 올라설 수 있도록 하는 국가적 대책이 시급하다.

중산층 붕괴는 비단 우리나라에서만 거론되고 있는 문제가 아니다. 일본에서는 경제 장기불황이 시작된 1992년부터 빈부격차가 크게 확대되면서 '격차사회格差社會'와 '하류사회下流社會' 논쟁이 벌어지고 있다. 미국에서도 1990년대 이후 중산층 약화가 두드러지면서, 이의 성격 규정을 둘러싼 '그레이트 유턴Great U-Turn' 논쟁이 빚어지고 있다. 중산층 약화 문제가 세계적인 이슈가 되고 있다는 뜻이다.

1948년 대한민국 건국 이후, 우리나라 자본주의 역사는 이미 60년이 넘어서고 있다. 그 사이 농업사회는 산업사회로 바뀌었고, 또 산업사회는 지식사회, 정보화사회로 바뀌어나가고 있다. 또 많은 기업들이 좁은 국내 시장을 벗어나 세계화 현상을 타고 국제무대로 뻗어나가면서, 세계적인 브랜드를 가진 글로벌 기업들로 속속 성장하고 있다.

지식이 돈을 버는 지식사회의 진전, 국가 간의 국경이 무너지는 세계화 현상은, 가난한 사람을 더 가난하게, 부유한 사람을 더 부유하게 만드는 특징을 가지고 있다. 중산층을 엷게 하고 상류층과 하류층의 폭을 더 넓게 한다는 의미다. 노무현 대통령 시절부터 우리 사회의 화두로 등장한 소득 양극화, 사회 양극화 현상이 바로 대표적인 사례이다.

IMF 경제 위기 이후 우리 사회에 빈곤층이 급속히 늘어난 한편으로 50억~100억대의 재산을 축적한 '신 부유층' 또한 크게 늘어나고 있다. 신한은행, 삼성생명, 미래에셋 등 금융기관들의 추계에 따르면, 50억 원 이상의 재산을 축적한 부자는 우리나라에 15만 ~18만 명가량 존재하며, 이 가운데 2만~3만 명은 100억 원 이상 의 재산을 축적한 것으로 추정되고 있다.

신 부유층이 부를 축적한 경로는 크게 4가지로 나눠볼 수 있다. 첫째는 주식투자와 벤처 투자로 부를 축적한 경우, 둘째는 부동산 투자에 성공한 경우, 셋째는 대기업 임원으로 일하면서 거액 연봉 과 스톡옵션을 받은 경우, 넷째는 IMF 경제 위기가 닥쳤을 때 자 기 사업을 일으켜 성공한 경우이다. 경우에 따라서는 4가지 경로 가 서로 겹치는 사례도 나타나고 있다.

머리에 든 지식을 팔아, 큰돈을 버는 고액 소득자들도 빠르게 늘 어나고 있다. 국세청 소득세 통계자료를 보면, 연간 소득이 1억 원 이상인 고소득자는 2009년 현재 10만 6,000명에 이르고, 근로소 득과 사업소득, 이자소득 등을 합쳐 1억 원 이상의 종합소득을 올 리는 사람도 13만 명에 달한다. 양쪽에 이름이 겹치는 사람들을 제 외하더라도 약 12만 명이 1억 원 이상의 소득을 올린다고 볼 수 있 을 것 같다.

앞으로 다가올 미래사회에서 세계화 현상은 더욱 빨라질 것이 고, 지식사회의 진전 역시 거스를 수 없는 대세가 될 것이다. 돈이 돈을 벌고, 지식이 돈을 버는 사회에 적응하지 못하는 사람들은 경 쟁에서 낙오될 수밖에 없고, 그에 따라 우리 사회의 빈부격차는 더 욱 벌어질 것이다. 상당히 씁쓸한 이야기이지만, 자본주의의 생리 가 이렇게 냉혹한 것임을 어찌할 수 있겠는가.

고령사회의 핵폭탄, 복지비용 지출

대한민국이 빨리 늙어가고 있다는 것은, 우리 국민 모두가 다 알고 있는 사실이다. 베이비붐 세대의 은퇴는 이러한 인구 고령화 과정에서 나타나는 하나의 단면일 뿐이다. 노인인구가 늘어나면 국가 활력이 떨어지고, 경제성장률이 장기적으로 하락한다. 그러나 이것 이상으로 중요한 것이 사회복지社會福祉 비용의 급증이다.

고령사회에 진입해 있는 선진국들을 보면, 한결같이 노인의료비와 노령연금의 급증으로 골머리를 앓고 있다. 미국 상무장관을 지낸 피터 피터슨Peter G. Peterson은 저서 『노인들의 사회, 그 불안한 미래Gray Dawn』에서 "고령자 생계보장, 의료보장을 위해 세계 각국이 부담하는 복지비용은 2030년쯤부터 세계경제를 뒤흔들 정도로 엄청나게 커질 것"이라고 말한다.

피터슨 장관은 또 "만약 모든 정부가 재정적자財政赤字를 통해 고령화 문제를 해결하려 할 경우, 세계 금융시장에서는 돈이 마를 것이고, 그렇게 되면 돈을 못 빌린 정부는 파산할 수밖에 없다"고 말한다. 사회복지비의 급증이 세계경제를 무너뜨리는 '핵폭탄'이 될 것이라는 경고다.

OECD 사회지출 통계를 보면, 선진국들은 대체로 GDP의 15~28%를 노인 부양과 육아 지원, 국민 건강증진을 위한 사회복지비로 지출하는 것으로 나타나고 있다. 예를 들어 2001년의 경우, 스웨덴은 29.5%, 독일은 28.8%, 프랑스는 28.5%, 영국은 22.4%, 일본은 17.5%, 미국은 15.2%를 각각 지출하고 있다.

이에 비해 우리나라의 사회복지 지출 규모는 GDP의 8.7% 선으로, 미국과 일본의 2분의 1, 유럽 국가들의 3분의 1 수준에 그치고 있다. 사회복지 지출에서 연금을 제외하더라도 선진국 수준의 절

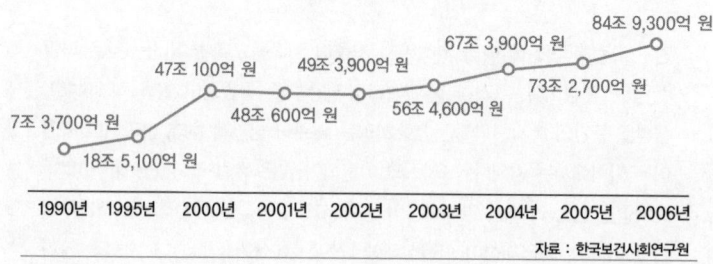

우리나라 사회복지비 지출 추이

7조 3,700억 원
18조 5,100억 원
47조 100억 원
48조 600억 원
49조 3,900억 원
56조 4,600억 원
67조 3,900억 원
73조 2,700억 원
84조 9,300억 원

1990년 1995년 2000년 2001년 2002년 2003년 2004년 2005년 2006년

자료 : 한국보건사회연구원

반 이하다. 사회복지학자들이 우리나라가 사회복지 지출에 인색하다고 비판하는 것은 바로 이 때문이다.

그러나 필자가 보기엔 그렇지 않다. 세계에서 현재 5대 사회보험(국민연금, 건강보험, 장기요양보험, 고용보험, 산재보험) 제도를 완벽하게 갖추고 있는 나라는 많지 않다. 선진국이 100여 년에 걸쳐 도입한 제도를 우리나라는 불과 30여 년 만에 도입을 끝냈다. 가장 선진적인 사회보장제도인 노인장기요양보험도 시기상조時機尙早라는 지적에도 불구하고 2년 전 전격적으로 도입을 했다.

우리나라 사회보험제도는 현재 세계 어디에 내놓아도 전혀 손색이 없을 정도로 잘 만들어져 있다. 다만 아직 성숙단계에 이르지 못해, 많은 국민에게 혜택이 돌아가지 못하고 있을 뿐이다. 앞으로 20~30년만 지나면 복지제도는 더 성숙될 것이고, 사회복지비는 엄청나게 빠른 속도로 늘어날 것이다.

보건사회연구원 추계에 따르면, 우리나라 사회복지 지출 규모는 이미 GDP의 10%를 넘어선 것으로 관측되고 있다. 또 지금과 같은 증가세가 계속 이어질 경우, 2030년에는 사회복지 지출 규모가 GDP의 17.5%에 달해 지금의 일본 및 미국과 유사한 수준이 될 전망이다.

선진국 복지병

인구 고령화 현상에 따라 사회복지 지출이 지속적으로 늘어나는 것은 피할 수 없는 현상이다. 그러나 복지제도가 지나치면, 국민들이 일을 적게 하고, 생활을 국가의 복지혜택에만 의존하려는 습관이 생기게 된다. 한마디로 국민이 무기력해지는 병이다. 그리스와 이탈리아 같은 유럽 국가들에 아주 많다. 복지병을 앓는 나라는, 경제성장이 둔화되고, 만성적인 재정적자로 국가부채가 늘어나고, 연금재정이 파탄상태에 빠지는 현상이 나타난다. 사회적 약자를 보호하는 사회안전망을 잘 갖춰야 하겠지만, 국민들이 복지병에 걸리지 않도록 적절한 균형을 찾는 것도 중요하다.

이처럼 급증하는 사회복지 지출을 감당하려면, 정부는 국민들로부터 세금을 더 많이 걷든지, 아니면 빚을 얻든지 해서 나라살림을 해야 한다. 이미 고령사회에 들어선 선진국들의 경우, 국가부채國家負債가 폭발적으로 늘어나 큰 어려움을 겪고 있다. 그리스와 이탈리아, 영국 등은 방만한 복지비 지출로 국가부채가 너무 늘어나, 국제 금융시장에서 돈을 더 이상 빌리기가 어려울 정도이다.

우리나라는 사회복지 지출이 아직 본격화하지 않았기 때문에 앞으로 10년 정도는 큰 재정 부담 없이 사회복지 시스템을 운영할 수 있을 전망이다. 그러나 한국개발연구원의 전망처럼 우리나라의 잠재성장률이 2030년부터 1~2%대로 떨어지고, 2025년쯤부터 인구감소 현상이 겹치게 되면 재정상태가 상당히 어렵게 될 것이다.

고령화 현상으로 생산과 소비활동이 위축된 가운데 인구까지 감소하면, 미래의 어느 시점에선 GDP가 줄어드는 마이너스 성장 국면에 돌입할 것이기 때문이다. 경제가 저성장 국면에 들어선 가운데, '복지병'을 앓고 있는 선진국들의 실패를 되풀이하지 않도록 미리미리 대비를 잘해야 한다.

불확실한 국민연금의 미래

은퇴자들이 노후생활비를 조달하는 수단은 크게 3가지이다. 첫째는 정부가 운용하는 '국민연금'이고, 둘째는 기업이 제공하는 '퇴직연금(또는 퇴직금)'이며, 셋째는 개인 각자가 젊었을 때부터 준비해두는 '개인연금(또는 개인저축)'이다. 이 셋을 합쳐서 흔히 '3층 노후 소득보장 장치'라고 말한다.

국민연금제도는 국민이 노령 · 장애 · 사망 등으로 소득능력이 상실 또는 감퇴된 경우 본인이나 그 유족에게 일정액의 급여를 지급, 안정된 생활을 할 수 있도록 하는 소득보장 장치이다. 1988년부터 시행되었으며 가입자가 40년 동안 보험료를 납부한 뒤 60~65세에 도달하면 생애 평균소득의 50%(이를 '소득대체율'이라고 말함)를 연금으로 종신 지급 받는다.

국민연금의 보험료율은 2010년 현재 월 소득의 9%이며, 직장인의 경우 근로자와 사업주가 절반씩 부담하고 있다. 국민연금은 건강보험과 함께 우리나라 사회보장제도의 근간을 이루고 있다. 선진국들도 우리나라와 비슷한 국민연금제도를 운영하고 있다. 평균수명이 80세를 넘어선 시대에서, 최소한의 생활비를 죽을 때까지 계속 지급 받는 국민연금제도는 꼭 필요한 사회보장제도이다.

그러나 현행 국민연금제도는 '낸 돈'보다 '받을 돈'이 더 많은 구조로 짜여져, 언젠가는 파탄이 날 수밖에 없다는 문제점을 안고 있다. 국민연금을 처음 만들 때 가입자들을 되도록 많이 모집하기 위해 연금을 후하게 주는 쪽으로 제도를 만들었던 것이다. 이렇다 보니 가입자들이 평생 낸 보험료보다 연금을 2~11배가량 더 많이 받아가는 결과가 나타나고 있다.

아무리 취지가 좋다고 하더라도 이처럼 앞뒤가 안 맞는 사회복지제도는 오래 지속될 수가 없다. 여기에 인구 고령화에 따라 폭발적으로 늘어나고 있는 노인들의 숫자는 연금재정을 급속히 갉아먹을 것이다. 예를 들어 국민연금 지급액은 2010년 9조 원에서 2030년 80조 원으로 폭발적으로 늘어날 전망이다. 머지않아 국민연금이 공무원연금이나 군인연금처럼 파탄이 날 것이란 얘기다.

국민연금재정추계위원회 분석에 따르면, 국민연금은 가입자 증가에 따라 오는 2043년쯤 기금액이 최고 2,607조 원까지 늘어났다가 이후 급속히 감소하여 2060년쯤 쌓아둔 연금이 모두 바닥날 것으로 예상된다. 물론 국민연금이 고갈된다고 해서 연금제도가 붕괴하는 것은 아니다. 국민연금이 파산하면 사회적 소요가 일어날 것이기 때문에 정부가 새 돈을 찍어서라도 연금을 어떻게든 지급할 가능성이 높다.

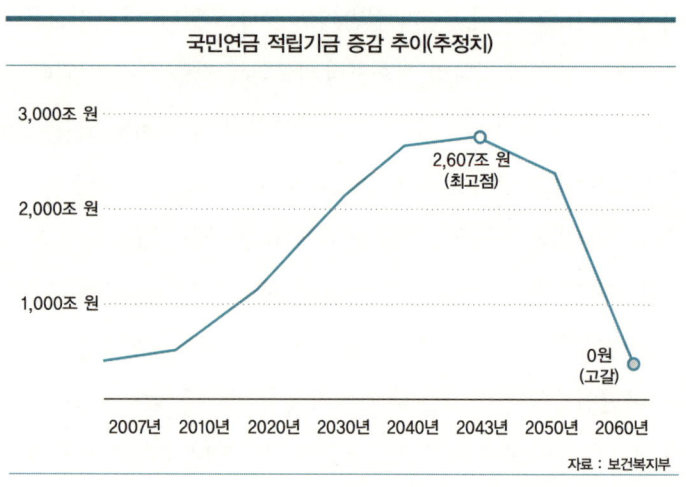

국민연금 적립기금 증감 추이(추정치)

자료 : 보건복지부

그러나 이 같은 과정에서 인플레이션 현상이 극심해지거나 세금이 계속 늘어날 수밖에 없어 많은 국민들이 어려움을 겪게 될 것이다. 또 국민연금이 국민들의 신뢰를 잃게 되어 국민들이 더 이상 보험료를 납부하려 하지 않으면, 국민연금제도는 엄청난 타격을 받게 될 것이다.

국민연금의 고갈을 막으려면 연금지급액을 대폭 줄이는 수밖에 없다. 오래전에 고령사회에 들어선 유럽 국가들이 최근 이러한 방향으로 연금개혁에 잇따라 나서고 있다. 우리나라도 연금지급액을 일부 축소하는 개혁법안을 2007년 여름 국회에서 통과시켰다. 이 개혁에 따라 국민연금 소득대체율을 2009년부터 매년 0.5%포인트씩 줄여, 2028년엔 40%로 낮추도록 변경했다.

그러나 이 정도 개혁으로 국민연금의 조기 고갈을 막기엔 역부족이라고 경제전문가들은 말한다. 그래서 보험료율을 단계적으로 선진국 수준(미국 12.4%, 스웨덴 18.9%, 독일 19.9%)으로 더 올리고, 연금지급액을 더욱 축소하는 방향으로 추가 개혁을 추진해야 한다는 지적이 많이 나오고 있다.

우리나라 국민연금은 현재 자신의 연금은 자신이 쌓아가는 '적립방식'을 채택하고 있으나, 연금기금이 고갈되면 선진국들처럼 세금으로 연금을 주는 '부과방식'으로 전환해나가게 될 것이다. 부과방식의 연금제도는 부모의 신용카드 사용금액을 자녀들이 대신 갚아주는 것과 비슷하다고 하겠다.

부모가 자녀들을 키울 때 쓰는 엄청난 양육비를 고려하면, 후세대들에게 어느 정도의 부담은 떠넘겨도 괜찮지 않느냐는 지적도 있다. 그러나 인구 고령화로 노인들의 숫자가 급증하면서 그 부담이 천문학적인 수준으로 증가하고 있다는 게 문제다. 노인인구가

국민연금과 베이비붐 세대

베이비부머들은 국민연금의 최대 수혜자로 역사에 남을 것이다. 베이비부머는 1988년에 시작된 국민연금에 20~30년가량 보험료를 납입한 세대들이다. 빠른 사람은 2016년(1955년생)부터, 늦은 사람은 2026년(1963년생)부터 국민연금을 받게 된다. 그리고 가입자 1인당 적게는 50만 원에서 많게는 150만 원씩 받아갈 것으로 예상된다.

가입자 수도 많지만, '퍼주기'식 연금 구조 때문에 베이비부머가 받아가는 급여액은 2010년대 후반부터 폭발적으로 늘어날 것으로 보인다. 보건사회연구원 추계에 따르면, 국민연금 지급액은 2010년 9조 8,520억 원에서 2020년 31조 3,640억 원, 2030년 85조 5,250억 원으로 매년 급속히 증가할 것으로 예측된다.

전체 인구의 40%를 넘어서면 이런 '폰지 게임Ponzi Scheme' 식의 연금제도는 결국 무너질 수밖에 없게 될 것이다.

위기에 빠진 건강보험 시스템

노인들이 젊은 사람들에 비해 의료비를 3~5배가량 더 많이 쓴다는 것은 널리 알려진 사실이다. OECD 국가들의 경우 노인인구 1인당 평균 진료비가 65세 미만 비非 노인인구의 평균 진료비를 3~5배 상회하고 있다. 예를 들어 캐나다는 5.4배, 일본은 4.9배, 미국은 4.0배, 영국은 3.4배가량 노인들이 비 노인들보다 의료비를 더 많이 쓰고 있다. 우리나라도 크게 다르지 않다.

노인들이 의료비를 많이 쓰는 이유는 당뇨병, 관절염, 동맥경화증, 고혈압, 간경변 등 만성질환을 앓는 사람들이 많기 때문이다.

신체상으로 허약할 수밖에 없는 노인들은 퇴행성 만성질환chronic illness에 시달리는 일이 잦다. 만성질환은 현재의 의료지식으로는 완치하는 것이 어려워 장기간에 걸친 치료를 필요로 한다.

따라서 노인이 한번 병원에 들어가면 치료비가 엄청나게 든다. 우리나라 노인들의 1년간 의료기관 이용 횟수는 평균 38.5일로, 국민 평균 16.1일보다 입원은 4배, 외래는 2.3배 더 많은 것으로 조사되고 있다. 앞으로 고령사회에 본격 진입할 경우 노인들의 의료비 사용액은 눈덩이처럼 불어날 것이다.

우리나라의 경우, 65세 이상 노인인구가 쓴 의료비는 2008년 한 해 동안에만 8조 1,021억 원을 넘었다. 매년 1조 원 가까이 늘어나고 있다. 국민건강보험공단 조사에 따르면, 건강보험 적용을 받고 있는 노인인구는 500만 명으로 전체 건강보험 적용 인구의 9.6%에 불과하다. 그러나 이들 노인들이 쓴 의료비는 국민건강보험공단이 2008년 지출한 전체 급여(25조 5,999억 원)의 31.6%를 차

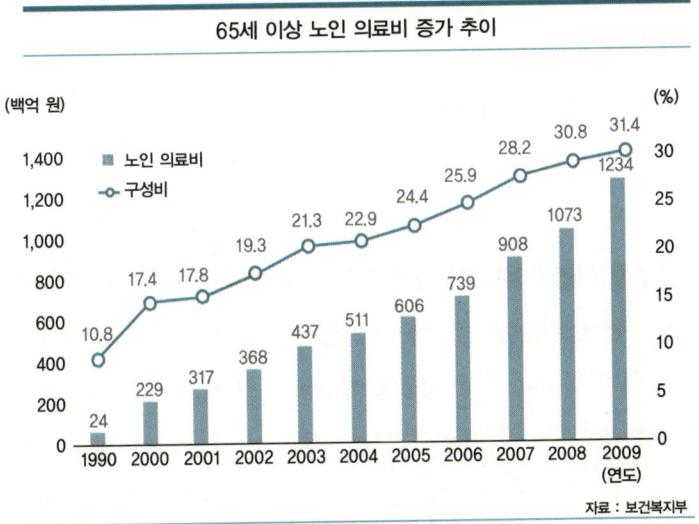

65세 이상 노인 의료비 증가 추이

(백억 원)

■ 노인 의료비
─○─ 구성비

자료 : 보건복지부

지하고 있다.

인구 비중이 10%인 노인들이 전체 의료비의 30% 이상을 쓰고 있다는 것은, 우리나라 노인들의 의료 서비스 사용량이 매우 많다는 뜻이다. 보건학자들의 전망에 따르면, 노인들이 사용하는 의료비 비중은 오는 2040년쯤 50% 선까지 올라갈 것으로 예상되고 있다. 정부가 노인장기요양보험 제도를 도입하면서 노인 의료비 감축에 적극 나서고 있는 것은 이런 이유 때문이다.

OECD 회원국들의 상황도 비슷하다. OECD 국가들을 보면, GDP 대비 국민 의료비 비율(평균치)이 지난 1970년대 5% 선에서 최근 10% 선으로 계속 높아지고 있다. OECD 국가들은 전체 국민 의료비의 72%를 공공재원으로 조달하고 있다. 이 돈은 대부분 국민 세금으로 충당되고 있다. 노인 의료비 증가가 국가재정의 악화를 부채질하고 있다는 의미다.

물론 의료비가 증가하는 이유는 인구 고령화 때문만은 아니다. 더 많은 수입을 올리려는 일부 의사들의 과잉진료, CT(컴퓨터 단층촬영)와 MRI(자기공명 영상장치) 같은 고가 의료장비의 경쟁적인 도입, 암 환자 등 난치병 환자들에 대한 급여확대 등 여러 가지 요인들이 복합적으로 작용하고 있다. 의약분업 실시가 가져온 약제비 상승효과와, 국민건강보험공단의 방만한 운영도 의료비 증가를 부추기고 있다.

아무튼 이러한 의료비 증가 요인들이 누적되면서, 그간 간신히 수지균형收支均衡을 유지해왔던 건강보험 재정은 2010년 1조 8,000억 원의 적자를 낼 것으로 예상되고 있다. 그리고 빠른 시일 내에 요율 인상이 이뤄지지 않으면 건강보험 적자는 더욱 확대될 것으로 예상되고 있다. 신속히 손을 쓰지 않으면 호미로 막을 일을 나중에 가래로 막아야 할 일이 생길지 모른다는 뜻이다.

우리나라는 현재 의료비의 대부분을 조세가 아닌, 사회보험으로 조달하고 있다. 건강보험 가입자들이 내는 건강보험료율은 2010년 현재 5.3% 선을 유지하고 있다. 최근의 의료비 증가와 인구 고령화 속도를 감안할 때, 건강보험이 적자에 빠지는 것을 막으려면, 건강보험료율을 앞으로 20년 동안 매년 4~5%가량 계속 인상해야 할 것이라고 보건학자들은 말한다. 그렇지 않으면 국민 세금으로 메워야 할 것이다.

한반도 통일의 경제적 충격

한반도의 통일은 언제 이뤄질 수 있을까. 정확한 시기는 알 수 없지만, 정치학자들은 대략 10~20년 후로 전망하고 있다. 북한의 경제상황이 급속히 악화되고 있어, 언제라도 북한 정권이 무너질 수 있다는 것이다. 특히 건강이 좋지 않은 것으로 알려진 김정일 위원장이, 갑자기 사망할 경우 통일은 초읽기에 들어갈 것이라는 진단도 나오고 있다.

그러나 이것도 추측에 불과할 뿐이다. 얼마 전 한국을 방문한 쾰러 전 독일 대통령은 "독일의 경험으로 볼 때 한반도 통일도 생각보다 빨리 올 수 있다"면서 "미리 계획을 세우고 준비를 철저히 할 필요가 있다"고 말했다. 그는 또 "한국은 통독 당시 서독보다 경제력이 크지 못하고 북한은 동독보다 경제상황이 훨씬 더 어려운 상태이기 때문에 문제가 적지 않을 것"이라고 예측했다.

독일의 경우, 통일이 이뤄지던 1990년 동독과 서독 간의 소득 격차가 3배에 불과했지만, 동독을 재건하는 과정(1990~2009년)에서

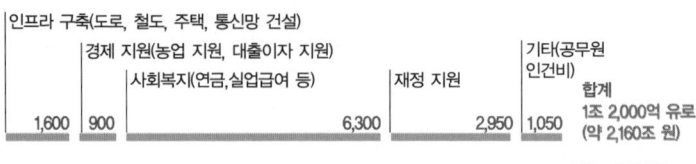

독일의 통일비용 지출 구성

인프라 구축(도로, 철도, 주택, 통신망 건설)
　경제 지원(농업 지원, 대출이자 지원)
　　사회복지(연금, 실업급여 등)　　　재정 지원　기타(공무원 인건비)

| 1,600 | 900 | 6,300 | 2,950 | 1,050 | 합계 1조 2,000억 유로 (약 2,160조 원) |

자료 : 독일 정부

돈이 너무 많이 들어가 통일비용이 당초 예상보다 4.5배나 많은 1조 2,000억 유로(약 2,160조 원)로 증가했다. 지금도 매년 독일 GDP의 4% 수준을 동독 지역에 지원하고 있다. 이처럼 통일비용이 예상했던 것보다 훨씬 더 많이 들어가는 바람에 독일은 경제가 10년 이상 장기침체에 빠지는 큰 어려움을 겪었다.

국회 예산결산위원회의 추계에 따르면, 한반도가 통일될 경우 우리나라는 최소 8,000억 달러(937조 원), 최대 1조 3,000억 달러(1,523조 원)의 통일비용을 투입해야 할 것으로 예상되고 있다. 우리나라 GDP(2009년 1,050조 원)와 맞먹거나 그보다 훨씬 더 많이 들어간다는 얘기다. 재정상태가 급속히 나빠지고 있는 우리나라가 이 같은 천문학적인 통일비용을 부담할 수 있을지 미지수이다.

독일의 경우, 통일 후 경쟁력을 상실한 동독 기업들이 무더기로 도산하는 바람에 동독 근로자의 40%가량이 일자리를 잃었다. 북한의 경제상황을 볼 때, 북한 기업들도 아마 무더기 도산이 불가피할 것이고, 북한 근로자의 절반가량이 실업자가 될 가능성이 높다. 따라서 통일 후 북한 주민들의 기초생활을 보장하고, 도로와 통신망 등 도시기반 시설을 갖추려면 매년 100조 원 이상이 들어갈 것이라는 전망도 나오고 있다.

미국 스탠퍼드대 아시아 · 태평양 연구센터의 피터 벡Peter Beck

박사는 "북한의 소득을 남한의 80% 수준까지 끌어올리려면 향후 30년 동안 2조~5조 달러(2,300조~5,800조 원)의 비용이 들어갈 것"이라고 말한다. 이는 남한 국민 1인당 4만~10만 달러(약 4,600만~1억 1,500만 원)의 통일비용을 부담해야 한다는 뜻이다. 실제로 북한의 1인당 국민총소득이 현재 남한의 5%에 불과함을 고려할 때, 이를 80% 수준으로 끌어올리려면 엄청난 재정투자가 불가피할 것이다.

물론 학계에서 소수설少數設이기는 하지만, 통일비용이 많이 들어가지 않을 것이라는 분석도 있다. 통일 후 20년 동안 GDP의 2~3%(60억~90억 달러) 정도만 투입하면, 북한의 산업기반을 재건할 수 있다는 것이다. 우리 정부도 현재 외부적으로는 이런 낙관적인 입장을 고수하고 있다.

한반도 통일이 큰 비용 없이 완수될 수 있다면, 통일 한국의 미래는 상당히 밝을 가능성이 높다. 미국 투자은행인 골드만삭스가 이러한 낙관적인 시각을 가지고 있다. 골드만삭스는 얼마 전 「통일 한국? 북한 위험 재평가하기A United Korea? Reassessing North Korea Risks」라는 제목의 보고서에서 통일 한국의 GDP 규모가 2050년쯤 프랑스와 독일, 일본을 능가할 것이라고 주장했다.

이 보고서는 값싼 노동력과 풍부한 광물자원을 가진 북한이 한국과 통일을 이룬 뒤 경제개혁과 생산성 제고를 이뤄낸다면 엄청난 시너지 효과가 발생할 것이라고 지적했다. 골드만삭스는 남북한이 통일작업을 순조롭게 이뤄낸다면 우리나라 1인당 GDP가 2025년쯤 미국과 일본에 이어 세계 3번째, 2050년엔 일본을 제치고 세계 2번째가 될 것이라고 전망했다.

앞일은 아무도 알 수 없기 때문에 한반도 통일이 한국에 장차 어떤 영향을 줄지는 예측하기 힘들다. 골드만삭스의 전망처럼 된다면 천만다행일 것이나, 독일 통일처럼 예상치 못했던 일들이 발생한다면 한국의 미래는 상당히 어두워지게 될 것이다. 언제 찾아올지 모르는 남북통일에 대비해 통일기금을 미리 마련해두는 등 재정적인 대비책을 서둘러야 할 때이다.

CHAPTER 14

점증하는
세대 간 갈등

무너지는 '코리안 드림'

한국인이 가지고 있는 소망은 무엇일까? 모든 사람이 같은 생각을 하고 있지는 않겠지만, 대체로 한 가지 공통점은 뽑을 수 있겠다. 처음 들어간 직장에서 정년까지 근무하고, 30대 초반쯤에 출퇴근이 편리한 곳에 '내 집'을 마련하고, 아이를 2명 정도 잘 키워서 좋은 대학에 보내는 것이다. 그리고 노후를 부부가 함께 재미있게 보내다가 때가 되면 저세상에 가는 것이 아닐까 싶다.

1950년대 초반에 태어난 경제개발 세대는 '코리안 드림Korean Dream'으로 부를 만한 이러한 소망을 상당 부분 이루었다. 1950년대 중후반과 1960년대 초반에 태어난 베이비붐 세대는 자녀교육과 내 집 마련에서는 어느 정도 성공했으나, 정년 직전에 회사 밖으로 밀려나는 어려움에 직면하고 있다. 절반의 성공이자, 절반의 실패인 셈이다.

그러나 1997년 IMF 쇼크 이후, 사회에 진출한 청년 세대들에겐 '코리안 드림'은 더 이상 달성하기 힘든 어려운 꿈으로 바뀌었다.

기업들이 종신고용제도를 사실상 폐지하면서, 언제 기업에서 밀려날지 모르는 상황이 됐고, 부동산 가격의 급등으로 이제 저축을 하여 '내 집'을 장만한다는 것은 불가능한 일이 됐다. 교육비가 너무 올라 자녀들을 잘 가르쳐 좋은 대학에 보내는 것도 힘들어졌다.

특히 '코리안 드림'의 실종은 현재 대학교에 다니는 젊은이들에게 더욱 뼈아픈 현상이다. 사실 요즘 우리나라에서 정년퇴직이 사라진 것보다 더 심각한 문제는, 일자리를 찾기가 어려워졌다는 점이다. 일자리가 없는 나라는 젊은이들에게 '꿈의 땅'이 아니라, '저주의 땅'이나 다름없다.

우리나라가 이런 방향으로 흘러가는 것은 유감스런 일이지만, 안타깝게도 현실이 그렇게 흘러가고 있다. 일자리 찾기가 힘들어진 첫 번째 이유는, 한국 경제가 '고용 없는 경제성장' 단계에 들어서고 있기 때문이다. 산업구조가 고도화高度化되면서 제조업체의 일자리 창출 능력이 뚝 떨어져, 경제성장률이 4~5%를 유지해도 예전만큼 일자리가 만들어지지 않고 있다.

두 번째로 경제 규모에 비해 우리나라 대학생 숫자가 너무 많다는 점을 지적할 수 있다. 매년 생겨나는 일자리는 20만 개에 그치고 있는 것에 비해, 대졸자는 매년 50여 만 명에 달한다. 대학원 졸업생까지 포함하면 대학 문을 나오는 사람은 무려 56만 명에 달한다.

이 때문에 대졸자들의 절반은 졸업과 동시에 실업자가 된다. 또 힘든 경쟁을 하여 취업을 하더라도 절반이 비정규직인 실정이다. 취업이 어려워지고 비정규직이 늘어나다 보니, 나이가 들어도 결혼을 제때 하지 못하고, 결혼을 하더라도 자녀를 키우기 힘들어진다. '코리안 드림'이 무너진다는 것은, 우리 사회에서 희망이 점차 사라지고 있음을 의미한다. 안타까운 일이 아닐 수 없다.

자식이 부모보다 더 못 산다?

지금까지 역사의 진행을 보면 후대後代 사람들이 선대先代 사람들보다 경제적으로 항상 잘살았다. 사냥을 하며 살던 구석기인들보다 농사를 짓기 시작한 신석기인들이 더 잘살았고, 또 무쇠로 농기구를 만들어 사용하던 철기시대 사람들이 신석기시대와 청동기시대 사람들보다 더 잘살았다. 오늘날 우리는 고대와 중세, 근대에 살던 사람들보다 비교할 수 없을 정도로 잘살고 있다.

그러나 앞으로 20~30년간은 자식 세대가 부모 세대보다 못 살게 될 가능성이 높아지고 있다. 물론 이 같은 전망이 모든 사람들에게 똑같이 적용되지는 않을 것이지만, 전체적으로 볼 때 그렇다는 얘기다. 비관적인 전망을 할 수밖에 없는 이유는 크게 두 가지이다.

첫째, 청년 세대의 취업난이 갈수록 커지고 있다는 점이다. 취업은 인간의 생계를 보장하는 수단이자, 인생에서 자아를 실현하는 귀중한 통로이다. 그런데 요즘 청년들에게 이런 통로가 점차 막혀가고 있다. 우리나라 전체 실업률은 현재 4% 선이나, 청년실업률은 이보다 2~3배 높은 10%에 달한다. 우리보다 경제발전이 10년 정도 앞서가고 있는 선진국들을 봐도, 청년실업률이 일반 실업률보다 2배가량 높게 나타나고 있다. 청년실업 현상이 쉽게 해소될 사안이 아니라는 뜻이다.

둘째, 정규직 일자리는 별로 늘지 않고, 비정규직 일자리만 크게 늘어나고 있다는 점이다. 조사기관에 따라 적지 않은 차이가 있기는 하지만, 우리나라에서 비정규직은 현재 전체 근로자의 30~40%를 차지하는 것으로 나타나고 있다. 비정규직은 임금 수준이 정규직의 60~70% 선에 머물고 있는데다, 건강보험과 국민연금·고용보험 등 사회보험의 혜택을 받지 못하는 경우가 많다.

경제학자 우석훈 씨와 사회운동가 박권일 씨가 함께 쓴 『88만 원 세대』(2007년)는 젊은 세대가 앞으로 처하게 될 고용시장의 미래를 잘 그려내고 있다. 여기서 말하는 88만 원이란 비정규직 전체의 평균임금(119만 원)에 20대의 평균소득 비율인 74%를 곱해 산출한 수치다. 지금의 20대 비정규직이 산업현장에서 받고 있거나 앞으로 받게 될 임금 수준인 셈이다.

베이비부머들은 "내일은 오늘보다 더 나아지겠지." 하는 신념으로 살았고, 또 열심히 노력하여 그런 꿈을 상당 부분 성취했다. 일하고 싶은 사람들에겐 좋은 일자리가 충분히 제공됐기 때문이다. 그러나 우리 청년 세대들은 30%만이 그런 혜택을 얻고, 나머지는 비정규직으로 일을 하게 될 가능성이 높다. 이럴 경우 젊은 나이에 빈곤층으로 떨어져, 국가의 구호금에 의지하며 살아가야 하는 청년들이 많이 나타날 것이다.

정부는 저출산 문제를 해결하기 위해 젊은 세대들이 아이를 많이 낳도록 여러 가지 인센티브 대책을 발표하고 있다. 설령 정부의 이런 대책이 약효를 발휘해 아이들이 많이 태어난다 하더라도, 우리 사회가 앞으로 좋은 일자리를 많이 만들어내지 못하면 별 의미가 없다. 우리 사회가 은퇴한 노인 부양도 벅찬 상태에서, 일자리가 없는 젊은 청년들까지 먹여 살려야 하기 때문이다.

국가부채는 부모가 쓰고, 뒷정리는 후손이 한다?

현대 복지국가는 본질적으로 재정적자의 확대를 피할 수 없다. 경제성장의 둔화에 따라 조세수입은 감소하는 반면, 고령연금 지급액의 증가, 노인 의료비의 증가, 빈곤층의 증가 현상으로 이곳저곳에 써야 하는 사회복지비 지출은 급속히 늘어나기 때문이다. 고령 사회에 접어든 유럽 국가들이 만성적인 재정적자 상태에 빠져 있는 것도 바로 이런 이유 때문이다.

우리나라의 2010년 보건복지 재정 규모는 모두 31조 원(예산과 기금지출 포함)으로 2009년에 비해 9.5% 증가했다. 다른 부분의 예산은 동결 또는 소폭 증가하는 데 그치고 있는 반면, 보건복지 예산은 매년 큰 폭으로 늘고 있다. IMF 경제 위기 이후 10여 년 사이에 보건복지 분야의 재정지출 규모는 2배 이상 증가한 상태다. 이런 추세로 보건복지 지출이 빠르게 늘어날 경우, 우리나라도 미국과 일본, 유럽 국가들처럼 만성적인 재정적자에 빠질 가능성이 높다고 전문가들은 말한다.

누적된 재정적자를 모두 더한 것이 바로 국가부채이다. 국가부채의 많고 적음을 따질 때는 대對 GDP 비율을 보는데, 우리나라 국가부채는 2009년 현재 GDP의 35.6% 수준을 나타내고 있다. 참고로 OECD 30개 회원국의 국가부채 비율 평균치는 75%이다. 이 때문에 우리나라 국가부채는 아직 걱정할 단계가 아니라는 게 이명박 정부의 설명이다.

그러나 정부의 말을 그대로 믿기에는 우리나라 국가부채 증가 속도가 너무 가파르다. 우리나라 국가부채는 IMF 위기 직후인 1998년 93조 6,000억 원

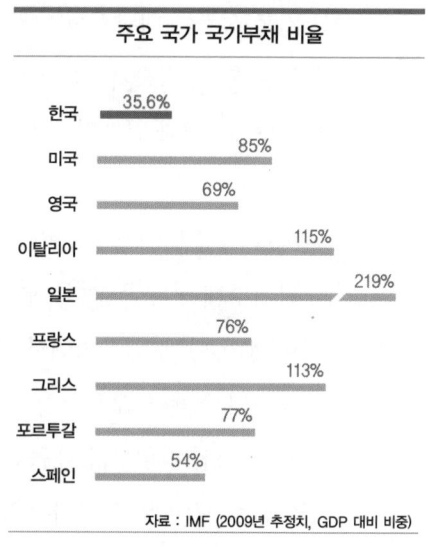

주요 국가 국가부채 비율

한국	35.6%
미국	85%
영국	69%
이탈리아	115%
일본	219%
프랑스	76%
그리스	113%
포르투갈	77%
스페인	54%

자료 : IMF (2009년 추정치, GDP 대비 비중)

우리나라 국가부채 증가 추이

- ○ 국가부채 총액
- ■ GDP 대비 비중

133조 원
203조 원
282조 원
366조 원

18.5% 24.6% 31.1% 35.6%

2002 2003 2004 2005 2006 2007 2008 2009 (연도)

자료 : 기획재정부

에서 2009년 말 366조 원으로 급증했고, 2010년 말 또다시 400조 원을 돌파할 전망이다. 과거 우리나라가 세계에 자랑해 온 것 중의 하나가 재정이 튼튼하다는 것이었으나, 이제는 빚을 내서 매년 나라살림을 해야 할 정도로 상황이 크게 나빠진 것이다.

이웃 일본이 우리에게 반면교사反面教師가 될 수 있다. 일본도 1980년대까지만 해도 재정상태가 괜찮은 나라였다. 그때까지 국가부채 비율이 35~38% 선을 오르내리면서 나름대로 재정 건전성을 유지했다. 그러나 1990년대 들어 경제 버블이 꺼진 후 장기 경제불황이 시작되자 상황이 크게 달라졌다.

일본 정부는 매년 GDP 대비 7~8%의 재정적자를 내면서 경기 부양을 했고, 적자가 20년 가까이 누적되면서 재정이 순식간에 무너졌다. 그 결과 일본의 국가부채 비율은 2009년 219% 선까지 급속히 올라갔다. 나라살림이 견실하던 국가가 어어 하는 사이에 세계에서 가장 빚이 많은 나라가 되어버린 것이다.

국가부채가 계속 늘어나면 어떤 사태가 발생할까? 거기에 대한 답이 2010년 봄 남유럽에서 발생했다. 재정을 방만하게 운영하던 그리스와 스페인, 포르투갈, 터키 등이 심각한 재정위기에 빠져 국가부도 직전 상황으로 내몰린 것이다. 다행히 EU 회원국들이 긴급자금을 모아 돈을 꾸어줌으로써 부도 사태는 모면했으나, 이들

국가들은 국제사회에서 '신용불량 국가'로 낙인찍혀 외화차입에 어려움을 겪고 있다.

정부가 나라살림을 하려면 어느 정도 빚을 내는 것은 피할 수 없다. 그러나 지나친 국가부채의 증가는 국민경제에 큰 해악을 가져다준다. 우선 시중에 부동자금이 크게 늘어나 인플레이션(물가상승)을 부추긴다. 국채國債 발행액만큼만 늘어나는 게 아니라, 통화 승수효과에 의해 부동자금이 2~3배로 더 늘어난

다. 물가가 오르면 국민들의 생활은 그만큼 더 어려워진다.

또 국가 신용도가 떨어지는 부작용이 생긴다. 돈을 떼이게 될까 봐 선진국 은행들이 돈을 더 이상 빌려주려 하지 않고, 빌려준 돈까지 회수하려 한다. 부채를 갚아야 할 만기가 돌아오는데도 달러를 빌리지 못하면 국가부도를 맞을 수밖에 없다. 우리나라가 1997년 겨울 갑자기 맞았던 IMF 경제 위기가 바로 이러한 것이다.

국가부채는 언젠가는 누가 갚아도 갚아야 하는 돈이다. 그러나 분명한 것은 지금 국채를 발행하는 현세대는 돈을 갚을 생각이 전혀 없다는 것이다. 돈을 갚을 생각이 있다면 국가부채를 그렇게 함부로 늘리지도 않을 것이다. 따라서 국가부채를 갚을 책임은 결국 후세대들에게 떠넘겨질 수밖에 없다. 우리의 후손들이 참으로 불쌍하게 생각되는 것은 바로 이런 연유 때문이다.

소득세율 40~50%로 높아진다

인구 고령화가 깊어질수록 노인 부양을 위한 국민 부담(세금과 사회보험료)은 빠르게 늘어난다. 고령연금과 노인 의료비 지원 등을 위해 쓰는 정부의 사회복지비 지출이 기하급수적으로 증가하기 때문이다. 노인인구가 많은 유럽 국가들과 일본에서 이런 현상이 이미 오래전부터 나타나고 있다. 우리나라도 앞으로 이와 비슷한 코스를 밟아갈 가능성이 높다.

통계청 조사에 따르면, 우리나라는 1970년에는 생산가능인구(15~64세) 12명이 노인 1명을 부양했으나, 지금은 생산가능인구 7명이 노인 1명을 부양하고 있다. 오는 2030년쯤에는 3명이 노인 1명을 부양해야 할 정도로 상황이 더 나빠질 것이라 한다. 앞으로 20년 후엔 젊은이 3명이 노인 1명씩 담당하여 생활을 보살펴야 한다는 뜻이다. 이렇게 하려면 국민들의 세금부담이 크게 늘어날 수밖에 없다.

노인 복지비의 증가가 불가피하다면, 이 돈은 누가 부담하는 것이 맞을까? 논리적으로는 복지혜택을 입는 노인들이 부담하는 것이 맞다. 그러나 실제적으로 그렇게 하기 힘들다. 연금제도를 예로 들어보자. 우리나라 국민연금은 현재 '적립방식'을 채택하고 있다. 자신이 은퇴해서 받을 연금을 젊었을 때부터 월급에서 매월 일정액을 떼어 미리 적립해두는 제도이다.

만약 적립된 연금이 고갈되면, 젊은 사람들에게서 세금을 걷어 노인들에게 나눠주어야 한다. 이처럼 노인들에게 지급할 연금액을 젊은이들에게 세금으로 할당하는 것을 '부과방식' 연금제도라고 부른다. 이미 고령사회에 접어든 유럽 국가들이 부과방식으로 연금제도를 운영하고 있다. 부모 세대는 자식 세대에게서 봉양을 받고, 또 자식 세대는 그 다음 세대의 봉양을 받는 식으로 계속 흘러가는 것이다. 연금제도를 '세대 간의 약속'이라고 부르는 것도 이 때문이다.

문제는 세대 간의 약속을 더 이상 지키기가 어려워지고 있다는 점이다. 노인들의 수가 젊은이들의 수보다 점점 많아지고 있기 때문이다. 부과방식 연금제도는, 부모가 사용한 신용카드 금액을 자

65세 이상 노인 1명을 부양하는 생산가능인구(15~16세) 수

65세 이상 노인 1명 생산가능인구 (15~64세)	17.5명	8.6명	4.7명	2.8명	1.4명
	1970년	2003년	2020년	2030년	2050년

자료 : 통계청

식들이 대신 갚아주는 것과 비슷하다. 부모가 자식들을 키울 때 쓰는 엄청난 돈을 고려하면, 자식 세대가 부양 부담을 일정 부분 떠맡는 것은 당연하다고 하겠다.

그런데 최근 노인들의 숫자가 급증하면서 그 부담이 천문학적 수준으로 증가하고 있다는 게 문제다. 조세전문가들은 현행 연금제도를 고치지 않으면 오는 2030년쯤엔 젊은이들이 노인 부양을 위해 소득의 40~50%를 세금과 사회보험료로 내야 할 것이라고 말한다. 이즈음엔 인구 고령화의 영향으로 우리나라 잠재경제성장률은 1~2%대로 하락해 있을 가능성이 높다.

경제성장이 낮은 수준에 머물면, 기업들은 매출과 이익이 줄어들 수밖에 없고, 이는 근로자들의 임금인상 억제로 연결될 것이다. 임금인상이 어려워진 상태에서 정부가 소득의 40~50%를 세금으로 걷어가면 젊은이들이 잠자코 있을 리 없다. 당연히 부모 세대와 정부에 대한 불만이 커질 수밖에 없다.

결국 고령사회에서는 노인 부양 부담을 놓고 노인 세대와 젊은 세대 간에 세대 갈등이 벌어지게 된다. 이미 일본과 유럽 국가들에선 그러한 현상이 발생하고 있다. 우리나라도 그런 방향으로 흘러갈 가능성이 아주 높다. 세대 간의 갈등이 발생하는 것을 막으려면, 그전에 연금개혁을 단행해 고령자들이 받는 연금 액수를 미리 줄여야 한다.

그러나 노인 유권자들의 표를 의식한 각국 정부는 이런 개혁을 단행하는 데 매우 소극적이다. 투표권을 가진 유권자 가운데 65세 이상 노인들이 차지하는 비율은 이탈리아 20%, 영국 20%, 독일 19% 등 대부분의 선진국들에서 20% 선에 육박하고 있다. 노인 유권자 비율은 2050년쯤 이탈리아에서는 40%, 독일과 스위스에서는 30%를 넘어설 것으로 전망된다.

우리나라도 이미 연금개혁에 대한 고령자들의 반발이 만만치 않은 상황이다. 시간이 흐르면 개혁은 더욱 힘들어질 것이다. 그렇다면 젊은이들이 회색빛 미래를 피할 수 있는 방법은 단 하나밖에 없다. 노인들이 적고, 세금부담이 낮은 나라로 이민을 떠나는 것이다. 지금은 상상이 어렵겠지만, 고령자들이 기득권을 양보하지 않으면 젊은이들이 언젠가는 그렇게 할 것이라 생각한다.

일자리를 둘러싼 세대 간 갈등

선거가 치러질 때마다 여당·야당 후보들이 가장 열심히 외치는 선거 공약公約은 일자리 창출이다. 서로 경쟁적으로 1년 내에, 또는 2년 내에 수십만 개, 수백만 개씩 일자리를 만들겠다고 약속한다. 그러나 정치인들의 주장처럼 일자리는 그렇게 쉽게 만들어지는 것이 아니다. 일자리를 만들기 쉽다면 이 지구상에는 실업자가 아마 존재하지 않을 것이다.

일자리 창출은 경제성장률에 큰 영향을 받는다. 대략 경제가 1% 성장하면 6만~10만 개 내외의 일자리가 생긴다. 우리나라가 7~10%대의 고도 경제성장을 하던 1980년대, 1990년대만 해도 우리나라에서 매년 생기는 일자리는 약 50만~60만 개에 달했다. 그래서 당시는 대학만 졸업하면 누구나 취업이 가능할 정도로 거의 완전고용이 이뤄졌다.

그러나 IMF 경제 위기 이후 '고용 없는 성장' 현상이 나타나면서 2003년부터 우리 기업들의 일자리 창출 능력은 급속히 떨어졌다. 2002년 59만 7,000개가 만들어졌던 새 일자리 수는 2004년

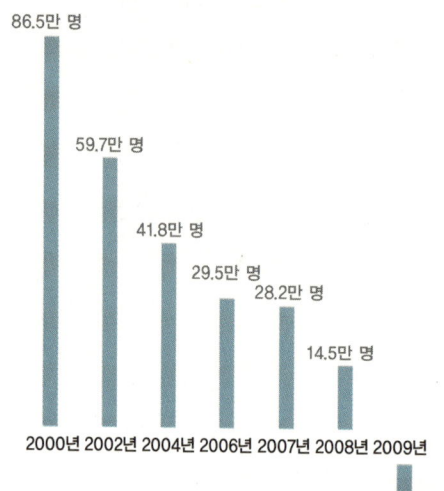

연도별 일자리 창출 추이

86.5만 명

59.7만 명

41.8만 명

29.5만 명

28.2만 명

14.5만 명

2000년 2002년 2004년 2006년 2007년 2008년 2009년

−7.2만 명

자료 : 통계청

41만 8,300개, 2005년 29만 9,000개, 2007년 28만 2,000개, 2008년 14만 5,000개 등으로 계속 줄어들고 있다. 특히 글로벌 금융위기가 발생했던 2009년에는 일자리가 늘어나기는커녕, 오히려 기존 일자리가 7만 2,000개나 감소하는 현상이 발생했다.

일자리 창출의 감소와 함께, 또 하나 주목해야 할 것은 '괜찮은 일자리decent jobs'의 정체현상이다. 기준을 어떻게 정의하느냐에 따라 다소 차이가 있을 수 있으나, 대체로 초봉이 2,800만 원 이상이고 근로여건이 좋으면 '괜찮은 일자리'라고 할 수 있다. 취업전문가들의 분석에 따르면, 대졸자들이 선호하는 '괜찮은 일자리'는 매년 5만 개가량 만들어지는 것으로 추정된다.

삼성과 LG · 현대자동차 같은 재벌기업과, 국민은행 · 우리은행 · 하나은행 · 신한은행 같은 금융기관 등이 만들어내는 것이 바로 '괜찮은 일자리'이다. 이런 일자리가 많이 만들어져야 사람들이 경제사정의 호전을 피부로 느끼게 된다. 그런데 IMF 쇼크 이후 대기업들이 감량경영을 체질화하면서 '괜찮은 일자리'가 거의 늘어나지 않고 있다. 그렇다 보니 대졸자들이 대기업과 금융기관에 취업하기가 '바늘귀에 낙타가 지나가는 일'만큼이나 어려워지고 있다.

물론 일자리 부족이 심각해진 것은 젊은이들이 자초한 측면도 있다. 이른바 과잉교육over-education 문제이다. 실업계 고등학교에 진학했으면 쉽게 일을 구했을 학생들이, 값비싼 대학 졸업장을 받는 바람에 오히려 취업을 못하는 경우가 많다는 뜻이다. 실제로 우리나라 고등학생들의 대학 진학률은 세계

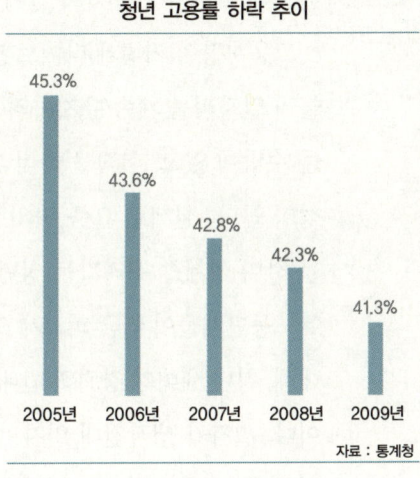

청년 고용률 하락 추이

45.3%
2005년

43.6%
2006년

42.8%
2007년

42.3%
2008년

41.3%
2009년

자료 : 통계청

최고 수준이다. 거의 모든 고등학생들이 대학에 진학한 결과, 매년 54만~56만 명의 대졸자들이 사회로 쏟아져 나온다.

그러나 국내 기업들이 만들어내는 일자리는 20만~30만 개에 그치고 있다. 중졸자·고졸자들이 취업하는 일자리를 빼고 나면, 대졸자의 30~40%가 대학을 졸업하자마자 실업자가 되고 만다는 얘기다. 산업현장의 수요에 비해 대학생이 너무 많이 공급되고 있는 것이다. 이런 점에서 교육 시스템과 재정상태가 부실한 대학들을 퇴출시켜, 대졸자 수를 줄이는 정책의 시행이 시급한 것으로 보인다.

어렵게 취업에 성공한 대졸자라 하더라도, 언제 해고될지 모르는 불안에 시달려야 한다. 기업들이 인건비를 줄이기 위해 임금이 비싼 정규직 채용을 줄이고, 임시직과 계약직 같은 저임금 비정규직만 계속 늘리고 있기 때문이다. 통계청 조사에 따르면, 우리나라 전체 근로자 가운데 비정규직이 차지하는 비중은 36%에 달한다. 그러나 노동계는 숨어 있는 비정규직을 모두 포함하면, 비정규직

근로자 비율이 51%까지 늘어난다고 말한다.

고용시장이 이렇게 타이트한 가운데 베이비붐 세대들이 정년을 늘려 일자리를 계속 유지하려 하면, 청년 세대는 실업자로 계속 맴돌 수밖에 없고, 취직을 하더라도 비정규직으로 내몰리게 될 가능성이 높다. 실제로 요즘 편의점이나 햄버거 가게에서 아르바이트를 하며 생계를 꾸려가는 청년들이 폭발적으로 늘어나고 있다.

노동단체들이 임금 피크제 도입과 정년 연장을 요구하고 있는 데 대해, 청년 세대가 강력히 반대하고 있는 것은 바로 이런 이유 때문이다. 필자가 생각건대 일자리를 둘러싼 기성세대와 청년 세대 간의 갈등은 이제 막 시작된 것뿐이다. 지금처럼 고용시장이 꽉 막혀 있고, 탈출구가 전혀 보이지 않게 된다면 청년 세대의 불만은 언젠가는 '화약고'가 터지듯이 한꺼번에 폭발하게 될 것이다.

CHAPTER 15

베이비부머가
마주칠 미래 세상

2023년쯤 인구감소가 시작된다

경제가 발전하고 소득수준이 높아지면 일반적으로 여성들이 아이를 낳는 것을 꺼려해 출산율이 하락하는 경향을 보인다. 특히 우리나라는 '출산 파업'이라는 말이 나돌 정도로 여성들의 출산 기피 현상이 심각하다. 우리나라 여성의 합계출산율은 2009년 1.15명을 기록, 2008년보다 0.04명이 더 떨어졌다. 노인들만 남아 있는 농촌에서는 아이 울음소리가 끊긴 지 아주 오래됐다.

신생아는 줄어드는 반면, 노인들의 사망률은 매년 하락하고 있다. 노인들이 건강해지고 있기 때문이다. 2009년 인구 1,000명당 사망률은 60대 남자(여자)의 경우 15.6명(6.0명)을 기록해, 10년 전의 24.6명(10.3명)에 비해 30%가량 낮아졌다. 70대 남자(여자)의 인구 1,000명당 사망률도 10년 전 61.3명(34.6명)에서 41.8명(21.0명)으로 크게 하락했다.

이처럼 어린아이는 적게 태어나고 사망하는 노인들은 줄어드니, 인구 구조가 늙어가는 것이다. 통계청 전망에 따르면, 우리나라 인

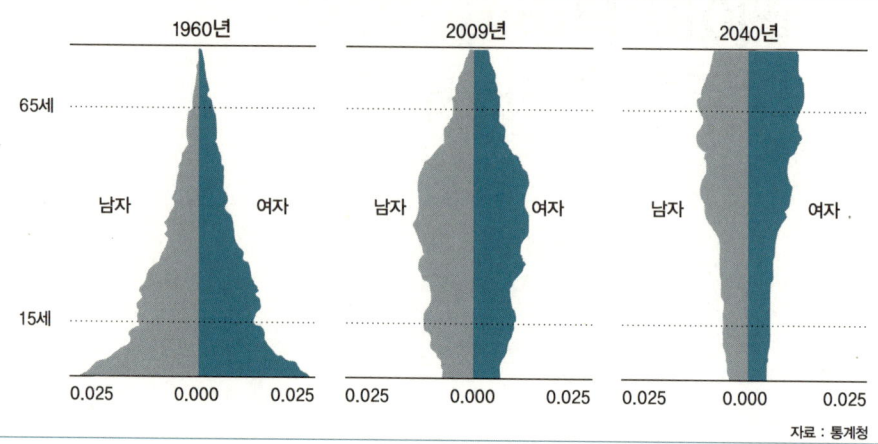

인구 피라미드 변화 추이 : 1960년, 2009년, 2040년

구 가운데 65세 이상 고령자 비율은 2010년 11%에서 2050년에는 38.2%로 크게 늘어날 것으로 예상되고 있다. 이 같은 인구 고령화 속도는 세계에서 가장 빠른 것이다. 또 2050년의 우리나라 노인인구 비율 38.2%는 세계에서 노인이 가장 많은 일본(2050년 37.8% 예상)보다 더 높은 수치라는 점에서 상황의 심각성을 읽을 수 있다.

우리나라 인구 구조에서 앞으로 가장 큰 문제가 될 것으로 보이는 것은 인구감소이다. 우리나라 인구는 2009년 4,875만 명에서 계속 늘어나 2023년쯤 약 5,000만 명으로 정점에 도달한 뒤 감소세로 돌아설 전망이다.

통계청은 당초 '2005년 인구추계' 자료에서 2019년부터 인구가 감소할 것으로 전망했으나, 최근 3~4년 사이에 국제결혼 등을 통한 외국인 입국이 크게 늘어나 인구감소 시기가 4~5년 정도 늦춰질 것으로 추정하고 있다. 통계청 예상으로는 2050년 우리나라 인구는 4,234만 명을 기록해, 2009년보다 641만 명 정도 줄어들 전망이다. 이럴 경우 우리나라 인구 순위는 2009년 26위에서 2025

년에는 32위, 2050년에는 46위로 하락할 것으로 전망되고 있다.

물론 그럴 가능성은 거의 없다고 생각하지만, 우리나라 여성들의 출산율이 지금처럼 계속 낮은 수준을 유지하면 언젠가는 우리나라가 지구상에서 사라지게 될지도 모른다. 통계청 분석에 따르면, 출산율이 지금의 추세를 유지한다고 가정하면 우리나라 인구는 2100년 1,000만 명으로 줄어들고, 이어 2150년에 290만 명, 2200년에 80만 명, 2250년에 20만 명, 2300년엔 6만 명으로 줄어든다.

그리고 2305년에는 인구가 제로(0)가 되는 상황이 발생한다. 순전히 이론상으로 그렇다는 이야기이지만, 참으로 끔찍한 시나리오가 아닐 수 없다. 더 늦기 전에 정부와 우리 국민이 머리를 맞대고 저출산 해소방법을 적극적으로 찾아야 할 것이다.

저출산으로 문을 닫는 학교가 급증한다

인구감소가 일어나면 어떤 일이 벌어질까. 먼저 인구감소는 '성장이 불가능한 사회'를 만들 것이다. 노동인구가 줄어들면 전체 가계소득이 줄어들 것이고, 이는 소비감소를 유발해 결국 GDP의 감소로 연결된다. 인구 고령화 현상이 심각해지면 경제성장률이 '마이너스'를 기록할 수도 있다는 얘기다.

우리나라는 1979년 2차 오일쇼크와 1998년 IMF 경제 위기 때 경제성장률이 마이너스로 떨어진 것을 제외하고는 마이너스 성장을 한 사례가 없다. 인구감소는 GDP의 축소로만 끝나는 것이 아니다. 그 과정 속에서 나타나는 경제침체, 국민연금과 건강보험 재정의 고갈, 복지비용 증가에 따른 정부의 재정적자 확대 등 수많은 문제를 발생시킨다.

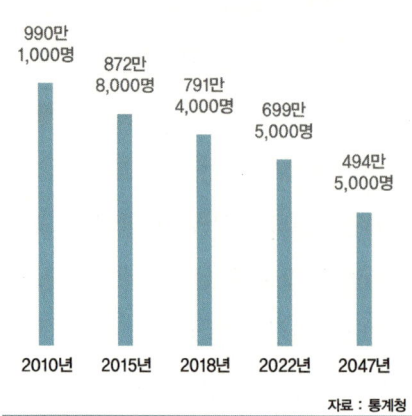

2010년 이후 학령인구 추이(예상치)

990만
1,000명

872만
8,000명

791만
4,000명

699만
5,000명

494만
5,000명

2010년   2015년   2018년   2022년   2047년

자료 : 통계청

정부가 매년 막대한 예산을 투입해 도로를 닦고 공항을 증설하는 것은 그 바탕에 인구가 계속 증가한다는 전제를 깔고 있기 때문이다. 그러나 인구가 감소하면 이 인프라들을 이용하는 사람들이 줄어든다. 일본 최북단 섬인 홋카이도의 경우, 고속도로를 닦아놓았더니 사람은 안 다니고 노루와 사슴만이 다니더라는 얘기가 있다. 우리나라에서도 머지않아 이와 비슷한 일이 일어날지 모른다.

인구감소가 가장 큰 타격을 줄 분야는 교육시장이다. 학교에 다니는 나이에 있는 아이를 학령인구學齡人口라 부르는데, 이 학령인구가 1990년대부터 나타난 저출산 영향으로 빠르게 줄어들고 있다. 지금의 추세가 이어진다면 학령인구는 2010년 990만 명에서 2020년 700만 명 이하로 떨어지고, 2047년에는 494만 명으로 반토막이 날 것으로 전망되고 있다.

이런 학령인구의 감소 때문에 10여 년 전부터 초등학교에선 이미 통합 바람이 불고 있으며, 중학교와 고등학교 쪽으로 점차 확산되고 있다. 특히 2016년에는 고등학교 졸업생 수(59만 9,500명)가 대학 입학정원(60만 명)을 처음으로 밑도는 현상이 발생할 것으로 보인다. 그럴 경우 우리나라 대학들은 2016년부터 대규모 입학생 부족 사태를 맞을 것으로 전망된다.

저출산과 인구 고령화가 심각한 일본의 경우, 전국 사립대학의

43%가 정원미달로 어려움을 겪고 있는 것으로 나타나고 있다. 우리나라 교육시장도 머지않아 일본의 전철을 밟아갈 것으로 예상된다.

독일 프랑크푸르터 알게마이네 짜이퉁 신문의 발행인인 프랑크 쉬르마허Frank Schirrmacher는『고령사회 2018 Das Methusalem Komplott』이라는 책에서 "인구 고령화와 인구감소 시대의 출현은 인류 역사에서 공산주의의 붕괴보다 더 큰 사건"이라고 말한다. 사실이 정말 그렇다.

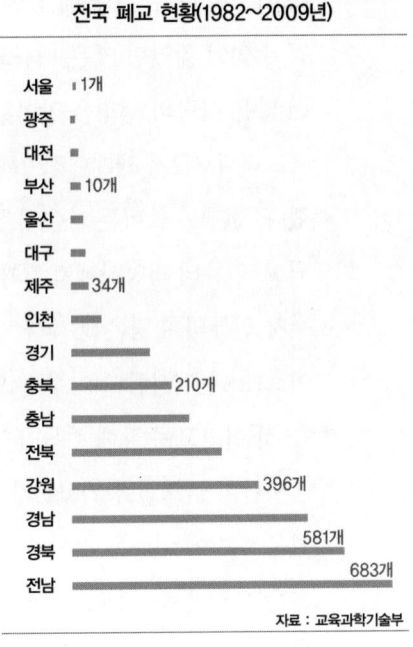

전국 폐교 현황(1982~2009년)

서울	1개
광주	
대전	
부산	10개
울산	
대구	
제주	34개
인천	
경기	
충북	210개
충남	
전북	
강원	396개
경남	
경북	581개
전남	683개

자료 : 교육과학기술부

건강한 고령화와 인간수명 100세 시대

사람은 얼마나 오래 살 수 있을까. 결론부터 말하면 금세기 안에 100세까지 살 수 있을 가능성이 높아 보인다. 지금은 인류의 평균수명이 1년에 3~4개월가량 늘어나고 있으나, 2025년쯤부터는 1년에 한 살씩 늘어날 것이라는 게 세계미래학회의 전망이다. 이런 예상이 맞아떨어진다면 현재 85세인 한국인의 '다빈도 사망연령'은 2050년쯤엔 100세 수준으로 늘어나게 될 것이다.

20세기 초만 해도 인류의 평균수명은 40세 전후에 불과했다. 그러던 것이 불과 한 세기 만에 두 배 가까이 증가했고, 불가능하리라 여겼던 마魔의 100세 장벽 돌파까지 눈앞에 두게 된 것이다. 이전 수명이 짧았던 것은 대규모 전쟁과 전염병이 주기적으로 발생해 많은 사람의 생명을 앗아갔기 때문이다.

그러나 제2차 세계대전 이후 인류의 수명이 부쩍부쩍 늘기 시작했다. 전쟁이 줄어든 가운데 항생제 등 좋은 의약품이 잇따라 개발되고, 인류의 영양상태가 크게 좋아진 덕분이다. 1970년대에 들어서자 인류의 수명은 65세를 넘어섰다. 이즈음 미국 보건학자 프라이스Fries는 "사람이 아무리 오래 살더라도 85세 이상은 살 수 없을 것"이라고 주장해 주목을 받았다.

사람이 늙으면 장기臟器 기능이 손상되기 때문에 수명에 한계가 있을 수밖에 없다는 것이다. 그러나 프라이스의 인간수명 한계 이론은 요즘 틀린 것으로 판명이 나고 있다. 세계적인 장수 민족인 일본인(여성)의 평균수명이 얼마 전 85세를 넘어섰기 때문이다.

독일학자 외펜Öeppen과 보펠Vaupel은 한 발 더 나아가 인간의 수명에는 한계가 없다는 주장을 펴고 있다. 수명이 어디까지 늘어날지 모른다는 것이다. 외펜과 보펠은 "영양상태의 개선과 의학기술 발전 등으로 수명이 계속 늘어나고 있는 것을 볼 때 수명의 한계는 깨졌다"고 말한다.

인류의 수명 증가에 대해 낙관론이 나오고 있는 것은, 사람들이 건강하게 늙어가는 '건강한 고령화healthy aging' 현상이 급속히 확산되고 있기 때문이다. 건강한 고령화란 인구집단이 고령화되어도 영양상태와 보건환경의 개선으로 예전보다 덜 아프고 더 건강하게 살게 되는 것을 말한다. 좀 더 쉽게 말하면 '평균수명보다 건강수명이 더 빠르게 늘어나는 현상'이라고 정의할 수 있다.

미국의 보건학자인 라이스Rice와 파인만Fineman은 최근 20년간 선진국들의 노인 사망률을 분석한 끝에 사망률이 1년에 1%가량 하락해온 사실을 밝혀냈다. 이 조사에서 사망률의 하락과 함께 장애disability를 겪는 노인들의 숫자도 꾸준히 감소하고 있는 사실이 확인됐다. 노인들이 건강하게 늙으니 수명이 계속 늘어날 수밖에 없는 것은 당연한 일이다.

라이스와 파인만은 사망률 하락의 원인과 관련, 의학기술의 발전과 금연운동의 확산, 식생활 개선, 건강한 생활방식의 확산 등을 지적하고 있다. 이처럼 건강한 고령화가 앞으로 크게 확산된다면, 노인인구 증가에 따른 의료비의 급증도 상당 부분 억제가 가능하지 않을까 기대해본다.

건강한 고령화와 함께, 인류의 수명 증가에 기여할 것으로 전망되는 것이 '인공장기'의 보급이다. 의과학자들의 전망에 따르면, 2015년쯤 인공심장이 보급되고, 2017년에는 인공허파와 인공신장, 그리고 2020년에는 인공간장이 보급될 것이라고 한다. 인공심장의 경우 현재 프랑스에서 시제품이 개발 완료된 상태다.

인공장기가 개발되면, 고장 난 장기를 언제든지 새로운 것으로 바꿔 끼며, 무병장수를 누릴 수 있는 시대가 열린다. 문제는 가격이다. 첨단기술로 만든 제품이라 처음에는 가격이 매우 비쌀 수밖에 없을 듯싶다. 그러나 언젠가 대량생산이 가능해지면, 인류의 수명은 더욱 빠르게 늘어날 것이다.

고령자들을 돌봐주는 생활 로봇들도 2020년쯤부터 일반 보급이 시작될 것이라 한다. 청소는 물론이고, 밥도 해주며, 등도 주물러주는 생활밀착형 로봇이 나오면, 노인들은 남의 도움 없이도 독립적인 생활을 할 수 있게 될 것이다. 이미 토스트를 굽고, 컵을 가져다주는 가사도우미 로봇이 개발된 것을 보면, 생활 로봇의 개발은 인류의 생활에 일대 혁명을 가져올 것이 분명하다.

노혼老婚 전성시대가 온다

특별한 경우가 아니라면 대부분의 사람들이 결혼을 한다. 우리나라에는 정확한 결혼·이혼 통계가 없지만, 선진국들의 통계를 보면 일반적으로 성인 100명 가운데 95명이 결혼을 한다. 그리고 결혼한 커플의 20~40%가 이혼을 하고, 이혼한 사람 가운데 절반이 재혼을 한다고 한다.

수십억 인구가 모여 사는 지구상에서 남녀가 헤어졌다 합치고, 합쳤다 헤어지는 일은 수시로 벌어진다. 전혀 신기한 일이 아니다. 그러나 이런 일이 노인들 사이에서 수시로 벌어진다면 이야기가 달라진다. 그와 비슷한 일이 벌써 일어나고 있다.

'정열의 나라'로 소문난 이탈리아에서는 지난 2006~2008년 결혼한 커플 가운데 28%가 60세 이상 노인 간의 결합이었다. 좀 더 구체적으로 얘기하면 이탈리아에서는 연간 1만 6,000쌍의 노인 부부가 '황혼이혼'을 하고, 이혼한 노인의 3분의 1이 다른 파트너와 재결합을 한다. 이탈리아는 그래도 노인들이 결혼과 이혼, 재혼이라는 절차를 밟아가고 있다는 점에서 '전통'을 고수하는 나라라고 할 수 있다.

성문화가 개방적인 스웨덴에서는 노인들 사이에 '별거동침 sarbo'이 유행하고 있다. 홀로 된 남녀 노인이 각자 자신의 집을 가지고 있으면서 섹스를 포함해 친밀한 관계를 지속해가는 새로운 커플 문화다. 이화여대 함인희 교수(사회학)는 "별거동침은 결혼도 동거도 아닌 새로운 파트너 관계"라면서 "전통적인 가족 의무로부터 자유롭고자 하는 여성 노인들이 즐겨 선택하고 있다"고 말한다.

많은 사람들이 노인들에 관해 가지고 있는 잘못된 인식 중의 하나가, 노인들은 성적 욕망을 거의 가지고 있지 않을 것이라는 생각이다. 그러나 미국에서 진행된 실태 조사결과에 따르면, 57~64세는 73%가 섹스를 즐기고, 65~74세는 53%, 75~85세는 26%가 섹스를 하는 것으로 나타나고 있다. 노인들이라고 해서 젊은 사람들과 크게 다를 게 없다는 얘기다.

노인 간의 결혼이 빈번해지면서 선진국들에서는 벌써 노인 간의 황혼 로맨스를 겨냥한 여러 비즈니스가 등장해 번성하고 있다. 노인들의 사랑과 연애를 다룬 영화와 연극·소설이 인기를 모으고, 노인들을 위한 소개팅 사이트가 큰 인기를 모으고 있다고 한다.

한국에서도 최근 3~4년 사이에 65세 이상 노인들의 황혼재혼이 매년 20%가량 증가하는 것으로 나타나고 있다. 그러나 이는 법적 혼인신고를 마친 커플만 포함한 것이고, 유산상속 등 번거로운 문제를 피하기 위해 혼인신고를 하지 않고 동거하는 커플까지 합치면 재혼 증가율은 더 높아질 것이다. 앞으로는 노인들의 결혼과 동거가 빈번하게 일어나는 노혼 전성시대가 될 것 같다.

비혼非婚 커플 증가와 결혼제도의 위기

미래의 장수사회는 우리가 현재 익숙해 있는 결혼 패턴과 가족제도를 송두리째 바꿔놓을 가능성이 높다. 필자는 결혼의 신성함과 가족문화의 가치를 굳건히 믿고 있으며, 이혼은 가급적 피해야 한다는 의견을 가지고 있다. 특히 늘그막에 부부가 헤어지는 황혼이혼은 적극적으로 막고 싶다.

그러나 인구 고령화의 진전과 함께, 사회적 제도로서 결혼이 가지는 의미는 앞으로 크게 퇴색될 것으로 보인다. 이혼이 폭발적으로 늘어날 것이라는 뜻이다. 미래학자들은 앞으로 30년 후 사라지게 될 사회 시스템에 결혼을 포함하고 있다. 21세기에 들어서 결혼의 가치가 뿌리째 흔들리고 있는 이유는 다음과 같다.

첫째, 인간의 수명이 100세 전후까지 늘어날 가능성이 높다는 점이다. 이렇게 되면 결혼생활을 하다 배우자가 갑작스럽게 사망하는 경우, 30~50년을 혼자 살아가야 하는 상황을 맞게 된다. 건강하게 늙어가는 노인들에게 독신생활은 참기 힘든 일이고, 자연스럽게 파트너를 구하게 될 것이다.

파비엔 구-보디망 세계미래학회 회장은 "수명이 100세를 넘는 세상에서는 '지루하게' 한 배우자와 평생을 살려는 사람은 매우 드물 것"이라며 "미래사회에선 신랑 신부들이 '검은 머리 파뿌리 되도록' 함께 살겠다고 약속하는 선서는 사라질 것"이라고 전망한다.

사실 우리 인간이 창안한 지금의 결혼제도는 수명이 40~50세 수준에 머무르고, 부부가 함께 사는 기간이 20~30년에 불과했던 시대에 만들어진 것이다. 앞으로 인간의 수명이 100세까지 늘어난다면, 30세쯤에 결혼하는 사람은 같은 배우자와 70년간을 살아가야 할 것이다. 하늘이 점지해준 '천생연분'이라면 몰라도, 마음과 생활방식이 서로 다른 사람들이 이렇게 오래 함께 사는 것은, 서로에게 힘든 일이 될지도 모른다.

따라서 미래의 어느 시점에선, 사람들이 30세쯤 결혼을 하여 한 30년쯤 살다가 서로 헤어지고, 또다시 결혼을 해서 두 번째 배우자와 40년쯤 살다가 죽는 삶의 형태가 나타나게 될 것이다. 또 배우자와 사별한 노인들이, 스웨덴의 '별거동침' 문화처럼, 재혼을 하지 않더라도 이성과 자유롭게 동거를 하는 일이 폭발적으로 늘어날 것이다.

둘째, 결혼이 지속되는 기간이 계속 줄어들고 있다는 점이다. 미국 경제학자 로렌스 코틀리코프Laurence J. Kotlikoff는 1980~1984년 사이에 처음 결혼한 미국 여성들의 삶을 조사해보고 재미있는 연구결과를 발표한 바 있다. 흥미로운 점은 이 시기에 면사포를 쓴 미국 여성 가운데, 5년 이상 결혼생활을 한 여성은 86%로 나타난 반면, 10년 이상 결혼생활을 한 사람은 이보다 더 적은 73%로 조사된 것이다.

오늘날 미국인들이 이혼과 재혼을 밥 먹듯이 하고 있음을 고려하면, 20년 이상 결혼생활을 하는 미국인 가정은 50% 선에도 못 미치는 것 같은 느낌을 준다. 쉽게 말해 20년 이상 결혼생활을 한다는 게 여간 어려운 일이 아니라는 얘기다. 우리나라의 이혼 통계를 보아도, 이와 비슷한 트렌드가 나타나고 있다. 전체 이혼 건수에서 20년 이상 된 부부가 차지하는 비율이 2002년 15.7%에서 2005년 18.6%, 2008년 23.1%로 계속 높아지고 있다.

우리 사회에서 이혼이 급속히 늘어나고 있는 가운데, 다른 한편에서는 비혼 가구가 점차 증가하고 있다. 요즘 대학가에서 확산되고 있는 젊은 학생들 간의 동거가 그렇다. 이런 현상은 앞으로 5~10년쯤 지나면 성인들, 그리고 노인들 간에도 크게 확산될 것으로 보인다. 한국보다 사회변화가 빠른 미국과 유럽 국가들을 보면, 그 단초를 쉽게 찾을 수 있다.

미국 뉴욕타임스 보도에 따르면, 미국에서는 2006년부터 비혼 가구가 결혼 가구를 앞지른 것으로 나타나고 있다. 일부 사회학자들은 2030년쯤에는 비혼 가구가 전체 가구의 70% 선까지 증가할

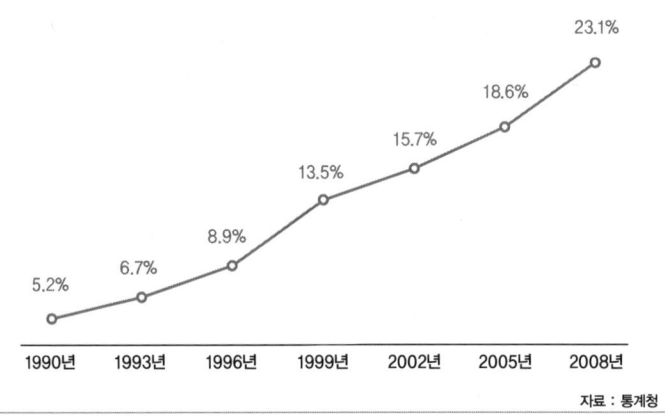

20년 이상 동거부부 이혼율

23.1%

18.6%

15.7%

13.5%

8.9%

6.7%

5.2%

1990년 1993년 1996년 1999년 2002년 2005년 2008년

자료 : 통계청

것이라는 전망까지 내놓고 있다. 비혼 커플이 늘어나는 이유는, 결혼제도를 과거의 유산으로 보는 젊은이들이 증가하고 있기 때문이다.

이런 추세에 맞춰 프랑스와 스웨덴 등 서유럽 국가들은 결혼하지 않고 동거하는 커플에 대해서도 정식부부에 준하는 사회적 권리를 인정해주고 있다. 아이를 낳으면 차별 없이 육아수당을 지급하고, 동거 파트너의 의료보험 혜택을 함께 누릴 수 있는 권한을 주고 있다. 이처럼 결혼하지 않고도 생활하는 데 아무 불편이 없기 때문에 비혼 커플이 폭발적으로 늘어나는 것이다.

사회에 비혼 문화가 확산되면, 우리 인간이 소중히 여겨오던 가족 가치family values도 점차 약해질 가능성이 있다. 이미 선진국들에선 정식으로 결혼식을 올린 부부(법률혼) 사이에 태어난 아이들이 계속 줄어들고 있다. 그 대신 동거 커플(사실혼) 사이에서 태어나는 아이와, 혼인관계가 아닌 비혼 커플 사이에서 태어나는 아이―쉽게 말해 사생아가 급속히 늘어나고 있다.

신생아 가운데 비혼 커플의 아이가 차지하는 비율을 보면, 프랑스 48%, 영국 43%, 스웨덴 56%, 노르웨이 50%, 미국 34%, 독일 26% 선으로 나타나고 있다. 아이가 태어날 때 엄마와 아빠 가운데 어느 한쪽이 없는 경우가 급속히 늘어나고 있다는 뜻이다.

핵가족의 분열, 1·2인 가구의 급증

핵가족 제도는 베이비붐 세대가 만들어낸 사회적 현상임을 앞에서 지적한 바 있다. 그런데 이 핵가족 제도가 요즘 다시 분열하는 조짐을 보이고 있다. 부부 둘만 살거나, 남자 혹은 여자 혼자만 사는 1~2인 가구가 폭발적으로 늘어나고 있는 것이다. 1~2인 가구가 크게 늘어나고 있는 이유는 다음과 같은 네 가지 현상 때문으로 풀이된다.

첫째는 부모로부터 독립해 사는 싱글족singles이 급증하는 것이고, 둘째는 이혼한 다음 홀로 사는 '싱글 맘' '싱글 파'가 증가하고 있는 것이다. 셋째는 인구 고령화에 따라 노부부 둘만 사는 가구가 증가하는 것이고, 넷째는 배우자와 사별해 홀로 사는 노인 단독가구가 늘어나는 것이다. 오른쪽 그래픽을 보면 최근 급속히 늘어나고 있는 1, 2인 가구의 실체를 읽을 수 있다.

요즘 젊은이들은 직장을 구하

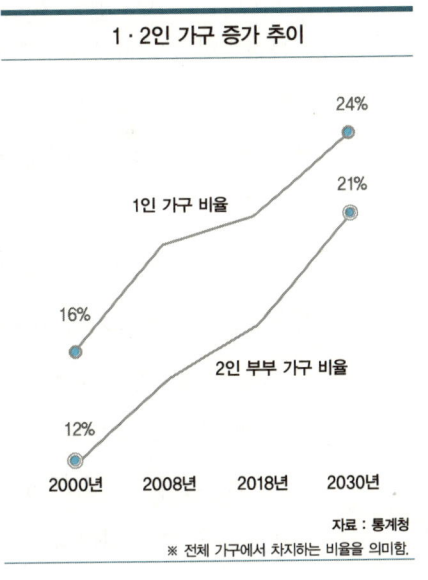

1·2인 가구 증가 추이

1인 가구 비율
16% → 24%

2인 부부 가구 비율
12% → 21%

2000년 　2008년 　2018년 　2030년

자료 : 통계청
※ 전체 가구에서 차지하는 비율을 의미함.

면 가급적 부모로부터 독립해 혼자 살려는 경향을 보인다. 특히 개인주의가 강한 유럽 사회에서는 대학에 진학하면서부터 부모로부터 독립해 사는 것이 불문율로 되어 있다. 한국도 머지않아 이런 추세가 나타날 것으로 생각한다.

이런 사회적 관습 때문에 독신주의가 발달한 유럽 국가들에선 현재 단독가구 비율이 20%를 웃돌고 있으며, 오는 2030년쯤 60% 선으로 늘어날 것이라는 전망까지 나와 있다. 우리나라도 지금과 같은 추세가 이어진다면, 1인 단독가구가 전체 가구에서 차지하는 비율이 2030년쯤 24%로 크게 올라갈 것으로 관측된다.

또 1, 2인 가구가 빠르게 늘어나는 배경에는 활발해진 여성들의 사회진출이 있다. 어느 나라든지 산업구조가 고도화되면 제조업 비중은 낮아지고, 서비스산업의 비중이 높아진다. 서비스업이 발전하면 여성들이 쉽게 일할 수 있는 '힘들지 않은' 일자리가 많이 생긴다. 직장생활을 하는 여성들은 대체로 결혼을 늦게 하기 때문에 홀로 사는 기간이 길어진다는 분석이다.

사회변화가 앞서가는 선진국들을 보면, 핵가족의 분열은 앞으로 피할 수 없을 것으로 보인다. 예를 들어 60세 이상 고령자가 자식과 함께 사는 비율을 살펴보면, 프랑스 12.4%, 미국 15.1%, 영국 13%, 독일 13.7% 등으로 나타나고 있다. 부모와 자식이 따로 사는 것이 이미 보편적인 현상이 되고 있다는 뜻이다. 다소 예외적인 경우라면 유럽에서 가족 의식이 강한 나라에 속하는 이탈리아(40%)와 스페인(42%) 정도이다.

우리나라도 벌써 이런 조짐이 나타나고 있다. 통계청 조사에 따르면, 우리나라 노인들의 50%가 자식들과 떨어져 노부부끼리만 살고 있는 것으로 나타나고 있다. 특히 이 가운데 30%는 노인 단독가구이다. 노인들이 홀로 살아가는, 이런 추세는 앞으로 더욱 더 가속화되면 되었지 완화되지는 않을 것이다.

부모와 자식이 함께 사는 '2세대 동거 문화'가 퇴조하고 있다는 것은, 전통적인 가정이 분해되고, 사회적 연결망이 무너진다는 것을 의미한다. 부모와 자식 간의 관계가 약해지면 자식들이 애써 부모를 살피려 하지 않을 것임은 쉽게 예상할 수 있는 부분이다. 이는 인류 사회가 '노후는 자신이 책임질 수밖에 없는' 코스로 달려가고 있다는 것을 의미한다.

노인 간의 빈부격차 확대

자본주의가 발전하면서 나타나는 현상 중의 하나가 빈부격차의 확대이다. IMF 경제 위기 이후 우리나라 상류층과 저소득층 간의 소득격차가 크게 벌어지고 있다는 사실은 여러 조사를 통해 확인되고 있다. 이른바 '사회 양극화' '소득 양극화' 현상이다.

그러나 일반인에겐 잘 알려져 있지 않지만, 도시가계의 빈부격차 확대에 가장 큰 기여를 하고 있는 것이 노인 가구의 빈곤현상이다. OECD 보고서에 따르면, 우리나라 65세 이상 노인들의 빈곤율(소득이 중위소득의 절반 이하인 비율)은 45.1%로 OECD 30개 회원국 가운데 가장 높은 것으로 나타나고 있다. 우리나라 노인들의 빈곤상태가 세계

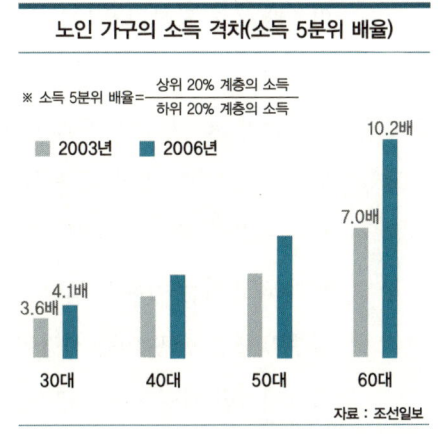

노인 가구의 소득 격차(소득 5분위 배율)

※ 소득 5분위 배율 = 상위 20% 계층의 소득 / 하위 20% 계층의 소득

■ 2003년 ■ 2006년

30대	40대	50대	60대
3.6배 / 4.1배			7.0배 / 10.2배

자료 : 조선일보

최고라는 얘기다.

노인 빈곤은 한번 빠져들면 헤어 나오기 힘들다. 젊은 시절에는 한 번 실패해도 다시 일어서서 도전하는 '패자부활전'이 얼마든지 가능하다. 그러나 고령기에 접어들면 재도전의 기회를 갖기가 어려워진다. 젊었을 때에 게으르게 살았거나, 노후대비를 위한 자산 축적에 실패했을 경우, 저세상에 갈 때까지 '빈곤의 함정'에 빠져 살아야 한다는 얘기다.

더욱 큰 문제는 노인들 간의 빈부격차가 갈수록 더 벌어질 것이라는 사실이다. 우리나라 도시 가계소득에 관한 통계를 보면, 도시 근로자 상위 20%와 하위 20% 간의 소득 격차는 대략 5배 전후인 데 비해, 노인 가구의 상위 20%와 하위 20% 간의 소득 격차는 7~8배에 달하고 있다.

실제로 한국의 노인 가구 셋 중 하나는 재산이나 소득이 전혀 없는 것으로 나타나고 있다. 보건사회연구원이 전국 418만 노인 가구를 대상으로 조사한 바에 따르면, 노인들 가운데 32%가 재산이 전혀 없어, 정부로부터 50여 만 원의 기초생계비를 받아 겨우겨우 먹고살고 있는 실정이다. 우리나라 자살자 가운데 60세 이상이 무려 33%를 차지하고 있다는 조사결과는 노인 빈곤문제의 심각성을 일깨워주는 것이라 하겠다.

가난한 노인들은 아무래도 혼자 살 수밖에 없다. 노인들이 아무도 돌봐주는 이 없이 홀로 살다 보면, 이웃 사람들도 모르는 채로 혼자 쓸쓸히 죽어가는 일이 벌어진다. 요즘 일본에서 크게 사회문제가 되고 있는 이른바 '고독사孤獨死, 고도쿠시'다. 사람이 사망한 후 일주일 또는 한 달이란 시간이 지난 후에야 발견되는 것이다. 일본 도쿄에서만 매년 2,000~3,000명의 고도쿠시가 발생한다고 한다.

사람들은 흔히 벌거숭이로 와서 벌거숭이로 가는 게 인생이라고 말한다. 그러나 '고독사'라는 신조어 앞에서 우리는 현대사회에서 나타나는 소통의 단절과 노인 빈곤문제의 심각성을 새삼 절감하게 된다.

베이비붐 세대가
풀어야 할 과제

CHAPTER 16

평생 현역
패러다임 실현하기

정년은 인생 마라톤의 '하프타임'

축구경기에는 '하프타임halftime'이 있다. 전반전前半戰을 뛴 선수들이 휴식을 가지면서 후반전後半戰을 어떻게 뛸 것인지 작전을 협의하는 시간이다. 전반전에 밀리던 팀이 하프타임 후에 새로운 팀으로 변신해 경기를 뒤집는 것을 우리는 자주 본다. 그래서 축구경기는 전반전이 아니라 후반전에서 판가름 난다는 말이 있다.

평생을 달려가야 하는 인생 마라톤에도 하프타임이 있다. 인간의 기대수명을 90세로 본다면 50세 전후가 거기에 해당될 것이다. 바로 정년 직후에 맞는 2~3년간의 휴식기간이다. 인생도 축구경기에 비유해볼 수 있다. 50세 이전 시기를 인생의 전반전이라 한다면, 이후는 인생의 후반전에 해당된다.

30년 이상 남아 있는 인생의 후반전은 새로운 삶을 살기에 충분한 기간이다. 하프타임을 이용하여 전반전에서 저지른 실수를 되짚어보고 새 기술을 연마한 사람은 후반전에서 '인생 역전'을 노려볼 수 있다. 뒤에 따로 소개하겠지만, 인생 후반부를 전반부보다 훨씬 영광스럽게 살아, 후대에 이름을 남긴 사람들이 아주 많다.

　그러나 하프타임을 아깝게 놀며 보낸 사람은 후반전에서도 부진할 수밖에 없고, 일부는 아예 후반전을 뛸 기회조차 얻지 못하게 될 것이다. 골프와 등산으로 인생의 후반부를 보내는 우리나라 은퇴자들이 곰곰이 생각해봐야 할 부분이다.

　현대 경영학의 창시자인 피터 드러커 교수는 95세로 사망할 때까지 평생 현역으로 활동을 했던 인물이다. 그가 93세 때 신문기자로부터 "당신은 평생 7개가 넘은 직업을 가졌고, 교수로만 40년을 일했는데 언제가 인생의 전성기였나?"라는 질문을 받았다. 드러커 교수는 곰곰이 생각하다 "나의 전성기는 열심히 저술활동을 하던 60대 후반이었다"고 대답했다 한다.

　드러커 교수의 사례를 보면, 단 하나의 직업만 가져보고 인생의 성패를 논하는 것은 부질없다는 생각이 든다. 인간의 수명이 90세에 접근하고 있는 장수시대에는 여러 가지 일을 해보면서 '이모작' '삼모작' 인생을 사는 것도 아주 자연스런 일이다. 장수노인이 많은 선진국들은 이미 사회 분위기가 그렇게 흘러가고 있다.

　은퇴를 앞둔 사람들이 명심해야 할 사항은, 회사에는 정년이 있는지 모르지만, 인생에는 정년이 없다는 것이다. 우리가 아는 많은 위인들이 늦은 나이까지 현역활동을 열심히 한 기록을 가지고 있다.

　「모던 타임스」 감독으로 유명한 찰리 채플린은 76세까지 영화감독으로 뛰었고, '아프리카의 성자'로 일컬어지던 알베르트 슈바이처 박사는 89세까지 환자 수술을 집도했다. 아직 생존해 있는 피아니스트 알프레드 브렌델(79세)은 77세까지 전 세계를 돌아다니며 연주회를 가졌고, 현역 영화배우 겸 감독인 클린트 이스트우드

(80세)는 지난해(2009년) 「우리가 꿈꾸는 기적-인빅터스」라는 명작을 만들었다.

예술가들을 보면 평생의 역작이 나이가 들어서 나온 경우가 많다. 르네상스 시대를 이끌었던 미켈란젤로는 71세에 「시스티나 성당의 벽화」를 그렸고, 빅토르 위고는 60세에 『레 미제라블』을 썼다. 또 괴테는 81세에 『파우스트』를 썼으며, J. R. R. 톨킨은 62세에 장편소설 『반지의 제왕』을 발표했고, 안토니오 스트라디바리는 83세에 인생 최고의 바이올린을 만들었다.

젊었을 때는 무명이었다가 노인이 되어 인생의 절정기를 맞은 사람들도 적지 않다. 영화 「부에노 비스타 소셜 클럽」으로 유명한 콤파이 세군도는 90세에 쿠바 재즈의 거장이 되었고, 미국 화가 그랜마 모제스는 100세에 미국 화단의 스타가 되었다. 가정주부였던 그랜마 모제스가 그림을 그리기 시작한 것이 80세부터였다고 하니, 이제 50세 전후가 된 사람들이 "인생이 끝났다"고 생각하면 부질없다고 할 것이다.

은퇴 후에 갖는 8만 시간의 자유

한국인의 평균수명은 지난 50년 동안 빠른 속도로 늘어나, 드디어 지난 2008년 80.1세(남자 76.5세, 여자 83.3세)를 넘어서기에 이르렀다. 60세에 정년을 맞는다고 하더라도 20년 이상을 더 살아야 한다. 만약 50세에 퇴직한다면 30년 이상의 인생이 더 남아 있는 셈이다.

정년퇴직 후에 하루 10시간만 자유시간(나머지 14시간은 수면과 식사, 장소 이동에 쓰는 시간으로 가정)을 갖는다고 해도 60세에서 80세까지 20년을 계산하면 8만 시간 이상이 된다. 8만 시간은 초등학교에서 대학까지의 총 수업시간의 3배가 넘고, 25세에서 60세까지 일을 할 경우 이 기간의 근무시간과 맞먹는 시간이다. 정년 후 맞게 되는 삶의 기간을 가볍게 생각해서는 안 된다는 얘기다.

풍요로운 은퇴생활을 하려면 오래전부터 차근차근 준비를 해야 한다는 말은 여기에서 나온다. 실제로 이런 준비 정도에 따라 노후생활의 충실도가 크게 달라진다. 예를 들어 해외에서 봉사활동을 벌일 수도 있고, 대학이나 대학원에 진학해 공부를 다시 할 수도 있고, 전국 곳곳을 자동차나 자전거를 타고 다니며 새로운 인생을 배울 수도 있다. 또 사진 촬영이나 그림을 그리며 보람 있는 여가생활을 보낼 수도 있을 것이다.

생리학자들에 의하면, 우리 인간의 뇌는 65세까지 채 반도 사용하지 않는다고 한다. 나머지 반은 백지白紙, 이를 테면 '새하얀 캔버스'라고 말할 수 있다. 정년 후에 갖는 8만 시간의 자유는, 이 캔버스에 어떤 그림을 그려갈 것인가를 생각하면서 자신만의 그림을 그려나가는 시대이다.

정년까지의 인생에 한 획을 긋고, 정년 후에는 지금까지 하지 못했던 일들을 하나씩 도전해보는 것은 어떨까. 영어회화 공부라든지 자원봉사라든지 새로운 것에 도전을 해보거나 사업을 시작하는 것도 좋다. 새로운 체험에 의해서 새로운 자신을 발견하는 것, 그것이 소중하기 때문이다.

필자가 생각건대, 은퇴 후 인생을 풍요롭게 즐기는 데는 예술이 최고다. 미술, 음악, 연극, 사진, 문화재 등 은퇴자들이 즐길 만한 예술 분야는 무궁무진하다. 백화점 부설 문화센터와 구청 문화센터는 은퇴자들과 가정주부들을 위해 다양한 취미생활 프로그램을 개발, 운영하고 있다. 이런 프로그램을 이용해 예술과 문화활동의 묘미妙味를 알게 되면 노후에 즐거운 시간을 보낼 수 있다.

'세상은 가지는 사람의 것이 아니고 느끼는 사람의 것이다'는 말이 있다. 비싼 미술품이나 골동품을 소장하고 있어도 그 아름다움을 느끼지 못한다면 아무 소용이 없다는 뜻이다. 돈이 없다고 해서 예술을 즐길 수 없는 것은 아니다. 돈이 있고 없음은 상대적인 개념이다. 평소 눈과 귀를 훈련시켜 예술을 즐기는 습관을 길러둔 사람은, 돈만 아는 사람보다 은퇴생활을 훨씬 알차게 보낼 수 있다.

미술과 음악 등 예술을 즐기는 법을 배우는 데는 별다른 비결이 없다. 전문가들은 "많이 가서 보고 듣고 느끼는 것이 최고"라는 말을 자주 한다. 많이 보고 들으면 어느 순간에 느낌이 오고, 언젠가는 깊은 안목을 갖게 된다는 것이다. 우리나라 문화유산들과 박물관을 관람할 때도 마찬가지다. 나이가 들어 고궁古宮이나 박물관을 찾아가면 젊은 시절엔 느끼지 못했던 새로운 감흥을 맛보게 될 것이다.

특히 박물관은 입장료가 싸기 때문에 일반인이 손쉽게 이용할 수 있다는 장점이 있다. 고궁 입장료도 비슷하다. 주변을 산책하듯 쉬엄쉬엄 유물을 둘러보면서 박물관과 고궁을 오래 다니다 보면 자신도 모르는 사이에 문화 애호가가 될 것이다.

은퇴와 퇴직을 구별하라

사람들은 직장을 그만두면 자연스럽게 '은퇴retirement'를 생각한다. 일반적으로 은퇴란 '생산활동을 중지하고 지속적으로 소비하는 삶의 형태'를 의미한다. 쉽게 말해, 생계비를 벌 목적으로, 더 이상 일을 하지 않는 것이 은퇴다. 이런 점에서 은퇴는 단순히 직장을 그만두는 것을 의미하는 '퇴직'과 다르다.

50세 전후에 직장을 그만두는 베이비부머들이 명심해야 할 것은 '퇴직'과 '은퇴'를 혼동해서는 안 된다는 사실이다. 직장에서 밀려났다고 해서 곧바로 사회에서 은퇴한다는 것은 본인의 능력을 사장시키는 것이고 국가적으로도 손실이다. 50대에 인생을 끝낼 계획이 아니라면 다시 현역활동을 시작해야 한다. 그것이 재취업이든지, 아니면 자원봉사 활동이든지 상관이 없다.

30년 가까이 일을 하던 사람이 갑자기 쉬게 되면 정신적으로 외로움을 느끼게 되고 건강에도 좋지 않은 영향을 준다. 평균수명이 80세로 높아지면서, 기존의 직업관이 크게 바뀌고 있음을 유념할 필요가 있다. 평생 하나의 회사만 다니는 것이 아니라, 개인의 능력에 따라 직업을 2~4개씩 얼마든지 가질 수 있게 된 것이다. 미래에는 직장을 자주 옮기는 것이 오히려 능력이 좋다는 증거가 될지도 모른다.

만약 경제적으로 은퇴준비가 덜 된 사람이라면 당연히 은퇴시기를 늦추어야 한다. 준비가 안 된 상태에서 은퇴를 해버리면 가족들이 경제적 어려움에 빠짐은 물론, 본인도 아무 할 일 없이 보내는 노후생활로 힘들어진다. 은퇴자금을 마련해둔 사람이라고 해도, 집에서 무료하게 노후를 보내는 것은 좋지 않다. 어떤 형태로든 사회에 공헌하는 일을 계속 하는 것은, 나와 사회 간의 유대감을 확인해주는 통로가 되기 때문이다.

일본에서는 정년을 넘어선 나이에도 취업하고 싶어 하는 사람을 '액티브 시니어active senior'라고 부른다. 일본 고속도로를 타고 가다 보면 톨게이트에서 돈을 받는 사람들이 대부분 나이가 지긋한 고령자들이다. 음식점에서 일을 하는 사람 가운데도 노인들이 많다. 고령자들은 회사원 시절보다 임금은 대폭 줄지만, 자기가 좋아하는 일을 하기 때문에 임금 수준에는 신경을 크게 쓰지 않는다.

사회가 이렇게 흘러가다 보니, 선진국에선 은퇴자들에게 제2의 인생을 열어주는 기술을 가르쳐주는 학원들이 문전성시를 이루고 있다. 세계에서 가장 노인이 많은 일본의 경우, 제2의 인생을 사는 기술을 가르쳐주는 '장인(예를 들어 초밥 장인, 정원사 장인) 학원'이 우후죽순처럼 생기고 있다. 우리나라도 결국 선진국들처럼 사회 트렌드가 바뀌게 될 것이다.

돈과 시간을 나누는 자원봉사

직장생활을 하는 사람들은 늘 성공 신화에 쫓겨 산다. 무슨 수를 써서라도 자신에게 할당된 업무는 꼭 초과 달성해야 하고, 동료보다 먼저 승진을 해야 한다는 강박관념에 시달린다. 이러한 과도한 욕망은 때로 사람의 본성을 바꾸어놓고, 삶을 일상 궤도에서 이탈시켜 멀쩡한 사람을 파멸시킨다. 실제로 많은 사람들이 세속적인 향락과 욕망에 빠져 단 한 번뿐인 귀중한 인생을 소비하고 만다.

그러나 아무리 세속적인 사람이라고 하더라도 어느 날 모든 게 부질없다고 느껴질 때가 온다. 아득바득 살아왔던 삶에 대한 회한이 몰려오고 이제 좀 넉넉한 생활을 해야겠다는 생각이 드는 것이다. 노후생활이란 이처럼 바쁘게만 살아왔던 인생을 조금 더 느리게 살고, 물질 만능주의에서 벗어나 돈을 조금 덜 버는 대신 조금 덜 쓰는 삶이라고 할 수 있다.

노인들을 상대로 한 심리조사에 따르면, 가장 행복한 은퇴자들은 직장에서 퇴직한 후 마음껏 휴식을 취하는 사람들이 아니라고 한다. 가장 행복한 은퇴자들은 일을 계속하거나 자원봉사를 통해 자신들이 속해 있는 사회에 봉사하는 사람들이라는 것이다.

봉사는 내가 가진 돈과 시간을 이웃과 함께 나누는 행동이다. 여기에서 많은 사람들이 오해하는 부분이 있다. 자원봉사에 뜻을 가지고 있어도 돈 문제 때문에 선뜻 행동으로 옮기지 못한다는 것이다. 그럴 필요가 없다. 돈이 없으면 시간을 함께 나누면 된다. 사실 은퇴자들이 가장 많이 가지고 있는 게 시간이다.

영어를 잘하는 사람들은 영어를 가르치는 시간을, 요리를 잘하는 사람은 요리하는 시간을, 기계를 잘 만지는 사람은 기계 고치는 시간을 내어 남을 돕는 것이다. 봉사는 혼자서 할 수도 있지만, NGO(비정부단체)를 통하면 훨씬 효율적으로 참여할 수 있다. 미국의 경우 노인들의 60~70%가 NGO를 통해 자원봉사에 참여하고 있다. 노인 3명 가운데 2명꼴이다.

반면 우리나라 노인들의 자원봉사 참여율은 10%에도 미치지 못한다. 젊어서 자원봉사를 해본 적이 별로 없기 때문에 늙어서도 집에서 소일하는 경우가 많은 것이다. 따라서 노후 봉사활동에 관심이 있다면 직장생활을 하고 있을 때부터 조금씩 관심을 갖고 참여하는 것이 좋다.

봉사활동에서 중요한 것은 어느 분야에서 일을 시작할지를 잘 생각해야 한다는 것이다. 전혀 모르는 분야에서 일을 하는 것보다

자원봉사 활동의 종류

분류	주요 활동 분야
사회복지 활동	장애아동, 저소득 직장여성의 아기 돌보기 장애아동 통학 보조 노약자, 장애인 등의 목욕 보조 가정방문(청소, 세탁, 말벗, 식사 준비 등) 급식 지원, 도시락 전달 등의 식사 지원
행정 보조	공공기관, 구청, 동사무소, 우체국, 경찰서 업무 보조 사회복지기관 및 시설에서의 업무 보조
문화 행사	음악, 무용, 연극 등 소규모 공연 봉사 복지기관 및 공공기관 행사 시 공연 봉사 지역 문화행사 지원, 행사 참가
교통·환경 캠페인	교통 정리, 주차 정리, 카풀 참여 환경·수질·재활용 캠페인
기술 및 기능 지원	이·미용, 차량 지원, 집수리, 벽화 봉사, 전산 입력
교육 봉사	자원봉사자를 위한 지도 어린이 공부방 학습지도 학습부진아 지도 한글, 영어, 한자 등의 지도 문맹노인 학습지도 장애아동 학습지도 저소득층 자녀 학습지도
상담 봉사	법률 및 세무 상담 청소년·여성·가족 상담 취업 상담 영세·중소기업 창업 상담
번역·통역	해외의 자매도시 및 저개발국을 위한 봉사 외국어 통역, 번역 봉사

자료 : 「준비된 노후는 아름답다」 송양민, 삼성경제연구소

는 경험이 풍부한 분야에서 일을 시작하는 것이 훨씬 효과적이다. 예를 들어 젊었을 때 교사였던 사람은 노인들이나 근로청소년을 상대로 공부를 가르칠 수 있을 것이고, 의사나 약사 출신들은 보건 복지 분야에서 봉사활동을 할 수 있을 것이다.

봉사활동 하면 으레 국내에서 하는 것이 일반적이지만, 세계가 한마을처럼 가까워지고 있는 요즘에는 국제 봉사활동에 나서는 사람들도 늘고 있다. 아프리카나 동남아 후진국에서 원주민을 상대로 농사짓는 법을 가르치거나 무료 진료활동을 펴는 것이 대표적이다.

봉사활동에 대해 경험이 없는 사람들은 지방자치단체에서 운영하는 자원봉사센터와 사회복지관을 이용하는 것이 여러 면에서 편리하다. 특히 지자체 자원봉사센터에서는 자원봉사 활동을 하려는 사람에게 기본교육과 전문교육을 실시하여 봉사활동이 원활히 이뤄질 수 있도록 지원하고 있다. 지자체가 운영하는 자원봉사센터에 관한 정보는 인터넷에서 얼마든지 얻을 수 있다.

자원봉사는 남만 돕는 게 아니라 자신도 돕는 일이다. 남을 돕는 일에 열중함으로써 정년퇴직에 따른 심리적 압박감을 떨쳐버릴 수 있고, 자원봉사를 하면서 얻게 되는 새로운 기술과 경험은 나중에 본인이 새로운 직업과 사업 아이템을 찾을 때 발판이 될 수도 있기 때문이다.

평생 현역을 이루는 3요소 : 시간 · 건강 · 경제 설계

은퇴생활을 보람차게 보내려면, 미리미리 준비를 잘 해둬야 한다. 은퇴하기 3~4년 전부터 계획표를 세우고, 계획대로 준비가 진행되고 있는지를 한 달에 한 번씩은 점검할 필요가 있다. 죽기 직전에 '은퇴기간이 이렇게 길 줄 모르고, 아까운 시간을 흘려보냈다'며 가슴을 치면서 후회를 해도 소용이 없다.

은퇴생활 계획표는 시간·건강·경제 설계 등 3가지로 나눠 세밀히 짜둬야 한다. 또 하나 중요한 것은 정기적인 점검을 통해 계획표를 현실에 맞게 계속 수정해나가는 것이다. 물가가 급등해 생활비가 크게 올랐다거나, 배우자가 갑자기 병석에 누웠다거나 하는 사항이 여기에 해당한다. 은퇴 생활환경이 바뀌었으면 거기에 맞게 생활 패턴도 고쳐나가야, 나중에 큰 탈이 발생하지 않는다.

많은 사람들이 자식을 위한 투자는 무제한으로 하면서도, 정작 자신을 위한 투자는 거의 하지 않고 있다. 그 결과로 나타난 것이 노후 불안이다. '놀아본 사람이 잘 논다'는 말처럼, 은퇴준비를 미리 한 사람과 그렇지 않은 사람 간의 차이는 하늘과 땅 차이다.

우리나라 직장인 가운데 어학공부나 전문지식을 쌓는 자기계발 투자를 하는 사람은 5% 선에도 미치지 못한다. 그래서 나이가 50대를 넘으면 업무역량이 젊은이들에게 뒤떨어져 회사로부터 천대를 받는 일이 빚어진다. 은퇴준비를 잘 해두면, 직장에서 오래 버틸 수 있는 힘도 자연스레 생기게 될 것이다.

1. 시간 설계 time design

8만 시간에 달하는 은퇴시간을 어떻게 사용할 것인가를 계획하는 시간표이다. 예를 들어 여가시간은 어떻게 보내고, 자기계발은 어떤 방식으로 수행하고, 가족과의 관계는 어떻게 만들어나갈 것인가를 짜는 것이다. 정년 전前과 정년 후後는 삶의 방식이 달라지는 만큼, 미리미리 적절한 계획을 짜둬야 한다.

2. 건강 설계 health design

성공한 인생을 보내려면 건강이 가장 중요하다. 건강을 유지하기 위해 식생활은 어떻게 하고, 무슨 운동을 하고, 건강진단은 언제 받을 것인지를 짜는 것이 건강 설계이다. 사람이 건강을 잃으면 돈도 여가도 아무 의미가 없다는 점에서 가장 신경을 써야 할 설계이다.

3. 경제 설계 money design

사람의 생애는 출생→성장→결혼→육아→노후 등 5단계를 거치게 된다. 이러한 과정에 맞춰 필요한 생활자금을 제때 마련하는 것이 경제 설계이다. 은퇴자들은 가지고 있는 재산을 잘 점검하여, 매월 생활비를 어떻게 조달할 것인지 재정 플랜을 미리 잘 만들어놓아야 한다. 저금 통장을 무턱대고 깨, 돈을 찾아 썼다가는 나중에 쪽박을 찰 수도 있음을 명심해야 한다.

은퇴생활에서 중요한 것은 마음가짐

50대 초반에 직장에서 퇴직하는 베이비부머들은 대부분 자신이 원해서가 아니라, 조직 내의 사정에 따라 자의 반 타의 반으로 물러나는 경우가 대부분이다. 앞 시대를 살아간 선배 세대들처럼 임원으로 승진하는 것을 바라지 않는다 해도, 55~60세 정년도 채우지 못하는 시대적 불운이 참으로 원망스러울 것이다.

그러나 시대를 잘못 타고난 불운을 탓하며 괴로워하기에는 현실이 너무 팍팍하다. 이런 사람들은 다음과 같은 말을 명심해야 한다.

"우리는 직장을 그만둔 것이지, 인생에서 은퇴한 것이 아니다."

첫 번째 직장을 그만둔 일로 너무 상심할 필요가 없다. 노력 여하에 따라 얼마든지 다시 새로운 출발을 할 수 있다.

지난 50여 년간의 삶에서 생생히 느낀 바 있듯이, 인생은 끊임

없이 변화한다. 새 길을 찾아 떠날 강한 의지만 있다면, 남은 인생도 역시 계속 발전할 것이다. 일반화하여 얘기할 수는 없지만, 이 세상에는 60세가 넘어 성공을 하고, 80세 이후에 사회의 인정을 받은 사람들이 적지 않다. 소극적인 사람들은 이런 말을 즐겨 쓴다.

"난 가진 돈이 없어."

"더 일찍 시작했으면 좋았을 텐데."

"가만히 집에 있는 게 돈을 안 까먹는 최선의 방법이야."

이런 생각을 하면서 1년은 조용히 살 수 있겠지만, 운이 없으면 30년을 살아야 할 것이다. 베이비부머들의 평균수명이 90세에 접근하고 있는 시대적 트렌드를 고려할 때, 확률적으로 이렇게 될 가능성이 80% 이상이다.

제2의 인생의 출발점에 서기도 전에, 포기하는 것은 현명하지 않은 태도이다. 물론 20~30년간 다니던 직장을 하루아침에 그만두고, 다른 세상에서 살아가야 하는 것은 어려운 일이다. 하지만 인생에서 '뒤로 돌아가는 길'은 있을 수 없다. 시간은 오직 앞으로만 흐를 뿐이라는 사실을 명심해야 한다.

다시 말하건대 인생은 길고, 우리가 할 수 있는 일은 세상에 널려 있다. 새로운 인생을 준비하는 고통을 기꺼이 받아들이면 두려울 것이 전혀 없다. 중요한 것은 자신의 과거를 있는 그대로 인정하고, 하루빨리 잊는 것이다. 과거는 지나간 일이다. 화려했던 그 어떤 과거의 순간도, 내가 지금 살고 있는 현재와, 앞으로 살아야 할 미래보다는 중요하지 않다.

일단 변화 하나에 성공하고 나면 또 다른 변화를 시도하기가 훨씬 쉬워진다. 항상 긍정적으로 생각하고, 제2의 인생의 목표점을 향해 꾸준히 노력하라. 미래는 내 마음 먹기에 달려 있다. 내가 노력하면 나를 도와주는 사람도 나타나지만, 내가 가만히 있으면 아무도 나를 도와주지 않는다.

우선 지금까지 해오던 일에서 시야를 돌려, 다른 일에도 관심을 기울여보자. 또 자신의 울타리를 벗어나 외부 세상과의 접촉을 다양하게 시도해보자. 이렇게 하면 변화하는 세상에 맞춰 자신을 조금씩 변화시켜나갈 수 있다. 여행도 사람을 변화시키는 힘이 있다. 밖으로 나가라, 그리고 많은 사람들과 만나라.

CHAPTER 17

재정 자립을 통한 당당한 노후

커지는 장수 리스크

베이비부머들이 지금처럼 좋은 건강상태를 유지할 수 있다면, 아마 90세까지는 무난히 살 수 있을 것이다. 우리가 이처럼 오래 사는 것은 분명히 축복 받을 만한 일이다. 그러나 수명이 길어지는 만큼 은퇴생활 기간도 크게 늘어나게 될 것이다. 장수는 '축복'이자 '리스크(risk, 위험)'라는 말은 여기에서 나온다. 오래 사는 데 따르는 리스크는 크게 세 가지로 요약할 수 있다.

첫 번째는 경제 면의 불안이다. 은퇴 후에는 안정된 소득원이 없어지므로 생활수준이 예전에 비해 떨어지게 된다. 이런 불안감은 본인이 미리 준비하여 스스로 떨쳐버릴 수밖에 없다. 물론 국가가 여러 가지 사회보장제도를 운영하고 있으나, 이는 어디까지나 최소한의 기초적인 생활을 보장하기 위한 것이다.

노후 책임은 결국 개인 각자가 질 수밖에 없다. 매월 생활비를 받을 수 있는 연금상품에 가입해두거나, 여유자금이 생길 때마다 적립식 펀드에 가입하여 재산을 꾸준히 불려나가야 한다. 일정한 고정수입을 얻을 수 있는 상가나 오피스텔 투자도 괜찮은 방법이다.

두 번째는 건강 면의 불안이다. 나이가 50세를 넘으면 몸 곳곳이 고장 나게 된다. 또 생활습관이 불규칙하게 되어 신체적·정신적 불안감도 커지게 된다. 요즘 사망자들의 사망 원인을 분석해보면 암이 1위를 차지하고 있으며, 2위가 뇌혈관질환, 3위가 심장질환, 4위가 당뇨병, 5위가 간질환, 6위가 만성기도 질환, 7위가 고혈압성 질환으로 나타나고 있다.

위와 같은 질환들은 오랫동안 누적된 잘못된 생활습관 때문에 발생하는 병들이다. 다시 말해 단기 처방으로 쉽게 나을 병이 아니라는 것이다. 늙어서 중병에 걸리면 오랫동안 치료를 받아야 하는 불편이 따르며, 암과 같은 질환은 치료비가 비싸 자칫하다간 노후자금까지 몽땅 들어먹을 가능성이 높다. 따라서 건강관리는 젊었을 때부터 꾸준히 해야 한다.

세 번째는 삶의 보람을 잃은 데 따른 불안감이다. 직장은 단순히 월급을 받는 생활수단의 의미뿐만 아니라 인간으로서 존재 이유를 확인 받는 장소이기도 하다. 따라서 직장을 잃는다는 것은 좀 과장해서 이야기하면 삶의 의미를 상실하는 것과 비슷하다 하겠다. 따라서 이 같은 상태에 몰리지 않으려면 직장에서 은퇴를 하더라도 일을 손에서 완전히 떼버려서는 안 된다.

미국 은퇴자협회는 이러한 정신적 불안을 떨쳐버리기 위한 방법으로 반은퇴半隱退, semi-retirement를 권장하고 있다. 자원봉사 활동을 하거나 가벼운 일거리를 만들어서 현역시절에 가졌던 생체 리듬을 계속 유지하라는 것이다. 큰돈은 아니더라도 노후생활에 용돈으로 쓸 수 있는 작은 소득이라도 얻을 수 있다면 금상첨화錦上添花이다.

사실 은퇴를 하면 집에서 무조건 쉬어야 한다는 생각은 옛날 시대의 사고방식이다. 체면을 중시하는 우리나라에서는 과거 노인들이 돈을 벌기 위해 일하는 것을 창피한 일로 여기는 경우가 많았다. 그러나 이제 세상은 변했다. 변화된 시대에 적응을 하지 못하는 사람은 기나긴 노후생활이 괴로울 뿐이다.

가계저축률 하락과 늘어나는 가계부채

우리나라 국민들의 소득은 매년 꾸준히 증가하고 있다. 통계청이 발표하는 '가계동향조사' 자료를 보면, 우리나라 가계의 월평균 소득은 344만 원(2009년 기준)으로 전년보다 1.5%, 5년 전인 2004년에 비해서는 22.5% 증가한 것으로 나타나고 있다. 그러나 도시가계의 삶은 5년 전이나 지금이나 여전히 팍팍한 느낌이다. 열심히 일을 해서 돈을 벌어도 흔적도 없이 곧장 사라지기 때문이다.

도시민들의 어깨를 가장 무겁게 짓누르고 있는 것은 과도한 사교육비다. 도시가계가 매월 지출하는 사교육비는 적게는 20만~30만 원, 많게는 100만~200만 원대에 달한다. 여기에 매달 30만~50만 원씩 들어가는 자동차 운행경비(자동차 보험료 포함), 가족들이 모두 하나씩 들고 다니는 휴대폰 이용료를 내다 보면 저축은 꿈조차 꾸기 어려워진다.

크게 늘어난 세금과 사회보험료도 가계살림에 큰 부담이 되고 있다. 정부의 재정지출 확대로 국민 1인당 세금부담액은 2000년 242만 원에서 2009년 433만 원으로 9년 사이에 80% 가까이 늘어났다. 의료보험 통합 이후 건보재정 적자가 커지면서, 건강보험료 등 사회보험료도 매년 5~10%씩 오르고 있다. 세금과 사회보험료

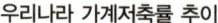

우리나라 가계저축률 추이	가계부채 증가 추이

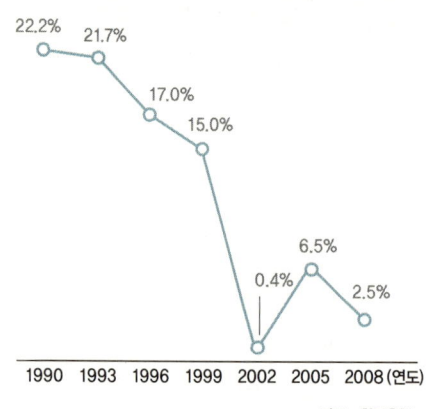

자료 : 한국은행

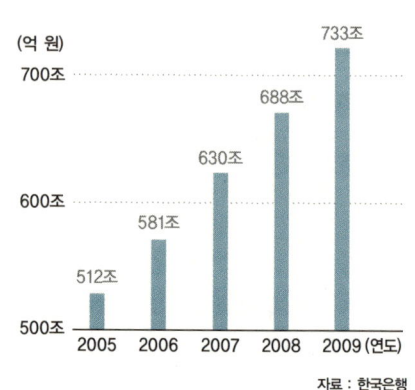

자료 : 한국은행

의 증가는 도시가계의 가처분소득을 줄여 저축률을 낮추는 결과를 가져온다.

한국은행 조사에 따르면, 우리나라 가계저축률은 요즘 세계에서 가장 빠른 속도로 떨어지고 있다. 1998년 24.8%에 달했던 가계저축률은 IMF 사태 이후 매년 2~3%포인트씩 떨어지더니 2009년 3.2% 선으로 하락했다. 이런 추세가 바뀌지 않으면, 가계저축률은 1~2% 선까지 하락할 가능성이 높다는 분석이다. 저축률이 떨어지면, 노후대비를 위한 자금축적 역시 타격을 받을 수밖에 없다.

특히 최근 5년 동안 크게 늘어난 우리나라 가계부채(소규모 개인기업 대출 포함)는 심각한 문제다. 한국은행 조사에 따르면, 우리 국민들이 아파트 구입자금과 생활자금 등으로 빌린 가계부채는 2009년 말 현재 733조 원에 달한다. 그 결과, 국민 1인당 가계부채는 1,754만 원을 기록, 1인당 국민총소득(GNI)의 80% 선까지 올라갔다. 국민총소득에 대한 개인 부채비율이 80% 선까지 오른 것은 관련 통계가 집계되기 시작한 1975년 이후 처음이다.

가계부채가 커지면서 금융기관에 지불하는 이자도 크게 늘어나고 있다. 대출금리를 6%로 잡아도 은행에 내야 하는 이자 부담은 연간 46조 원에 이른다. 이명박 정부가 금리 상승을 적극 억제하고 있는 이유는, 금리가 1%포인트만 올라도 가계의 이자 부담이 무려 7조 원이나 증가하기 때문이다. 이런 상태에서 가계저축률이 오른다면 오히려 이상할 정도다.

가계부채가 많으면 나중에 이를 감당하지 못해 가계살림이 파탄날 수 있다. 따라서 스스로 금융부채가 많다고 판단될 경우, 중장기 상환계획을 세워서 적극 줄여나가야 한다. 긴급하지 않은 소비는 가급적 줄이고, 여기서 생긴 여유자금으로 가계 빚을 상환하라는 말이다. 그렇지 않으면 우리가 꿈꾸는 행복한 노후는 빚더미에 깔려 저 멀리 달아나고 말 것이다.

노년의 부채 관리

은퇴를 하게 되면 정기적으로 얻는 현금수입이 대폭 줄어들게 된다. 따라서 은퇴 후에는 가급적 빚을 지지 않는 것이 좋다. 은행 빚이 있으면 우선적으로 갚아버리는 것이 현명하다는 뜻이다. 이것이 노후 자산 관리의 기본이다. 이유는 간단하다. 어떠한 예금상품의 이자도 대출금리보다는 결코 높지 않기 때문이다.

세금 효과를 고려할 때도 빚부터 먼저 갚는 게 순리이다. 예를 들어 은행 대출이자가 연 9%이고 정기예금 금리가 연 5%라고 한다면, 주택 대출이 아닌 일반 대출의 경우에는 이자 상환액에 대해 세제 혜택이 없다. 반면 소수의 비과세 상품을 제외한 모든 예금상품의 지급 이자에는 15.4%의 이자소득세가 부과된다. 따라서 금리 9%짜리 은행대출을 갚는다는 것은, 금리 10%짜리 비과세 상품에 가입하는 것과 똑같은 절세 효과를 얻는 것이다.

저금리 시대 생존법

수년 전, 국민연금공단과 몇몇 금융기관들이 도시민들이 매월 쓰는 생활비를 근거로 하여, 은퇴자들이 20~30년 정도 노후생활을 하는 데 필요한 자금을 계산해 발표한 바 있다. 기관별 제시 금액을 보면, 국민연금공단은 2억~4억 원, LG경제연구원은 4억~5억 원, 삼성생명은 10억~20억 원을 제시하고 있다.

발표 기관 사이에 상당한 차이가 발생한 이유는, 취미생활비와 여가생활비를 얼마만큼 계산하느냐에 따라 수억 원이 오락가락하기 때문이다. 일반적으로 노후생활비는 크게 '기본 생활비'와 '취미·여가생활비' 두 가지로 나눌 수 있다. 기본 생활비는 먹고사는 데 지장이 없는 정도의 돈이고, 취미·여가 생활비는 좀 더 여유롭게 살려고 할 때 추가로 들어가는 돈이다.

적게는 4억 원, 많게는 20억 원가량 되는 은퇴자금 규모에 대해 많은 사람들은 경악을 금치 못한다. 서민들이 어떻게 이런 큰돈을 마련할 수 있느냐는 것이다. 그리고 두 가지 반응을 보인다. 그런 돈을 못 가진 자신에게 좌절을 하든지, 그런 계산을 발표한 금융기관에 '제정신 아니다'라고 욕을 퍼붓든지 하는 것이다.

유감스럽게도 국민연금공단과 금융기관들이 내놓은 수치는 나름대로 다 맞는 수치다. 중요한 것은 어떤 형태의 삶을 우리들이 선택할 것인가이다. 국민연금공단이 제시한 은퇴생활 방식이 검소한 스타일이라 한다면, 삼성생명이 제시한 은퇴생활 방식은 고급스러운 스타일이라 하겠다.

우리가 필요로 하는 노후자금은 이처럼 계산이 쫙 나와 있으나, 문제는 이런 자금을 마련하기가 쉽지 않다는 점이다. IMF 사태 이후 은행 예금금리가 연 3~5%대로 떨어져 은행에 예금만 해서는

돈을 모으기가 어려워진 것이
다. 은행금리가 이처럼 크게 떨
어진 것은, 정부와 한국은행이
경기부양을 위해 정책금리를 낮
게 유지하고 시중에 자금을 풍
성하게 공급한 것이 그 배경이다.

한·미·일의 가계자산 구성비(2006년 조사)

	부동산	금융자산
한국	83%	17%
미국	30%	70%
일본	33%	67%

우리가 명심해야 할 것은 앞으로 저금리 현상이 아주 오래갈 가능성이 높다는 점이다. 인구 고령화와 한국 경제의 활력 저하가 저금리 체제를 고착시키는 쪽으로 작용할 가능성이 높기 때문이다. 노인인구 비율이 20%를 넘어선 이웃 일본의 경우, 은행 정기예금 금리가 현재 1% 이하로 떨어져 있다.

이러한 금융환경 하에서는 은행저축만으로 노후자금을 마련하기가 힘들다. 주식과 상품 투자에도 적극적으로 나서야 한다. '저축의 시대'가 끝나고, '투자의 시대'가 왔다는 말은 여기에서 나온다. 베이비붐 세대가 은퇴를 하면, 주식과 부동산 가격이 급락할 것이라는 비관적인 전망도 있지만, 그렇다고 하여 팔짱만 끼고 지켜보고 있으면 답이 나오질 않는다.

우리나라의 투자환경이 좋지 않으면 해외로 눈을 돌리면 된다. 밖으로 눈을 돌리면 중국과 인도, 브라질, 인도네시아 등 아직 젊은 인구가 많고 성장잠재력이 큰 나라들이 많다. 석유와 구리, 철강, 석탄, 밀, 쌀, 옥수수 등에 투자하는 새로운 투자 상품도 계속 쏟아져 나오고 있다. 투자의 기회는 무궁무진하다는 얘기다.

중요한 것은 필요할 때 나에게 투자 상담을 성심껏 해줄 수 있는 금융, 부동산, 상품 투자전문가를 확보해두는 일이다. 단골 금융기관을 만들어 정기적으로 상담 서비스를 받는 것이 가장 바람직하

6부 베이비붐 세대가 풀어야 할 과제   **295**

적정 주식투자 비율 : 100−자신의 나이

투자를 할 때 지켜야 하는 기본원칙 가운데 하나는 분산투자分散投資를 하는 것이다. 어느 한곳에 돈을 몽땅 집어넣지 말고 골고루 나눠 투자하라는 것이다. 특히 재테크를 할 때 주식이나 채권(또는 은행예금)에 나눠 투자하는 것은 기본이다. 이때 주식과 채권에 각각 얼마씩 나눠 투자할지는 투자액의 규모와 자신의 투자 성향에 맞춰 결정한다.

주식투자를 할 때 유용하게 쓸 수 있는 것이 '100−자신의 나이'공식이다. 쉽게 말해 100에서 자신의 나이를 뺀 수치에 해당하는 비중만큼 주식자산에 투자한다는 법칙이다. 예를 들어 현재 나이가 30세인 사람이라면 100에서 30을 뺀 70%만큼을 주식에, 나머지 30%를 채권 등 다른 자산에 투자하라는 것이다. 반대로 나이가 50세인 사람은 100에서 50을 뺀 50%의 비율로 투자하면 된다. 나이가 젊을수록 장기투자가 가능한 만큼 투자 위험도가 높은 자산에 과감하게 투자해야 한다는 이론인 셈이다.

고, 그렇게 하기 힘들면 금융 정보에 밝은 친구들을 사귀어 자주 만나는 것도 좋다. 부지런히 움직이는 사람만이 돈을 모으고 재테크에 성공한다는 말을 기억해야 한다.

주식과 상품·부동산 투자에 따른 리스크(투자 위험)를 감당하기 싫어해, 은행저축을 고수하는 사람들은 현실에 맞춰 살아가면 된다. 이런 사람들에게는 두 가지 선택이 있다. 하나는 줄어드는 수입에 맞춰 검소한 노후생활을 하는 것이고, 또 다른 방법은 집을 팔아서 그 돈을 노후자금으로 쓰는 것이다. 다른 대안은 없다.

탐욕적인 인생 모델을 버려라

노후생활이 그냥 먹고사는 것으로만 끝난다면 별로 행복할 것이 없다. 노후생활이 행복한 것은, 젊었을 때 바빠서 못했던 것들을 시간의 구애를 받지 않고 여유롭게 즐길 수 있기 때문이다. 쉽게 말해 취미생활과 여가생활을 마음껏 할 수 있다는 얘기다.

선진국 은퇴자들의 생활이 여유롭게 보이는 이유는, 취미생활과 여가생활이 매우 다양하기 때문이다. 반면 우리나라 은퇴자들은 대부분 집 안에서 시간을 보낼 정도로 노후생활이 매우 단조롭다. 따라서 은퇴생활이 무료하지 않도록 젊었을 때 미리미리 준비를 해놓아야 한다.

그러나 세상에는 공짜가 없다. 취미생활과 여가생활을 열심히 하면 할수록 돈이 많이 들어가게 된다. 부부가 함께 한 달에 2~4회 외식을 하고, 건강관리를 위해 피트니스 센터에 다니고, 4~5년에 한 번 정도 해외여행을 가고 하는 일들이 모두 돈을 필요로 한다.

은퇴자들을 만나 보면 '노후에 가장 무서운 것이 청첩장과 부고장'이라고 말하는 사람들이 많다. 월 3~5회 정도 이뤄지는 친지들의 경조사에 일일이 찾아가 인사를 하려면 상당한 돈이 들어간다. 그래서 청첩장과 부고장을 피해 지방으로 이사를 가는 은퇴자들도 적지 않다.

필자가 강연회에 나가 사람들과 얘기를 나눌 때마다 느끼는 것은, 많은 이들이 수억 원에 달하는 은퇴자금 확보에 강박관념을 갖는다는 사실이다. 인생을 행복하게 사는 데는 돈도 물론 중요하지만, 돈 걱정을 너무 많이 하는 것도 곤란하다. 돈이란 내가 이루고 싶은 꿈을 적절히 실현시켜줄 수 있을 만큼만 가지면 충분하다.

노년의 진정한 행복은 나를 진심으로 사랑해주는 가족과 친구들과 함께 지내는 데 있다. 또 나를 필요로 하는 곳을 찾아가 아무 대가 없이 도와주는 즐거움은, 현역시절에는 절대 느낄 수 없는 것이다. 그래서 선진국들에선 은퇴자들의 60%가 자원봉사 활동을 하며 노년의 시간을 보낸다. 자원봉사의 기쁨이야말로 은퇴자들만이 온전하게 누릴 수 있는 특권이다.

우리나라 은퇴자들은 흔히 '돈이 없어 취미생활을 할 여유가 없다'고 말한다. 그러나 큰돈 없이 인생을 즐기는 방법은 많다. 가진 돈으로만 행복의 크기를 잰다면 방글라데시, 네팔, 코스타리카 같은 후진국에 사는 사람들은 모두 불행해야 맞다. 그러나 세계보건기구 조사에 따르면, 이들 나라 사람들의 삶의 만족도가 세계에서 1~10위권에 속하는 것으로 나타나고 있다. 삶의 눈높이를 낮춰 살기 때문에 거기에서 느끼는 기쁨이 더 큰 것인지도 모른다.

우리나라 사람들이 은퇴생활에 불만을 많이 갖는 이유는, 기대치가 너무 높기 때문이다. 우리가 한 세대 만에 선진국 문턱 가까이 올라서는 '압축성장'을 해낸 것처럼, 은퇴생활 수준 역시 한 걸음에 선진국 수준을 따라잡으려 하는 것이 아닌가 싶다.

노년이 되면 자녀들도 다 출가出家를 하여 집에는 부부 두 사람만 남게 된다. 따라서 모아놓은 목돈이 없더라도 생활수준을 조금만 낮추면 적지 않은 돈을 만들 수 있다. 예를 들어 살고 있는 큰집을 팔고 집값이 저렴한 지역으로 옮겨가는 것이 그런 방법이다. 40평 아파트를 팔고 30평으로, 또 30평 아파트를 팔고 20평으로 평수를 줄여간다면 현금 흐름은 당연히 좋아진다.

평수를 줄이기 싫다면 서울에서 분당, 용인, 일산, 파주 등 집값이 더 싼 곳으로 옮기는 것도 방법이다. 이렇게 하면 1억~2억 원 정도의 여유자금은 쉽게 마련할 수 있다. 아니면 살고 있는 집을 은행에 담보로 집어넣고 '주택연금'을 받아 쓰는 것도 좋은 방법이다.

이처럼 생활수준만 조금 낮추면 노년의 경제적 자유를 얼마든지 얻을 수 있다. 은퇴시기는 이미 코앞에 다가왔는데, 달성할 수 없는 돈 욕심에 매달리는 것은 다 부질없는 짓이다. 그렇게 되면 평생 스트레스에서 벗어나지 못하고 불행한 삶을 살 수밖에 없다.

행복한 노후생활을 하려면, 탐욕적인 인생 모델에서 벗어나야 한다. 얼마 전 입적入寂한 법정 스님이 평생 강조한 말씀이 '무소유無所有'의 실천이다. 모두 다 버리라는 것이 아니라, 필요한 것만 갖는 것이다. 돈 문제에 대해 욕심을 버리면 마음이 편해진다. 나이가 들수록 우리에게 필요한 것은 자신의 분수를 지키는 안분지족安分知足의 마음이다.

재산상속은 잊어라, 다 쓰고 죽어라

행복한 은퇴생활을 맞으려면 철저한 사전 준비가 필요하다. 은퇴 준비에는 크게 노후자금을 준비하는 '재무적財務的 준비', 여유시간을 즐겁게 보내는 방법을 미리 생각해두는 '비재무적非財務的 준비' 두 가지가 있다. 은퇴생활을 성공적으로 이끌어가려면, 재무적 준비와 비재무적 준비 모두 다 잘 해둬야 한다.

앞에서 살펴보았듯이, 은퇴를 하여 배우자와 어느 정도 안락한 생활을 하려면 은퇴 시점에서 약 2억~4억 원 정도의 자금이 필요하다(2장 '베이비붐 세대의 은퇴 현장' 참조). 매월 들어가는 노후생활비를 150만~200만 원, 물가상승률을 연간 3%, 그리고 은퇴생활 기간을 20~30년 정도로 잡았을 때 나오는 수치다.

그러나 2억~4억 원이라는 돈은 말하기는 쉬워도 샐러리맨들이 모으기에는 매우 부담스러운 금액이다. 젊었을 때 저축을 열심히 한 사람들도 60세쯤 은퇴를 할 때 손에 1억~2억 원 정도 쥐면 많이 저축했다고 할 수 있다. 아이들을 키우면서 지출하는 교육비, 자녀 결혼비용, 주택 마련비용이 엄청나게 크기 때문이다.

사태가 이쯤 되면 재산을 자식들에게 남겨주기는커녕 죽을 때까지 쓸 돈도 부족하게 될 것이다. '다 쓰고 죽을 생각을 하라'는 말은 여기서 나온다. 우리 주변을 둘러보면 재산을 자식들에게 물려주기 위해 애쓰는 사람들이 무척 많다. 나는 못 먹고 못 입고 살아도 어떻게든 돈을 벌어 아이들을 좋은 대학에 보내고 시집, 장가를 잘 보내야 되겠다는 강박관념에 휩싸여 있다.

고령사회에서는 이런 고정관념에서 빨리 벗어나야 한다. 아이들을 열심히 보살피고 최선을 다해 공부를 시켰으면 부모로서의 역할은 충분히 한 셈이다. 미국과 유럽 등 선진국에선 부모가 자녀들의 대학 학비를 대주는 경우는 종종 있지만, 결혼할 돈과 집 살 돈까지는 대주지 않는다. 대학에 진학하면 선진국 아이들은 당연히 집 밖으로 나가 스스로 돈을 벌어 독립생활을 하고 결혼을 한다.

한국 사회의 고질적인 병폐 중 하나는 부모가 아이들의 행복을 책임져야 하고 이를 위해 뼈 빠지게 일하는 것이 당연하다는 사고방식이다. 이런 사고방식에서 하루빨리 벗어나야 한다. 부모들로부터 받은 훈육과 학교에서 배운 지식을 활용하여 사회에서 성공하느냐, 실패하느냐는 다 자식들의 능력에 달려 있다.

앞으로 사람들의 수명이 100세 수준으로 늘어나면 죽기 전까지 들어갈 생활비용은 더욱 증가하게 될 것이다. 은퇴생활을 30~40년 가까이 하려면 노후생활비가 5억 원 이상 들어갈 가능성이 높다. 이러한 비용을 다 대려면 본인이 살았을 때 번 돈을 다 쓰고 죽는 수밖에 없다. 수명이 90세 수준에 접근하고 있는 선진국 노인들은 이미 오래전부터 그렇게 하고 있다.

최근 개발된 주택연금 상품은 이처럼 '다 쓰고 죽는 삶의 방식'

주택연금

사람들이 집을 살 때 돈이 부족할 경우 구입할 집을 담보로 잡히고 은행에서 돈을 빌린다. 이러한 주택담보대출을 영어로 모기지|mortgage라고 한다. 이러한 원리를 이용하여 거꾸로 노인들에게 노후생활자금을 빌려주는 금융상품이 바로 '역逆모기지reverse mortgage'다. 은퇴자들이 별다른 소득원 없이 집한 채만 가지고 있을 경우, 이를 은행과 보험회사에 담보로 집어넣고 매월 일정 금액을 연금 형태로 대출 받아 노후생활자금으로 쓰는 것이다.

역모기지 대출을 받은 노인이 중도에 사망하면 금융기관들은 담보로 잡은 부동산을 매각하여 대출금을 회수하고 남은 돈을 자식들에게 돌려준다. 역모기지 상품은 미국과 일본에선 20여 년 전부터 개발되어, 노후생활자금이 부족한 은퇴자들에게 '마지막 노후보장 수단'으로 인기를 모으고 있다.

우리나라에선 주택금융공사가 2007년 7월부터 '주택연금(주택담보노후연금)'이라는 이름을 붙여 시판을 하고 있다. 주택연금은 가입자가 죽을 때까지 종신 지급한다는 것이 특징이다. 또 연금을 받는 기간 동안 다른 곳으로 이사를 갈 필요 없이 자신의 집에서 계속 살 수 있게 해준다.

예를 들어 현재 65세인 사람이 3억 원짜리 아파트를 주택금융공사에 담보로 맡기고 주택연금에 가입할 경우 매월 86.4만 원을 받을 수 있다.

주택가격 및 연령별 연금 월 지급액

가입자 나이 \ 주택가격 (원)	1억	2억	3억	4억	5억	6억	7억	8억	9억
60세	23.6	47.2	70.9	94.5	118.2	141.8	165.5	189.1	212.8
65세	28.8	57.6	86.4	115.2	144.1	172.9	201.7	230.5	259.4
70세	35.4	70.9	106.4	141.9	177.4	212.9	248.4	283.9	319.4
75세	44.3	88.6	133	177.3	221.6	266	310.3	354.7	354.7
80세	56.2	112.5	168.8	225.1	281.4	337.7	385	385	385
85세	72.7	145.5	218.2	291	363.8	436.5	437.8	437.8	437.8
90세	97.1	194.3	291.4	388.6	485.8	544.6	544.6	544.6	544.6

자료 : 한국주택금융공사, 단위 : 만 원

에 적합한 금융상품이다. 평생 고생하여 마련한 내 집을 은행에 담보로 잡히고 연금 형태로 돈을 받아 노후를 보내는 것이다. 집을 자식에게 물려주지 않고 팔아서 노후생활자금으로 쓴다는 것은 쉬운 결정이 아니겠지만, 90세까지 길어진 수명을 다 살고 죽으려면 이 방법밖에 없다.

자녀는 '노후생활의 적'

자식을 맹목적으로 사랑하는 한국 부모들은 자녀교육과 혼사에 억대의 돈을 쏟아붓는다. 많은 부모들은 이것도 모자라 자녀에게 집을 사주고 사업자금까지 대준다. 세계에서 이런 나라는 한국밖에 없다. 자녀들을 상전처럼 모신 결과 한국 부모들의 노후생활은 파탄 나고, 청소년들의 부모 의존도는 세계 최고 수준으로 높아졌다.

여성부의 청소년 의식 조사에 따르면, 우리나라 청소년의 93%가 대학 학자금을 부모가 모두 책임져야 한다고 믿고 있는 것으로 나타났다. 또 87%가 결혼비용을 부모가 책임져야 한다고 생각하고, 74%는 결혼할 때 부모가 집을 사주거나 전세자금을 줘야 한다고 생각한다. 미취업 자녀의 용돈을 부모가 책임져야 한다고 생각하는 청소년도 76%에 달하고 있다.

아무리 자식들이라 해도 부모들의 입장을 전혀 고려하지 않은 답변에 어안이 벙벙해진다. 노후생활의 가장 큰 적敵은 자녀라는 말이 입에서 저절로 나올 수밖에 없다. 자녀를 이렇게 기르다간 자녀들의 미래도 망치고 부모들의 노후도 망치게 될 것이다. 일단 은퇴생활에 들어가면, 자녀 사랑은 마음으로만 하고, 가지고 있는 재산은 부부를 위해 쓰도록 해야 한다.

수년 전 공무원 사회에서 철없는 자녀 때문에 패가망신한 전직 장관들의 얘기가 화제를 모았다. 자식이 사업을 하다 재산을 들어먹는 바람에 A장관이 미국으로 도피성 이주를 했고, B장관은 집까지 날려 생활비를 벌기 위해 이곳저곳에 손을 내민다는 것이었다. 실제로 주변의 눈 때문에 말은 못하고 있으나, 자녀문제로 노후가 위기에 빠진 유명 인사들이 의외로 많다는 게 금융 컨설턴트들의 얘기다.

고소득층은 자녀들이 재산을 축내도 버틸 여력이 있지만 저축통장이 얇은 중산층과 서민들은 곧장 길거리로 내몰린다. 은행이 연체된 대출금을 회수하기 위해 법원에 위탁하는 경매물건 가운데 약 20%가 부모 집을 담보로 자녀가 사업자금을 빌려 쓴 케이스라는 게 은행가의 분석이다. 금융기관들이 경매에 부치는 대출 연체 부동산이 연간 40만 건에 달하는 것을 고려하면, 매년 8만 명의 은퇴자가 파산 위기에 몰린다는 얘기다.

앞에서도 수차례 강조했듯이, 한국인의 노후가 불안한 것은 자식

한국 청소년이 생각하는 부모의 책임

	책임 있음	책임 없음		책임 있음	책임 없음	
대학 학자금	90.6%	9.4%	남	83.5%	16.5%	자녀의 결혼비용
	92.7%	7.3%	여	87.5%	12.3%	
대학원 학자금	83.0%	16.9%	남	74.0%	26.0%	자녀의 주택 구입, 전세자금 지원
	83.5%	16.5%	여	71.7%	28.3%	
미취업 자녀의 용돈	74.8%	25.1%	남	27.2%	72.7%	결혼한 자녀의 생활비
	76.1%	23.7%	여	25.4%	74.6%	

자료 : 여성부 2006년 전국가족조사 및 한국가족보고서

들에 대한 투자가 너무 많은 데 따른 것이다. 그 정도 투자를 했으면, 세계 어느 나라 부모보다 자녀들을 훨씬 더 잘 챙긴 것이다. 이제 자녀의 행복과 나의 행복은 별개라고 생각하고 정말 나를 위한 인생을 살아가야 한다. 만약 인생 말년에도 자녀의 행복을 위해 나의 행복을 포기하는 사람이 있다면 보통 시대착오적時代錯誤的인 사람이 아니다. 늙어서 남에게 신세지지 않고 당당하게 사는 것만이 바로 자식들을 위한 것이고 나를 위한 것임을 명심해야 한다.

living longer가 아니라 living better를

사람들은 오래 살기를 꿈꾼다. 실제로 생활수준의 향상과 의학기술의 발전에 힘입어 인간의 수명은 계속 늘어만 가고 있다. 의학자들의 분석에 따르면, 인간의 평균수명은 1년에 3~4개월씩 늘어나고 있다고 한다. 이런 증가 추세라면 2050년쯤엔 인간의 수명이 90세, 2080년쯤엔 100세로 늘어날 가능성이 높다.

그러나 오래 산다고 다 행복해지는 것일까. 몸이 불편해 5~10년씩을 침대에 누워서 보내야 한다면, 또 노후에 소일거리를 찾지 못해 집에서 하루 종일 텔레비전을 바라다보며 지낸다면 그것이 행복하다고 할 수 있을까. 긍정적인 장수는 본인의 만족도도 높고, 가족 구성원들을 기쁘게 하지만, 부정적인 장수는 개인도 고통스럽고, 가족들도 어렵게 한다.

중요한 것은 '얼마나 오래 사느냐living longer'가 아니라 '얼마나 건강하게 사느냐living better'이다. 일본은 세계 최장수국으로 꼽히지만 병원에서 지내는 장수 인구가 많기로도 유명하다. 2,900만 명을 넘어선 65세 이상 노인 가운데 5%인 150여 만 명이 치매와 여러 노인병 때문에 침대에 누워서 꼼짝하지 못하는 실정이다. 노인인구가 급증하고 있는 우리나라도 머지않아 이 같은 상황에 부닥칠 가능성이 높다.

일반적으로 어떤 나라의 국민이 건강한가를 따질 때 평균수명을 자주 비교한다. 그러나 평균수명으로는 삶의 질의 변화를 측정하는 데 한계가 있다. 오래 산다는 것이 반드시 건강한 삶healthy life을 의미하는 것이 아니기 때문이다. 이런 문제점을 해결하기 위해 만들어진 개념이 '건강수명health expectancy'이다.

평균수명이 '사람이 태어나서 그냥 생존하는 기간'을 가리킨다면, 건강수명은 '질병에 걸리지 않고 건강한 상태로 살아가는 기간'을 말한다. 따라서 건강수명은 삶의 질을 따지는 건강지표라고 할 수 있다.

세계보건기구 조사 보고서(2005년)에 따르면, 한국인의 평균수명은 78.6세, 건강수명은 68.6세이다. 건강수명이 평균수명보다 10년 짧다. 한국인의 삶이 보다 건강해지려면 이 격차가 좀 더 줄어들어야 할 것 같다.

그러면 어떻게 해야 더 건강하게 살 수 있을까? 사람이 얼마나 건강하게 사느냐는 70% 이상이 본인의 책임에 달려 있다. 보건학자들의 연구에 따르면, 수명의 30%만이 유전과 관련 있고, 50%는 개개인의 생활방식life style, 나머지 20%는 개인의 경제적·사회적 능력이 좌우한다고 한다.

올바른 생활방식을 갖는 것이 이처럼 중요함에도 현대인들은 불규칙한 식사습관과 불균형한 영양섭취, 불규칙한 취침 등 편의 위주의 생활에 젖어 있다. 잘못된 생활습관이 오랫동안 쌓이다 보면 결국 고혈압, 고지혈증, 당뇨병, 비만 등과 같은 성인병을 얻게

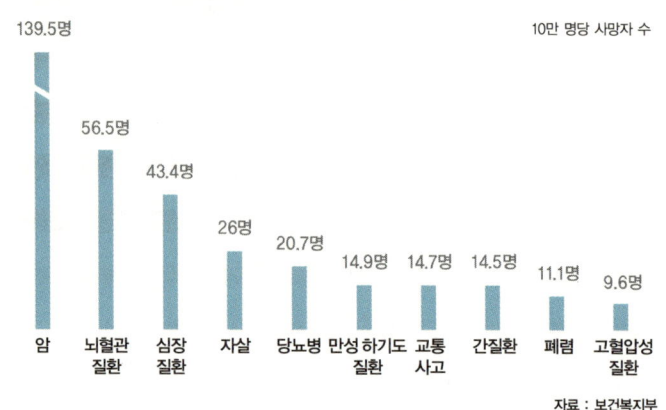

2008년 한국인의 10대 사망 원인

10만 명당 사망자 수

139.5명 암
56.5명 뇌혈관질환
43.4명 심장질환
26명 자살
20.7명 당뇨병
14.9명 만성하기도질환
14.7명 교통사고
14.5명 간질환
11.1명 폐렴
9.6명 고혈압성질환

자료 : 보건복지부

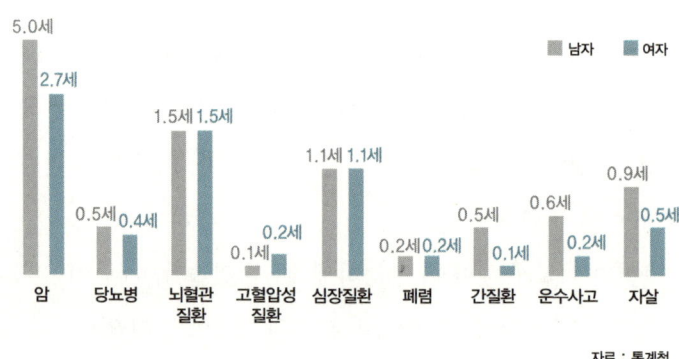

특정 사인 제거 시 증가되는 성별 기대여명(2008년 기준)

■ 남자 ■ 여자

암 5.0세 / 2.7세
당뇨병 0.5세 / 0.4세
뇌혈관질환 1.5세 / 1.5세
고혈압성질환 0.1세 / 0.2세
심장질환 1.1세 / 1.1세
폐렴 0.2세 / 0.2세
간질환 0.5세 / 0.1세
운수사고 0.6세 / 0.2세
자살 0.9세 / 0.5세

자료 : 통계청

된다.

이런 병들은 잘못된 생활습관에서 기인한다고 하여 '생활습관병
生活習慣病'이라고 불린다. 생활습관병이 심각해지면 암과 뇌졸중,
심근경색증 등 생명을 위협하는 질병으로 발전한다. 보건복지부가
조사 발표한 '2008년 한국인의 사망 원인' 순위를 보면, 상위권의
사망 원인들이 대부분 생활습관병과 관련이 있음을 알 수 있다. 건

강하게 오래 살려면 만병의 근원인 생활습관부터 바로잡아야 한다는 뜻이다.

만약 건강관리를 잘하여 죽을 때까지 암이나 뇌혈관질환에 걸리지 않는다면, 베이비부머들은 얼마나 더 오래 살 수 있을까. 통계청의 질병 조사에 따르면 남자의 경우, 암에 걸리지 않으면 5년을 더 살 수 있고, 뇌혈관질환에 걸리지 않으면 1.5년을 더 살 수 있는 것으로 나타나고 있다(왼쪽 하단 그래픽 참조). 오래 살고 싶은 사람들은 생활습관부터 고치고 볼 일이다.

CHAPTER 18

더불어 사는 사회의 실현

고령화 해법 2가지 : 저출산 현상 풀기와 생산성 향상

노인 인구가 늘어나 국가의 활력이 떨어지고 생산활동이 위축되면 이는 결국 국내총생산GDP의 감소로 연결된다. 국내총생산이 줄어들면 그 여파로 가계소득이 줄어들 것이고, 이는 국민들의 생활수준을 떨어뜨리게 된다. 따라서 상황이 더 나빠져 회복이 불가능한 시점으로 내몰리기 전에, 인구 고령화 추세를 역전시킬 수 있는 대책을 시급히 마련할 필요가 있다.

나라가 늙어가는 인구 고령화는 근본적으로 저출산(신생아가 줄어드는 현상) 때문에 발생한다. 그래서 인구 고령화는 저출산을 해결하는 것이 정공법이다. 이명박 정부가 최근 발표한 저출산 대책을 보면, 아이를 낳는 여성들에게 출산수당과 육아수당을 지급하고, 일과 육아를 함께 하는 데 어려움을 겪지 않도록 비용이 저렴한 유아원을 많이 만들고, 탄력 근무제와 재택在宅 근무제를 도입해 근로 장소와 시간을 탄력적으로 정할 수 있도록 한다는 내용이 포함되어 있다.

출산 파업을 하고 있는 여성들의 마음을 돌려놓기 위해, 진작 시행을 했어야 할 대책들이다. 그러나 문제는 세계 어느 나라를 보더라도 출산율이 한번 내리막 곡선을 걷기 시작하면 이를 되돌리기가 쉽지 않다는 것이다. 김대중·노무현 정부에 이어, 이명박 정부도 저출산 해법에 적극 나서고 있으나, 상황이 좋아지는 기미가 전혀 보이지 않고 있다.

저출산을 해결하기가 어려우면, 우리가 신속히 강구해야 할 대책이 생산성 향상이다. 생산성은 어떤 상품의 산출량(생산량)과, 그 산출량을 만들어내기 위해 투입한 생산요소(노동과 자본)의 양을 비교하여 계산한다. 생산요소를 적게 투입하여 산출량을 많이 늘리면, 생산성이 좋아졌다고 말하는 것이다.

생산성 지표 가운데 우리가 가장 많이 사용하는 것이 '노동생산성'이다. 앞으로 인구 고령화 현상이 깊어지면 숙련된 노동인구가 줄어들 것이고, 그렇게 되면 GDP가 좀처럼 늘지 않는 저성장 국면에 빠질 것이다. 그러나 우리가 노동력을 옛날보다 적게 사용하면서도, 산출량을 더 많이 만들어낼 수 있다면 저성장 문제를 어느 정도 극복할 수 있게 된다.

투입 자원을 절감하는 신기술의 개발, 작업시간을 보다 효율화하는 생산 프로세스의 개선, 근로 의욕을 북돋우는 작업환경의 조성 등이 그런 대책들이다. 우리나라의 노동생산성은 현재 OECD 30개 회원국 가운데 22위를 차지할 정도로 아주 낮은 편이다. 미국의 61.5%, EU의 77.5%, 일본의 84.2%에 불과하다. 우리의 노력 여하에 따라 생산성을 얼마든지 더 끌어올릴 수 있는 여지가 있다는 뜻이다.

또 생산성을 높이려면 제한된 자원을 고부가가치 산업에 집중 투입하는 국가전략을 구사해야 한다. 부가가치가 낮은 산업은 줄이고, 수익률이 좋은 첨단산업 쪽으로 인력과 돈을 집중 투입하는 것이다. 예를 들어 같은 휴대폰이라도 우리나라 삼성전자의 일반 제품은 영업이익률이 10%인 반면, 미국 애플사의 아이폰은 영업이익률이 무려 30~40%에 달한다. 우리나라가 앞으로 추구해야 할 생산방식은, 당연히 애플사 모델이 되어야 한다.

물론 생산성 향상이 쉬운 일은 아니다. 그러나 한국 경제의 활로가 그것밖에 없다면 그런 방향으로 나아갈 수밖에 없다. 글로벌 경제시대에서는 양이 아니라 질로 승부를 해야 하며, 이는 인구감소 시대에 직면한 우리나라가 꼭 명심해야 할 사안이다.

노동력 감소를 막는 대책

인구 고령화는 장기적으로 '생산가능인구15~64세'의 감소, 다시 말해 노동인구의 감소를 유발한다. 통계청 예측에 따르면, 우리나라는 2017년 3,612만 명을 정점으로 하여 생산가능인구가 감소하기 시작할 것으로 예상되고 있다. 노동력 감소를 막을 수 있는 대책으로는 크게 세 가지가 논의되고 있다.

첫 번째가 여성인력의 활성화이고, 두 번째는 정년 연장을 통한 고령인구의 재활용이고, 세 번째가 외국인 노동자의 수입이다. 여성들의 경제활동 참가를 촉진하는 것은 세계적인 트렌드이기 때문에 여기에 대해서는 이견이 별로 없다. 그러나 고령 근로자의 정년을 연장하는 문제는 청년들의 취업 기회를 앗아갈 수 있다는 점에서 반대 여론이 적지 않다.

또 외국인 노동자들에게 이민 문호를 늘리는 것은, 노동력 부족으로 어려움을 겪고 있는 3D 업종에 큰 도움을 줄 수 있을 것으로 보인다. 그러나 외국인 노동자들이 한국 사회에 정착할 경우 나중에 외국인 관리와 복지예산 증가 등 여러 가지 부담이 생긴다는 점에서 신중한 검토가 필요하다는 지적이 많다.

가족의 부활, 부모와 자식이 함께 살아가기

코카콜라 회장을 지낸 더글러스 태프트는 "인생은 공중에서 5개의 공을 돌리는 것과 같다"는 말을 한 적이 있다. 태프트 회장의 말에 따르면, 이 공들의 표면에는 각각 일 · 가족 · 건강 · 친구 · 영혼이라는 이름이 적혀 있다고 한다.

태프트 회장은 "일은 '고무 공'이라 떨어뜨리더라도 다시 튀어오르지만, 나머지는 '유리 공'이기 때문에 한번 깨지면 회복되기 어렵다"고 말한다. 일에 지나치게 매진하다가 가족과의 화목을 잃어버리는 잘못을 저지르지 말라는 뜻이다. 사실 은퇴생활의 행복은 가족과 어떤 시간을 보내느냐에 달려 있다. '제2의 인생'이 어떻고, '8만 시간의 자유'가 어떻고 아무리 떠들어봐야 가정이 화목하지 못하면 다 헛것이다.

따라서 평소 가족들과의 관계가 매끄럽지 못했던 사람들은, 앞으로 가족들과 더 많은 대화를 할 수 있도록 노력해야 한다. 만약 은퇴 후에야 문제의 심각성을 파악한 경우라면 필사적으로 이 관계를 신속히 복원하도록 해야 할 것이다.

필자가 특히 가족의 부활을 강조하는 것은, 현대 복지국가의 한계를 극복하기 위해서다. 현대 복지국가는 오랫동안 가족이 맡아왔던 노인 부양의 1차적 책임을 국가와 사회가 맡도록 하고 있다. 이른바 '돌봄의 사회화socialization of care' 현상이다. 이런 시대에 노인 부양을 가족들이 나눠 맡아 해결하자는 주장은 시대를 역행하는 것이 분명하다.

그러나 우리 주변을 둘러보면 알 수 있듯이, 정부가 노인들에게 해주는 복지란 겨우 최소한의 생활을 보호해주는 정도에 불과하다. 돈이 없어 굶을 지경에 몰리면 쌀을 나눠주고, 중풍에 걸려 누

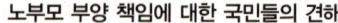

노부모 부양 책임에 대한 국민들의 견해

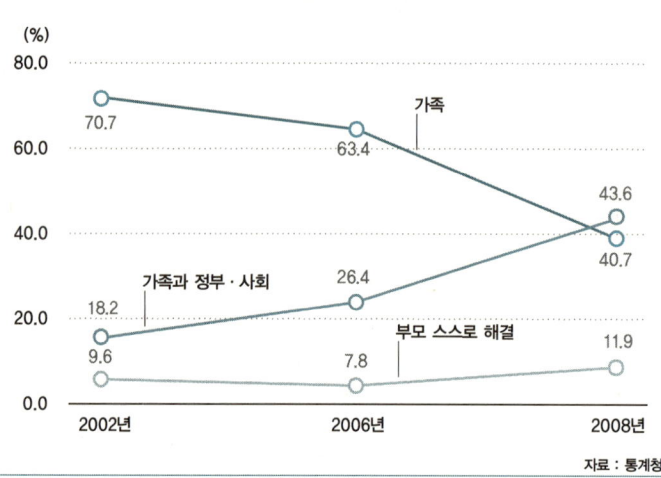

자료 : 통계청

워 있으면 요양원에 보내주고, 집에서 시간을 무료하게 보내고 있으면 사회복지관에 나와 소일을 하도록 도와주는 것이 거의 전부이다. 돌봄의 사회화가 결코 인생을 행복하게 만들어줄 수 없다는 뜻이다.

이 부족한 부분을 메워주는 것이 바로 가족의 역할이다. 외로운 부모에게 마음에서 우러나오는 정신적 지지를 보내주고, 재정상태가 어려운 경우에는 형제들이 십시일반으로 경제적인 지원을 하는 것이다. 물론 대가족이 핵가족으로 뿔뿔이 흩어지고, 또 이 핵가족이 1·2인 가구로 분화하는 시대를 맞아, 가족관계가 예전에 비해 크게 느슨해진 것은 분명하다.

통계청의 사회통계 조사에 따르면, 가족이 부모를 부양해야 한다고 생각하는 국민의 비율은 1998년 89.9%에서 2002년 70.7%, 2006년 63.4%, 2008년 40.7% 등으로 계속 줄어들고 있다. 반면 가족과 국가가 함께 부양해야 한다거나, 국가가 부양해야 한다고 생각하는 사람들의 비율은 지속적으로 늘어나고 있다. 앞으로 이런 현상은 더욱 심해질 것으로 생각한다.

그러나 다행스런 것은 우리나라가 효도를 강조하는 유교 전통이 강한 나라라는 점이다. 아직도 그러한 문화가 상당히 남아 있다. 도시에서 사는 자식들이 명절 때마다 농촌에 사는 부모들을 찾아가고, 또 용돈을 보내드리는 '효 문화'는 다른 나라에선 발견하기 힘든 독특한 문화이다. 그래서 한국은 미국과 유럽 등 선진국들에 비해 부모와 자식 간의 관계가 아주 끈끈한 편이다.

이러한 장점을 다시 되살릴 필요가 있다. 시대의 변화에 따라 전통적인 가족제도와 결혼제도가 큰 위기를 맞고 있는 것은 사실이다. 그러나 인류가 존재하는 이상, 가족이라는 사회 구성단위가 이 지구상에서 사라지지 않을 것 또한 분명하다. 가족의 부활은 국가가 해결해주지 못하는 고령 장수사회의 문제점을 따뜻하게 보듬어줄 수 있는 좋은 수단이자 통로이다.

부부의 부활, 남편과 아내의 재발견

인간이 받는 스트레스의 크기는 1위가 '배우자의 사망'이고, 2위가 '직장에서의 퇴직', 3위가 '부모의 사망'이라고 한다. 만약 4위가 있다면, 아마 '부부간의 이혼'이 아닐까 싶다. 요즘 사람들이 하는 행태를 보면, 이혼을 참으로 쉽게 하는 것 같다.

예전에는 별거를 하거나 고통을 참고 그냥 살았을 부부들이 아무 거리낌 없이 이혼장에 도장을 찍는다. 이혼율의 증가에는 최근 크게 늘어난 변호사들이 한몫을 하고 있다. 1번 이혼을 하면 이혼을 2번, 3번 하는 것이 별로 힘들지 않다. 결혼과 이혼이 반복되면 '피로 맺어진다'는 가족의 개념도 점차 깨지게 될 것이다.

'죽음이 두 사람 사이를 갈라놓을 때까지' 함께 살겠다고 맹세한 사람들이 갑자기 고무신을 거꾸로 신고 헤어지는 이유는 무엇인가. 한마디로 서로에게 너무 실망한 때문이다. 부부가 20~30년 넘게 살다 보면 상대방의 장점과 단점을 시시콜콜하게 알게 될 수밖에 없다.

문제는 인생의 황혼기에는 배우자의 단점이 장점보다 더 크게 보인다는 점이다. 이런 상태에서 배우자가 나의 기분을 아랑곳하지 않고 제멋대로 굴면 입에서 '그래, 이혼하자'는 말이 나오게 된다. 물론 배우자의 배신 때문에 헤어지는 경우는 불가피할 것이다. 그러나 이혼을 한 뒤 별다른 대책이 없다면 무턱대고 이혼을 하는 것은 현명하지 못한 행동이다.

늘그막에 이혼을 하는 비극을 막으려면 부부 모두에게 부단한 노력이 필요하다. 우선, 사랑과 이해로 서로를 감싸주도록 노력해야 한다. 수시로 상대방에게 '사랑한다' '고맙다' '미안하다'는 말을 하고, 상대방의 장점을 인정해주고 칭찬해준다. 어차피 '인생은 연극'이라는 말도 있다. 연극을 한다는 생각으로 '사랑한다' '고맙다' '미안하다'는 말을 자주 하다 보면 본인도 모르게 배우자를 존중하는 마음이 들게 될 것이다.

나이를 먹어갈수록 더욱 중요한 것이 부부간의 대화이다. 은퇴 기간에 들어가면 대화를 더욱 많이 해야 한다. 남편의 부드러운 말투, 아내의 상냥한 얼굴이 멋진 대화를 낳는다. '과묵이 미덕' 이던 때도 있었지만, 집 안에서 매일 뒹구는 남자가 아내에게 하는 말이 '밥 줘!' '이불 펴!' 등으로 국한된다면 아내라 할지라도 정말 밥맛이 떨어지고 만다. 이런 남자는 아내에게 이혼을 당해도 싸다.

일본에서 실시된 한 조사에 따르면, 60세 남자의 경우 배우자가 있는 사람의 평균여명은 20.4년에 달하는 반면, 배우자와 사별한 사람의 평균여명은 18.4년, 배우자와 이혼한 사람의 평균여명은 15년에 머무는 것으로 나타나고 있다. 배우자가 있는 남자와, 이혼한 남자 간의 평균여명 차이가 무려 5.4년에 달하는 것이다. 황혼이혼이 건강에 얼마나 나쁜 영향을 주는지를 간접적으로 알 수 있는 자료이다.

또 배우자와 친밀한 교감을 나누고 있는 사람이 독신자보다 오래 살고 병에 걸려도 살아날 확률이 더 높다는 데이터도 많이 나오고 있다. 건강하게 오래 살고 싶은 남편들은 어떻게든 아내에게 잘 보여, 늘그막에 이혼을 당하지 않도록 최선을 다해야 한다는 얘기다.

보통 부부의 경우 나이는 남편이 더 많겠지만, 정신연령은 아내가 더 높다고 할 수 있다. 따라서 정신연령이 더 높은 아내가 남편의 부족한 점을 적극적으로 감싸주는 자세가 필요하다. 요즘 황혼이혼이 유행하는 것은, 남편들이 세상물정 변한 걸 모르고 계속 왕처럼 굴기 때문이다.

그러나 아내 역시 처음부터 이혼을 결심한 바가 아니라면, 남편이 현재 무엇이 문제인지 정확히 지적하고 고쳐나가도록 도와주는 것이 필요하다. 늘그막에 이혼을 해 혼자 사는 것보다, 남편의 버릇을 고쳐서 그냥 데리고 사는 게 경제적으로도 이익이 많기 때문이다.

부부는 절대 경쟁자가 아니다. 서로 상대의 단점을 보완해주는 동지적 관계인 것이다. 노후 결혼생활에선 이것을 깨닫는 것이 매우 중요하다. 또 황혼이혼을 막으려면 남편과 아내 모두 솔직하게 자기의 단점이나 실수를 인정하는 겸손하고 성숙된 태도가 필요하다.

부부가 서로에게 마음의 문을 열 때, 그동안 알지 못했던 아내와 남편의 새로운 모습을 재발견하고 다시금 매력을 느끼게 된다. 서로에 대한 무관심이야말로 이혼의 위기로 치달을 가능성이 크다는 점을 잊어선 안 된다.

세대 간의 일자리 나누기

한국전력 등 상당수 공기업들이 요즘 '임금 피크제' 도입을 전제로 근로자 정년을 58세에서 60세로 연장하려는 움직임을 보이고 있다. 또 현대중공업, 현대자동차, 기아자동차 등은 노동조합과의 단체협상에서 근로자 정년을 보장하기로 합의한 것으로 알려지고 있다. 어수룩한 화이트칼라는 계속 목을 자르더라도, 노동조합이 뒤에 버티고 있는 블루칼라 노동자들은 구조조정을 하지 않겠다고 약속한 것이다.

수년 전, 어느 조선회사는 고령 노동자들이 퇴직을 하면 아들이 회사에 취업할 수 있는 권한을 주겠다고 하여, 나이 든 노동자들을 정리한 적이 있었다. 노조가 두려워 인원감축을 직접 못 하는 대신, 임금이 싼 아들을 대신 채용해주는 방식으로 타협을 한 것이다. 이런 움직임을 보면서 화이트칼라들은 "나도 공기업에 들어갈 걸." 하고 탄식하거나, "나도 현장 노동자가 될 걸." 하고 후회했을지 모를 일이다.

정년 연장과 정년 보장은 인구 고령화가 심각해지는 우리나라에서 진지하게 한번 검토해볼 만한 제도임에는 틀림없다. 실제로 이명박 정부는 최근 '베이비부머 고용대책위원회'를 만들고 고령층의 고용을 안정시키는 방안으로 정년 연장을 검토하고 있는 것으로 알려지고 있다. 그러나 정부가 하나 명심하고 있어야 할 것은, 베이비붐 세대의 은퇴를 일률적으로 늦출 경우 또 다른 부작용이 나타날 것이라는 점이다.

무엇보다 가장 큰 부작용은 젊은이들의 일자리가 줄어든다는 것이다. IMF 경제 위기 이후, 우리나라는 '고용 없는 성장jobless growth' 국면에 들어갔다. 경제성장률이 높아도 새로 생기는 일자리는 예전의 절반 정도밖에 되지 않는다는 뜻이다. 이처럼 일자리 자체가 부족한 상태에서, 아버지가 회사를 오래 다니면 아들이 취업을 하기 어려워진다. 고령자 실업률보다 청년실업률이 훨씬 높다는 것은 이 같은 분석이 단순한 추측이 아니라 사실이라는 것을 보여준다.

취업을 못한 젊은이들은 생활비를 벌기 위해 요즘 건설현장 일용직이나 편의점 아르바이트 시장으로 내몰리고 있다. 이런 현상이 오래 이어지면, 젊은 청년들은 대학 문을 나서자마자 사회 빈곤층으로 추락하게 된다. 젊은 청년들이 꿈을 잃어버린다는 것은 참으로 가슴 아픈 일이다.

일본에서 5년 전 출간되어 베스트셀러가 된 미우라 아츠시三浦展의 『하류사회下流社會』는 꿈을 잃어버린 젊은이들을 다룬 책이다. 하류사회 청년들은 햄버거 같은 패스트푸드로 배를 채우고, 외출을 삼간 채 하루 종일 인터넷을 하거나 게임을 하며 시간을 보낸다. 취업을 못하니 가난할 수밖에 없고, 또 가난하니 결혼은 꿈도 못 꾸는 비참한 인생을 사는 것이다.

하류계층의 증가는 비단 일본에서만 벌어지는 일이 아니다. 우리나라에도 꿈을 잃어버린 젊은 청년들이 수없이 생겨나고 있다. 이런 상황을 지켜보면서 느끼는 점은, 우리나라가 4,800만 인구를 먹여 살리기에는 힘이 다소 부친 나라가 아닌가 하는 것이다.

우리나라가 앞으로 일본에 버금가는 경제대국이 되고, 튼튼한 내수시장을 갖추려면 인구가 5,000만 명 이상은 되어야 한다. 그러나 일자리가 부족한 상태에서 인구를 늘리면 실업자만 양산하게 될 것이다. 이명박 정부가 경제정책의 제1목표를 성장이 아닌, 일자리 창출에 둔 것은 이런 상황을 반영한 것이다.

우리 경제의 일자리 창출 능력은 최근 5년 사이에 절반 이하로 떨어졌다. 인구 고령화에 따라 잠재성장률이 2030년쯤 1~2%대로 하락하면, 일자리는 더욱 부족해질 가능성이 높다. 이렇게 되면 우리나라는 앞으로 한정된 일자리를 놓고 부모와 자식이 치열하게 경쟁하는, 이른바 '세대전쟁世代戰爭'이 벌어질 가능성이 높다. 벌써 그런 조짐이 조금씩 나타나고 있다.

최근 20, 30대 아르바이트 종사 청년들이 모여서 청년노조(가칭 청년유니온)를 결성하겠다고 발표한 게 대표적인 사례다. 이들은 자신들의 인터넷 사이트를 만들어 회원 조직을 늘리고 있으며, 청년 일자리를 앗아가는 고령 근로자들의 정년 연장에 반대하고 있다. 노동부가 '직장 근로자만이 노동조합을 결성할 수 있다'는 이유로 설립 신청서를 반려했지만, 청년유니온은 조직을 해산할 뜻이 없는 것 같다.

앞으로 새 일자리를 창출하기 어려워진다면, 일자리 부족은 결국 세대 간의 일자리 나누기job sharing로 풀어갈 수밖에 없다는 게 필자의 생각이다. 고령 근로자들에게 정년을 보장해주는 대신 임금을 대폭 줄이고, 거기에서 생긴 돈으로 젊은 청년들을 고용하는 데 쓰는 것이다. 독일과 스웨덴, 덴마크 등 많은 선진국들이 이미 이런 방식으로 일자리를 나누고 있다.

일자리 나누기가 활성화되려면, 정부와 기업, 노동조합 3자가 긴밀히 협력해야 한다. 정부는 근로자들의 정년을 법으로 보장해주고, 기업들은 다양한 재교육 프로그램을 만들어 고령 근로자들의 직무능력을 보강해줄 필요가 있다. 물론 근로자들은 급여체계를 바꿔 임금을 상당 폭 깎는 데 동의를 해야 할 것이다.

사회는 나이 든 사람과 젊은 사람이 골고루 섞여 있어야 발전을 한다. 어느 한쪽이 지나치게 많으면 부작용이 일어난다. 고령자가 사회를 쥐락펴락하면 국가 활력이 떨어지고, 청년들이 사회를 쥐락펴락하면 섣부른 정책이 많이 나와 혼선이 빚어진다. 좋은 사회는 젊은이와 늙은이가 함께 어울려 사는 사회다. 신구세대新舊世代의 조화를 잘 찾아가는 것이 매우 중요하다는 뜻이다.

적극적인 납세로 사회복지 확대를

빈부격차가 커지고 실업자가 늘어나면 그 사회는 언젠가 반드시 폭발하게 된다. 20세기에 러시아와 쿠바에서 공산혁명이 일어나고, 21세기 들어 중남미中南美에서 사회주의 정권이 잇달아 등장하는 것은 이 때문이다. IMF 경제 위기로 우리나라 중산층이 크게 흔들리고, 부동산 가격이 급등하면서 빈부격차가 크게 확대되고 있음을 앞에서 살펴보았다. 우리나라 경제가 앞으로 발전하면 발전할수록, 이 같은 격차는 더욱 벌어질 것이다.

사회가 조화롭게 발전하려면 구성원 간의 격차가 커져서는 곤란하다. 정부가 해야 할 일이란 바로 이런 것들이다. 예를 들어 경쟁에서 밀려난 사회 낙오자落伍者에 대해 최소한의 생계비를 지원하고, 돈이 없어 병원 치료를 못 받는 일이 없도록 하는 것이다. 홀로 서기 힘든 도시 빈민들에 대해 직업훈련을 강화하고 근로의욕을 북돋워 가난의 굴레로부터 벗어날 수 있는 사다리를 마련해주는 일도 정부가 할 일이다.

정부가 빠른 속도로 늘어나는 사회적 약자들을 보살피고, 이들에게 다시 재기할 수 있는 발판을 마련해주려면 국민들로부터 세금을 많이 걷어야 한다. 세금을 많이 걷어야 복지예산을 충실히 짤 수 있고, 그래야 우리 사회의 사회안전망이 튼튼해지기 때문이다. 문제는 앞으로 베이비붐 세대가 은퇴하고, 여기에 인구감소 현상까지 나타나면 소득세와 소비세 등 국세國稅 수입이 크게 줄어들 것이라는 점이다.

정부가 돈 쓸 곳은 많은데, 걷는 세금이 줄어들면 어떻게 될까. 국가재산을 팔든지, 아니면 빚을 내서라도 나라살림을 해야 한다. 이웃 일본이 그렇게 하고 있다. 일본 정부의 2010년 세출예산 규모는 92조 엔이다. 그런데 올해 예상되는 세수액은 37조 엔에 불과하다. 부족한 돈을 마련하기 위해 일본 정부는 국가재산을 매각(11조 엔)하고, 국채를 발행(44조 엔)해 조달할 계획을 세워놓고 있다.

사회적 약자를 돕기 위한 비상조치이기는 하나, 정부가 빚 무서운 줄 모르고 계속 쓰다 보면 언젠가는 빚더미에 올라앉게 된다. 일본과 영국, 그리스, 스페인, 이탈리아 등이 그렇게 하다가 재정위기를 맞은 나라들이다. 이들 국가들은 요즘 국제 금융시장에서 돈을 빌리기가 어려워져, 나라가 언제 부도날지 모르는 위기에 몰려 있다. 유감스러운 일이지만 우리나라도 비슷한 코스로 달려가는 것 같아 걱정스럽다.

주요국가들의 조세 부담률 추이

국가명	1965년	1975년	1985년	1995년	2000년	2005년	2006년
일본	14.3	14.8	19.1	17.9	17.5	17.3	17.7
미국	21.4	20.3	19.1	20.9	23.0	20.6	21.3
영국	25.7	29.1	30.9	28.4	30.8	29.5	30.3
덴마크	28.8	38.2	44.8	47.7	47.6	49.6	48.1
한국	-	14.9	16.1	18.1	19.6	20.2	21.1
아이슬란드	24.1	29.2	27.5	28.7	34.4	37.5	38.2
스웨덴	30.8	33.2	35.5	34.4	38.1	36.3	36.6
이탈리아	16.8	13.7	22.0	27.5	30.2	28.3	29.6
노르웨이	26.1	29.5	33.8	31.3	33.7	34.6	35.2
OECD 평균	20.9	22.9	25.0	25.8	27.1	26.7	26.8

자료 : OECD, 단위 : %
※ 사회보장기여금 제외.

우리나라 국가채무는 IMF 경제 위기 이후 굉장히 빠른 속도로 늘어나고 있다. 1998년 80.4조 원에서 2003년 165.7조 원으로 늘어난 데 이어, 2009년 다시 366.0조 원으로 2배 이상 증가했다. 2010년에는 407.2조 원을 기록하며 사상 처음으로 400조대에 진입할 것으로 예상되고 있다. 조세연구원 전망에 따르면, 국가채무가 이런 속도로 증가할 경우 국가채무의 대 GDP 비율이 2009년 35%에서 2050년쯤 116%로 빠르게 높아질 것이라 한다.

우리나라 국가채무가 지난 10여 년 동안 폭발적으로 증가한 것은, 조세수입만으로 재정수요를 충족할 수 없어 국채 발행을 크게 늘렸기 때문이다. 2000년 72조 원 수준이던 국채 발행 잔액은 2009년 331조 원으로 무려 3.6배나 급증했다. 국채 발행액이 GDP에서 차지하는 비중도 11.9%에서 31.5%로 높아졌다.

그러면 이렇게 크게 늘어난 국가부채는 누가 갚는 것일까? 빚을 낸 현세대(해방둥이 세대, 경제개발 세대, 베이비붐 세대)는 40~50년 후쯤엔 다들 저세상에 가 있을 것이다. 그렇다면 부채 상환의 책임은 대부분 미래 세대(G세대, N세대 등 후손 세대)의 부담으로 떠넘겨질 수밖에 없다.

빚이란 당장 쓰기는 편하지만, 빚을 갚는 일은 엄청난 고통이 따른다. 현세대가 월급의 15~20%를 세금으로 내고 있다면, 우리의 후손들은 아마 40~50%를 세금으로 내야 할 것으로 보인다. 사회보장제도란 원래 돈이 많이 들어간다. 그래서 국민들이 세금을 많이 내지 않으면 지탱이 불가능하다.

복지국가의 대명사로 통하는 유럽 스칸디나비아 국가들(스웨덴, 노르웨이, 덴마크)은 소득세율이 40~60%에 달한다. 그래서 많은 기업인들이 고율高率의 세금을 피해 재산을 해외로 옮기고, 심지어 국적國籍을 바꿔버리는 사례들도 적지 않다. 그러나 국민 대부분은 고율의 세금을 꼬박꼬박 낸다. 그 이유는 나중에 사회보장의 혜택을 자신들도 충분히 보게 된다는 사실을 알기 때문이다.

그러나 한국 사람들은 세금에 대한 거부반응이 심해 어떻게든 세금을 안 내려고 한다. 우리나라 자영업자 가운데 소득세를 내는 사람은 50%에 불과하다. 탈세脫稅를 통해 매출액을 면세점 이하로 줄여놓기 때문이다. 특히 변호사, 의사, 회계사, 세무사 같은 고소득 전문직에서 이런 탈세가 심각하게 이뤄지고 있다. 이런 상태에서 양질의 사회복지제도를 운영하기란 매우 힘들다.

샐러리맨들도 소득세를 내는 사람이 그렇게 많지 않다. 소득이 투명하게 드러난다고 하여 '유리알 봉투'라고 불리지만, 샐러리맨 가운데 실제로 소득세를 내는 사람은 48% 정도에 불과하다. 선거 때마다 여야 정당들이 '중산층과 서민들의 세금부담을 덜어주겠다'면서, 면세소득 기준을 계속 낮추고 있기 때문이다.

국민들의 납세의식이 전반적으로 낮은 가운데, 또 여야 정당들은 선거 때마다 국내 기업들의 경쟁력을 키운다는 명분으로 기업들의 법인세도 계속 깎아주고 있다. 선진국보다 소득세율이 높다는 이유를 들어 고액 소득자의 세금부담도 지속적으로 낮춰주고 있다. 이처럼 기업과 국민의 세금부담을 계속 낮춰주고, 그 대신 국채 발행을 늘려 SOC투자를 하고 복지제도를 운영한다면 그 결말은 뻔하다. 나라 빚이 급속히 늘어나 국가가 파산하는 것이다.

나라가 파산하면 그 뒷감당은 우리 후손 세대들이 해야 할 것이다. 어린아이들의 목소리가 작다고 해서 이렇게 계속해서는 곤란하다. 이런 식으로 후손들에게 나라 빚을 떠넘긴다면, 미래의 어느 시점에선 젊은이들이 세금을 피해 해외로 대거 탈출을 하게 될 것이다.

국가부채가 걷잡을 수 없이 늘어나기 전에, 씀씀이를 줄이는 재정개혁을 단행하고 세원稅源을 확충하는 방법을 찾아야 한다. 또 국민들도 자신의 소득수준에 맞는 세금을 정확히 내도록 노력해야 한다. 국민과 기업이 세금을 잘 내지 않으면 복지제도의 수준을 계속 올리기가 힘들어질 것이다.

지역주의에서 세계시민으로

한국 사회의 고질적인 병폐 중의 하나가 지역주의이다. 지역주의는 박정희 정권이 장기집권을 위해 불을 붙이고, 전두환 정권과 노태우 정권이 분할통치 차원에서 적극 활용했다. 군인 대통령이 아닌, 김영삼·김대중 정권도 정권을 잡기 위해 지역감정에 편승하고 또 적절히 이용했다. 정확히 말하면 정치인만 잘못한 게 아니

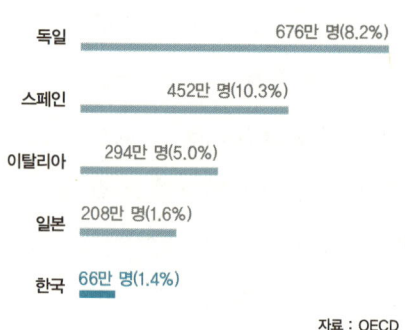

OECD 주요국의 외국인 거주자 비교
(2006년 기준)

독일　676만 명(8.2%)

스페인　452만 명(10.3%)

이탈리아　294만 명(5.0%)

일본　208만 명(1.6%)

한국　66만 명(1.4%)

자료 : OECD
※괄호 안은 전체 인구 대비 비율.

고, 온 국민이 함께 동조했다고 보는 게 맞을 것이다.

물론 지역감정은 우리나라에만 있는 것이 아니고, 다른 나라에도 무척 많고, 우리나라보다 훨씬 심각한 곳도 적지 않다. 유럽에 위치한 벨기에는 남쪽 왈룬 지역과 북쪽 플레미시 지역이 견원지간犬猿之間처럼 지내면서 산다. 서로 결혼도 안 하고, 정당도 따로 만들어 정치를 한다. 이탈리아는 잘사는 북쪽 주들과 못 사는 남쪽 주들이 날카롭게 대립하고 있으며, 영국 역시 잉글랜드와 스코틀랜드와 북 아일랜드 간의 갈등이 심각하다.

국가들 간의 국경이 사라지는 세계화 · 개방화 시대에 지역주의를 계속 고집하는 것은 '우물 안의 개구리'와 같다. 지역주의가 창궐하는 나라들을 보면, 대체로 그 나라의 전성기가 지나고, 몇 개 안 남은 밥그릇을 가지고 서로 먹겠다고 싸우는 나라들이다. 늙은 나라에서 벌어지는 멍청한 짓을 왜 우리나라가 계속 해야 하는지 의문이 든다.

정권을 잡으면 자기 동네 사람들로 청와대 참모와 정부 장차관, 금융기관장, 공기업 사장 자리를 채우는 미련한 짓은 지금부터라도 당장 그만둬야 한다. 베이비붐 세대가 후세대를 위해 좋은 유산을 하나 남겨준다면, 바로 이런 지역주의의 타파가 첫 번째가 되어야 할 것이다. 그리고 한 발 더 나아가 국제화 시대에 맞게 우리나라의 이민정책, 경제정책, 문화정책을 더 개방적으로 만들어야 한다.

우리나라에 들어와 사는 외국인들은 현재 110만 명을 넘어서 전체 국민의 3% 선에 달하고 있다. 요즘 서울에서 지하철을 타면 어느 칸에서나 외국인을 쉽게 만날 수 있다. 텔레비전을 켜면 외국인이 사회자로 등장하거나 연기를 하는 프로그램도 자주 볼 수 있다. 유학을 가는 젊은이들이 많아지면서 사위나 며느리를 외국인으로 맞는 사람들도 적지 않다.

특히 농촌과 지방 도시를 중심으로 확산되는 다국적多國籍 결혼은, 한국 사회에 변화가 시급하다는 것을 잘 보여주고 있다. 농림수산부 조사에 따르면, 요즘 우리나라 농촌 총각 10명 가운데 4명이 외국 여성과 결혼을 하고 있다. 배우자들은 필리핀 · 베트남 · 태국 · 캄보디아 등 동남아 출신이 많지만, 최근에는 우즈베키스탄 등 중앙아시아와 동유럽 국가에서 온 여성들도 늘어나고 있다.

이들 외국 여성들이 한국 사회에 잘 적응하고, 태어나는 아이들이 잘 자라날 수 있도록 복지 · 교육 시스템을 선진국형으로 바꿔야 할 것이다. 앞으로 예상되는 다문화多文化, 다인종多人種 사회에 대한 우리 국민들의 이해심을 넓히고, 우리 사회에 포용정신이 확산될 수 있도록 하는 문화교류 정책이 시급하다.

또 우리나라는 2023년경부터 인구감소가 시작될 전망이다. 인구감소로 노동력이 감소하면 해외인력을 지금보다 더 많이 받아들여야 할 것으로 예상되고 있다. 현재 한국에 체류하는 외국인들 가운데 절반가량이 공장에서 일하는 외국인 노동자들이다. 외국인 노동자의 입국이 크게 늘어나면 여러 가지 사회문제가 발생할 가능성이 높다는 점도 유념해야 할 것이다.

나라가 늙어가는 고령화 사회에서 중요한 것은, 노동자의 단순한 머릿수가 아니라 지식과 기술로 무장한 우수 인력의 확보다. 선진국으로 빠져나가는 우리나라 유학생들이 남긴, 빈자리를 채우려면 외국 인재들을 적극적으로 받아들이는 방법밖에 없다. 이미 외국 학생들은 국내 대학에서 실험실을 지키는 주요한 인재로 자리 잡고 있다.

앞으로 우리가 우수한 글로벌 인재를 확보하려면 외국인의 체류 기간을 연장하는 등 관대한 이민정책을 실시해야 할 것이다. 한 나라가 다문화 사회로 분류되려면, 외국인 인구비율이 5%가 넘어야 하나, 우리나라는 아직 이에 미치지 못하고 있다. 캐나다(19.9%), 미국(14.8%), 호주(24.6%), 독일(8.8%)에 비하면 크게 미흡한 수준이다.

그러나 세계화·개방화로 나가는 우리나라의 방향은 이미 되돌릴 수 없는 것이 되고 있다. 정부 싱크탱크인 국토연구원의 보고서(그랜드 비전 2050)에 따르면, 우리나라에 거주하는 외국인 비율은 오는 2050년엔 10% 선으로 크게 높아져 우리나라도 '복합민족 사회'에 들어설 것으로 전망된다. 이렇게 되면 우리나라도 자연스럽게 '멀티 컬처(다문화, multi-culture)' 국가로 발전하게 될 것이다.

인류의 지난 역사를 보면 개방적인 나라는 번성하고, 해외로 나가는 문을 걸어 잠근 나라는 쇠락했다. 고대 로마제국과 중세 스페인제국, 20세기 미국이 개방정책을 통해 번성한 나라라면, 중국 명나라와 조선은 쇄국정책으로 급속히 몰락했다. 자연자원이 부족해 수출로 먹고사는 대한민국이 앞으로 나가야 할 곳은 해외밖에 없다.

베이비붐 세대의 키워드
'밥 · 돈 · 자유'

얼마 전 어느 저명한 사회학자가 '베이비붐 세대는 반공 이데올로기에 순응한 세대이며, 사회적 활동이 활발한 경제개발 세대와 386세대에 묻혀 아무 특색이 보이지 않는다'고 논평한 글을 보고 깜짝 놀란 적이 있다. 또 언론에 자주 등장하는 베이비붐 세대의 이야기가 '직장에서 일찍 퇴출 당해 노후생활이 어려워질 것 같다'는 동정적인 스토리가 대부분임을 발견하고 마음속에서 곤혹스러움을 지울 수 없었다.

이러한 분석들이 나름대로 일리는 있으나, 베이비붐 세대의 전체 모습에서 보면 어디까지나 한 단면에 불과할 뿐이라는 게 필자의 생각이다. 그리고 베이비붐 세대를 폄하貶下하는 지적들이 과학적인 근거자료도 없이 학자들의 입에서 쉽게 나오고 있다는 사실에 놀랐다. 더욱 놀라운 것은 이런 일방통행식 주장에 대해 베이비붐 세대에 속하는 학자들이 묵묵부답이라는 사실이었다.

필자의 기우杞憂인지는 모르지만, 이렇게 잠자코 있다가는 베이비붐 세대의 이미지가 후세대들에게 잘못 전달될 가능성이 높다는 생각이 들었다. 이것이 필자가 이 책을 쓰게 된 직접적인 이유다. 그런 점에서 이 책은 후세대들을 향해 쓴 베이비붐 세대의 '자서

전'이자, 앞으로 베이비붐 세대가 풀어야 할 숙제들을 기록한 '자기반성서'이다.

현재 중·고등학교와 대학교에 다니는 베이비붐 세대의 자녀들이 이 책을 읽게 된다면, 아빠와 엄마들이 어떤 세상에서 어떤 생각을 하고 살았는지를 대략이나마 알 수 있게 될 것이다. 그렇게 하여 대화가 단절된 부모(베이비붐 세대)와 자녀(G세대) 간에 상호이해와 소통의 길이 열리게 된다면 필자로선 더 바랄 나위가 없다.

베이비붐 세대는 건국 세대(구한말과 일제 강점기에 태어난 세대), 해방둥이 세대(1940~1949년생), 경제개발 세대(1950~1954년생)에 버금가는, 아니 그 이상 가는 '위대한 세대'라는 것이 필자의 생각이다. 건국 세대가 한국전쟁의 참화慘禍로부터 대한민국을 지키고, 해방둥이 세대와 경제개발 세대가 경제발전의 횃불을 들었다면, 베이비붐 세대는 경제발전과 민주주의를 이 땅에 확고하게 뿌리박게 한 세대이다.

712만 명에 달하는 베이비붐 세대의 진화進化와 희생, 자기혁신이 없었다면 오늘날 대한민국이 성취한 자랑스러운 결과물도 없었을지 모른다. 베이비붐 세대에 속한 필자가 너무 후한 평가를 했는지 모르지만, 이 책을 계기로 앞으로 베이비붐 세대의 공과에 대한 논의가 활발히 일어났으면 좋겠다.

치열한 삶을 살아온 베이비붐 세대의 50년(정확히 말하면 47~55년) 인생은 '밥' '돈' '자유' 3가지 키워드로 요약할 수 있을 듯싶다. 독자들이 다소 생뚱맞다고 생각할 수도 있으나, 필자가 책 이름을 '밥·돈·자유'로 결정한 것은 이들 말속에 베이비붐 세대의 삶이 잘 녹아 있다고 생각했기 때문이다.

보릿고개의 궁핍한 시기를 경험한 베이비붐 세대는, 유년기에

'쌀밥 한번 배불리 먹고 싶다'는 소망을 가졌고, 군사독재 정권 아래에서 신음하던 청년기에는 '민주주의와 자유주의'에 대한 열망으로 가슴이 달아올랐다. 또 직장생활을 시작하고 결혼을 하여 가정을 꾸미게 되면서부터는 '돈을 많이 벌어 풍요롭게 살고 싶다'는 열망에 사로잡혔다.

50줄에 들어선 베이비붐 세대는 이제 쌀밥을 배불리 먹을 수 있게 됐고, 소망했던 민주주의와 자유주의의 축복을 누리고 있다. 다만 돈은 크게 벌지 못했으나, 가족들을 부양하기에는 대부분 큰 어려움은 없는 것으로 판단된다. 이런 점에서 베이비붐 세대들은 인생의 대차대조표를 따져볼 때 어느 정도 성공적인 삶을 살았다고 자평할 수 있지 않을까 싶다.

베이비붐 세대의 영향력은 앞으로 10~20년 동안 최고조에 이를 것이다. 현직 국회의원의 3분의 1이 베이비붐 세대이고, 고위 공무원의 90%가 베이비붐 세대이다. 또 삼성전자, LG전자, 현대자동차 등 재벌 기업의 CEO 자리가 점차 베이비부머들로 메워지고 있다. 베이비붐 세대의 생각과 행동이 대한민국의 미래를 또 한 번 바꿔놓을 것으로 기대한다.

끝으로 막 퇴직을 하고 앞으로 새로운 인생을 살게 될 베이비붐 세대들에게 미국 시인 사무엘 울만이 쓴 시를 하나 소개하고 싶다. 「청춘Youth」이라는 제목이 붙은 이 시는 제2차 세계대전의 영웅 맥아더 장군이 책상 위에 올려놓고 매일 애송한 것으로 전해진다. 청춘과 노인은 나이에 따라 구별되는 것이 아니라, 마음가짐에 따라 정해진다는 내용이 가슴에 와 닿는다.

청춘이란 인생의 어떤 한 시기가 아니라

마음가짐을 뜻하나니

장밋빛 볼, 붉은 입술, 부드러운 무릎이 아니라

풍부한 상상력과 왕성한 감수성과 의지력

그리고 인생의 깊은 샘에서 솟아나는 신선함을 뜻하나니

청춘이란 두려움을 물리치는 용기,

안이함을 뿌리치는 모험심,

그 탁월한 정신력을 뜻하나니

때로는 스무 살 청년보다 예순 살 노인이 더 청춘일 수 있네.

누구나 세월만으로 늙어가지 않고

이상을 잃어버릴 때 늙어가나니

세월은 피부의 주름을 늘리지만

열정을 가진 마음을 시들게 하진 못하지.

근심과 두려움, 자신감을 잃는 것이

우리 기백을 죽이고 마음을 시들게 하네.

그대가 젊어 있는 한

예순이건 열여섯이건 가슴속에는

경이로움을 향한 동경과 아이처럼 왕성한 탐구심과

인생에서 기쁨을 얻고자 하는 열망이 있는 법,

그대와 나의 가슴속에는 이심전심의 안테나가 있어

사람들과 신으로부터 아름다움과 희망,

기쁨, 용기, 힘의 영감을 받는 한

언제까지나 청춘일 수 있네.

영감이 끊기고
정신이 냉소의 눈(雪)에 덮이고
비탄의 얼음(氷)에 갇힐 때
그대는 스무 살이라도 늙은이가 되네
그러나 머리를 높이 들고 희망의 물결을 붙잡는 한,
그대는 여든 살이어도 늘 푸른 청춘이네.

베이비붐 세대의
대표인물

정치 분야

우리나라 정치계는 여야 구별 없이 60대와 70대가 장악하고 있다. 이 때문인지 베이비부머들의 역할은 아직 크지 못한 느낌이다. 연공서열이 중요하게 받아들여지는 공직사회의 상황도 비슷하다. 50대 초중반의 차관은 있지만, 50대 장관은 전무한 상태다. 61년생인 버락 오바마 대통령이 등장한 이후, 미국 정계와 관계가 상당히 젊어지고 있는 것과 대비가 된다.

노무현 대통령 시절 한때 세대교체가 이뤄지는 조짐이 있었으나, 이명박 대통령 정부가 들어선 이후 다시 과거로 돌아가는 듯하다. 1970년대 초반 김영삼, 김대중, 이철승 의원이 '40대 기수론'을 부르짖으며 대통령 후보 지명전에 뛰어든 일이 '전설'처럼 여겨질 정도다.

이명박 대통령은 해방둥이 세대에 속하나, 차기 주자로 거명되는 정치인들은 대부분 50대 후반의 경제개발 세대이다. 박근혜, 정몽준, 정동영 의원이 대표적인 인물이다. 따라서 베이비붐 세대들이 한국 정치계의 주역으로 등장하려면 앞으로 7~10년 정도는 더 흘러야 할 것으로 보인다.

현재 우리나라 전체 국회의원(299명) 가운데 3분의 1가량인 107명이 베이비붐 세대이며, 광역자치단체장(16개) 가운데 3명이 베이이붐 세대에 속한다. 현재 정치계에서 활동하는 베이비붐 세대들은 다음과 같다.

| 광역자치단체장 |

오세훈(서울시장), 송영길(인천시장), 김두관(경남지사)

| 국회의원 |

임태희, 박진, 나경원, 김영선, 최경환, 심재철, 권영세, 유승민, 정진석, 최구식, 주성영, 정병국, 조해진, 고승덕, 진수희, 진성호, 신지호, 김선동, 현경병, 권영진, 이성헌, 정두언, 강승규, 구상찬, 김성태, 이범래, 안형환, 전여옥, 김성식, 박영아, 유일호, 이종혁, 김정훈, 현기환, 이명규, 주호영, 홍일표, 윤상현, 조전혁, 김기현, 안효대, 신상진, 임해규, 차명진, 원유철, 박순자, 김영선, 주광덕, 김성회, 박보환, 김학용, 유정복, 이철우, 김성조, 이한성, 강석호, 김재경, 김정권, 윤영, 신성범, 배은희, 이정선, 조문환, 정옥임, 이정현, 조원진, 유기준, 이진복, 유재중, 한선교, 성윤환(이상 한나라당), 추미애, 김부겸, 김영환, 김동철, 박선숙, 전병헌, 박영선, 이종걸, 정장선, 박기춘, 조정식, 우제창, 노영민, 양승조, 이춘석, 조배숙, 유성엽, 서갑원, 우윤근, 김우남, 박은수, 최영희, 전혜숙, 최문순, 안규백, 김영록, 이윤석(이상 민주당), 김창수, 임영호, 권선택, 이재선, 이상민, 이명수, 박선영(이상 자유선진당), 정하균(친박연대), 곽정숙(민주노동당)

박재완, 이동관, 박형준, 김두우, 장다사로

유시민, 김태호, 심상정, 노회찬, 강금실

박형상(서울 중구청장), 성장현(서울 용산구청장), 유덕열(서울 동대문구청장), 박겸수(서울 강북구청장), 이동진(서울 도봉구청장), 문석진(서울 서대문구청장), 이성(서울 구로구청장), 차성수(서울 금천구청장), 조길형(서울 영등포구청장), 유종필(서울 관악구청장), 박춘희(서울 송파구청장), 염태영(수원시장), 안병용(의정부 시장), 최대호(안양시장), 양기대(광명시장), 김철민(안산시장), 여인국(과천시장), 김성제(의왕시장), 채인석(화성시장), 이인재(파주시장), 황은성(안성시장), 유영록(김포시장), 조억동(광주시장), 서장원(포천시장), 김선교(경기 양평군수), 이진용(경기 가평군수), 조택상(인천 동구청장), 박우섭(인천 남구청장), 고남석(인천 연수구청장), 홍미영(인천 부평구청장), 박형우(인천 계양구청장)

경제 분야

대기업(재벌)이 대한민국 경제를 완전히 장악하게 되면서, 중소기업들은 2가지 길 가운데 하나를 선택해야 하는 상황에 몰리고 있다. 재벌기업의 하청업체가 되든지, 아니면 세계시장을 뚫고 나가 홀로서기를 해야 하는 것이다. 재벌과 싸우면 결국 망한다는 것을 알고 있는 중소기업들은, 하는 수 없이 하청업체로 살아가는 길을 선택한다. 기업가 정신이 아무리 투철해도, 우리나라의 경제 현실을 뚫고 나갈 수가 없는 것이다.

지난 20년 동안 중소기업이 대기업으로 성장한 사례가 딱 두 곳 (미래에셋-박현주 회장, 휴맥스-변대규 사장)밖에 없는 이유가 바로 여기에 있다. 우리나라처럼 사업환경이 열악한 곳에선, 재벌 틈바귀 속에서 기업을 설립하는 것부터가 어려운 일이고, 더 나아가 사업에 성공하는 것은 확률이 더 낮아진다. 이런 점에서 창업을 성공시킨 베이비부머 기업인들은 큰 칭찬을 받을 만하다.

다만 젊은 세대가 도전해볼 만한 분야가 아직 남아 있다면, 그것은 소프트웨어나 금융부문이 아닌가 한다. 이른바 벤처시장이다. 우리나라 벤처시장은 안철수·변대규·박병엽 등 베이비붐 세대가 첫 삽을 꽂았으나, 지금은 386세대들이 핵심세력을 이루고 있다. 엔씨소프트(김택진)와 NHN(이해진) 등이 그런 예에 속한다. 베이비붐 세대는 벤처시장에서 이미 할아버지 대우를 받고 있는 듯하다.

| 금융 |

박현주(미래에셋 회장, 창업주), 임석(솔로몬저축은행 회장, 창업주), 권성문(KTB투자증권 회장, 창업주), 김남구(한국투자금융지주 사장, 재벌2세), 윤용노(기업은행장, 관료출신), 김동수(수출입은행장, 관료출신), 장인환(KTB자산운용 사장, 전문경영인), 김종대(금호종합금융 사장, 전문경영인), 강방천(에셋플러스자산운용 회장, 창업주), 송상종(피데스투자자문 사장, 전문경영인)

| 벤처 |

안철수(KAIST 석좌교수, 안철수연구소 창업자), 서정진(셀트리온 사장, 창업자), 박병엽(팬택 부회장, 창업자), 변대규 (휴맥스 사장, 창업자), 황철주(주성엔지니어링 사장, 창업주), 조현정(비트컴퓨터 사장, 창업자), 김진범(팅크웨어 사장, 창업자), 장흥순(터보테크 사장, 창업자), 김홍선(안철수연구소 대표, 전문경영인), 손

주은(메가스터디 대표, 창업자), 정춘보(신영그룹 회장, 창업자), 문주현(MDM 회장, 창업주), 김성주(성주그룹 회장, 창업자)

| 대기업 |

최태원(SK 회장, 재벌2세), 박용만(두산 회장, 재벌2세), 허명수(GS건설 사장, 재벌2세), 이웅열(코오롱 회장, 재벌3세), 정몽규(현대산업개발 회장, 재벌 2세), 이재현(CJ 회장, 재벌3세), 신동빈(롯데 부회장, 재벌2세), 서경배(아모레퍼시픽 사장, 재벌2세), 유진(풍산 회장, 재벌2세), 최은영(한진해운 회장, 재벌2세), 정몽진(KCC 회장, 재벌2세), 김원(삼양사 사장, 재벌3세), 이만득(삼천리 회장, 재벌2세), 이호진(태광산업 회장, 재벌2세), 전필립(파라다이스 회장, 재벌2세), 전인장(삼양식품 회장, 재벌 2세), 함영준(오뚜기 회장, 재벌2세), 김정완(매일유업 회장, 재벌2세), 민선식(YBM사장, 재벌2세), 신종균(삼성전자 사장, 전문경영인), 조수인(삼성전자 사장, 전문경영인), 이상훈(삼성전자 사장, 전문경영인), 장원기(삼성전자 사장, 전문경영인), 권영수(LG디스플레이 사장), 안승권(LG전자 사장, 전문경영인), 조준호(LG 사장, 전문경영인), 박영기(LG화학 사장, 전문경영인), 조석제(LG화학 사장, 전문경영인), 정일재(LG텔레콤 사장, 전문경영인), 윤순봉(삼성석유화학 사장, 전문경영인), 김상항(삼성생명 사장, 전문경영인), 김용환(현대자동차 부회장, 전문경영인), 정태영(현대카드 사장, 전문경영인), 표현명(KT사장, 전문경영인), 서유열(KT사장, 전문경영인), 권오철(하이닉스 사장, 전문경영인), 박건현(신세계 대표이사, 전문경영인), 윤홍근(제너시스 회장, 창업주), 유경선(유진그룹 회장, 창업주)

| 외국계 기업 |

김경준(딜로이트컨설팅 대표), 강성욱(시스코 아시아총괄 사장), 김효준(BMW코리아 사장), 이성용(베인&컴퍼니 한국 대표), 권구훈(골드만삭스 아시아 상무), 김정우(한국MS 사장), 김상현(한국P&G 사장), 김경진(한국EMC 사장), 이휘성(한국IBM 사장), 황수(GE코리아 사장), 황우진(프루덴셜생명 사장), 이희성(인텔코

리아 사장), 장재영(바비브라운 아태 대표), 임태섭(골드만삭스자산운용 대표)

학술 · 교육 · 전문직

우리나라 학계는 현재 1940년대에 태어난 해방둥이 세대, 1950년 대 초반에 태어난 경제개발 세대가 '학계의 원로'로서 큰 목소리를 내고 있다. 주요 학술단체들의 회장진도 대부분 이들 세대 출신이다. 그러나 베이비부머 출신 학자들은 현재 각 대학과 연구소에서 중추적인 역할을 맡고 있어, 머지않아 국내 학계를 리드해 나갈 것으로 전망된다.

베이비부머들은 우리나라에서 해외유학을 대규모로 떠나간 첫세대다. 그 이전에는 아주 뛰어난 수재이거나 돈 많은 부모들 둔사람이 아니면 유학을 가지 힘들었다. 4~6년간의 해외유학을 마치고 1980년대 후반부터 국내로 돌아온 베이비부머들은 국내 대학들의 연구 수준을 한 단계 끌어올렸다는 평가를 받고 있다.

| 인문 · 사회 |

주경철(서울대), 이근(서울대), 송호근(서울대), 홍준형(서울대), 김종석(홍익대), 장하준(영국 케임브리지대), 신현송(미국 프린스턴대), 정민(한양대), 임지현(한양대), 한승희(서울대), 김난도(서울대), 이병태(KAIST), 김영걸(KAIST), 김성한(고려대), 전성인(홍익대), 이창용(서울대), 한홍구(성공회대), 현택수(고려대), 김호기(연세대), 박종구(아주대), 이인실(서강대), 안종범(성균관대), 윤창현(서울시립대), 전상인(서울대), 신관호(고려대), 강준만(전북대), 김상조(한성대), 김동춘(성공회대), 정영록(서울대), 김경환(서강대), 김병국(고려대), 곽승준(고려대), 김용하(순천향대), 홍성태(한양대), 안태식(서울대), 유

석춘(연세대), 강원택(숭실대), 김인규(한림대), 김원식(건국대), 이민행(연세대), 정병석(전남대), 김정운(명지대), 오규택(중앙대), 정형선(연세대), 김창엽(서울대), 정우진(연세대), 황상민(연세대), 정과리(연세대), 모종린(연세대), 염재호(고려대), 최종원(서울대), 박종민(고려대), 심경호(고려대), 장훈(중앙대), 조준모(성균관대), 정기택(경희대), 신율(명지대), 김일영(성균관대, 사망), 송병준(산업연구원장), 원윤희(한국조세연구원장), 박재하(한국금융연구원), 노영훈(한국조세연구원), 이주호(한국개발연구원), 조동철(한국개발연구원), 김정호(자유기업원장), 우천식(한국개발연구원), 문형표(한국개발연구원), 선우덕(한국보건사회연구원), 최병호(한국보건사회연구원), 민승규(삼성경제연구소), 안주엽(한국노동연구원), 김형태(자본시장연구원장), 김광수(김광수경제연구소장), 홍사종(미래상상연구소)

| 공학 · 자연과학 |

유룡(KAIST), 이용희(KAIST), 조동호(KAIST), 윤경병(서강대), 오우택(서울대), 김창진(미국 UCLA), 고재영(울산대), 금종해(고등과학원), 이수종(서울대), 오병하(포스텍), 강석진(서울대), 김동호(연세대), 남홍길(포스텍), 김성훈(서울대), 채동호(서울대), 노태원(서울대), 황준묵(고등과학원), 최무영(서울대), 최의주(고려대), 김선영(서울대), 김동호(연세대), 김성근(서울대), 강현배(인하대), 강봉균(서울대), 임경순(포항공대), 박영일(이화여대), 김창경(한양대), 황농문(서울대), 최영(중앙대), 김대식(서울대), 이수종(서울대), 김성권(중앙대), 김선화(순천향대), 홍준희(경원대), 임성진(전주대), 홍성욱(서울대), 홍종인(서울대), 박태현(서울대), 송병두(강원대), 최철수(가천의대), 이봉희(가천의대), 김선기(서울대), 이영희(성균관대), 이명균(서울대), 서동철(미국 스크립스연구소), 신재원(미국 NASA), 김흥남(한국전자통신연구원장), 나경환(한국생산기술연구원장), 박석재(천문우주연구원장), 임기철(과학정책연구원 부원장), 김기남(삼성전자 종합기술원장)

강희철(율촌), 김영혜(오늘), 김선수(여민), 문성우(바른), 이홍철(세종), 오양호(태평양), 김두식(세종), 박해성(율촌), 김치중(바른), 허창복(세종), 김상호(화우), 윤세리(율촌), 김수형(김&장), 허만(세종), 한위수(태평양), 주기동(태평양), 김용호(로고스), 서명수(바른), 강신섭(세종), 김성근(세종), 백창훈(김&장), 이영구(세종), 정현수(로고스), 주한일(김&장), 임준호(세종), 곽태철(태평양), 문용호(세종), 양호승(화우), 김상근(김&장), 조용환(지평지성), 유영일(율촌), 오세창(로고스), 박병무(김&장), 서동우(태평양), 이인규(바른), 오관석(김&장), 이미현(광장), 김성준(산경), 고원석(광장), 이태섭(김&장), 박상훈(화우), 주완(광장), 정우영(광장), 양영태(지평지성), 김갑유(태평양), 최종현(세경), 허익범(산경), 박순성(김&장)

오명돈(서울대), 김기봉(서울대), 김효수(서울대), 권준수(서울대), 박국양(가천의대), 이영돈(가천의대), 김영보(가천의대), 이영탁(성균관대), 나덕렬(성균관대), 신호철(성균관대), 박윤수(성균관대), 이종서(성균관대), 윤동섭(연세대), 임세중(연세대), 허지회(연세대), 김희상(경희대), 이용걸(경희대), 김기택(경희대), 장진우(연세대), 안규리(서울대), 허대석(서울대), 윤병우(서울대), 윤보현(서울대), 송영욱(서울대), 서경석(서울대), 정현채(서울대), 양한광(서울대), 김우주(고려대), 김영훈(고려대), 김선한(고려대), 김열홍(고려대), 박창규(고려대), 권오정(성균관대), 홍성화(성균관대), 전호경(성균관대), 김성(성균관대), 동헌종(성균관대), 정진상(성균관대), 김종원(성균관대), 안한종(울산대), 김병식(울산대), 이기업(울산대), 고재영(울산대), 안세현(울산대), 이춘성(울산대), 윤영희(울산대), 민원기(울산대), 김우성(울산대), 권성준(한양대), 배상철(한양대), 김동욱(가톨릭의대), 채정호(카톨릭대), 이태석(을지대), 박일형(경북대), 김진혁(인제대), 이병철(한림대), 황대용(건국대), 민영돈(조선대)

손석희(토론사회), 진중권(사회비평), 정진홍(인문경영), 공병호(경제경영), 조용헌(동양학), 이덕일(역사), 탁석산(철학), 이주헌(미술평론), 주강현(민속문화), 임석재(건축저술), 노성두(미술사), 황태순(정치비평)

예술 · 문화 · NGO

문단과 예술계는 예로부터 나이가 문제가 되지 않는 분야이다. 재능을 가진 사람들은 선후배의 서열을 떠나 독자와 팬들로부터 직접 평가를 받는다. 베이비붐 세대는 다른 세대에 비해 숫자가 많은 탓인지, 스타 작가와 스타 연예인이 많이 탄생했다. 예술계는 바야흐로 베이비부머 전성시대라 해도 과언이 아니다.

| 소설가 |

신경숙, 공지영, 은희경, 정도상, 성석제, 장정일, 구효서, 이혜경, 김인숙, 윤대녕, 권지예, 이순원, 김다은, 최수철

| 시인 |

서정윤, 최영미, 송찬호, 안도현, 함민복, 이재무, 곽재구, 조은, 김사인, 박노해, 김혜순, 김기택, 류시화, 서정홍, 류시화, 기형도(사망)

| 음악 |

진은숙(작곡가), 조수미(성악가), 홍혜경(성악가), 신영옥(성악가), 최현수(성악가), 서혜경(피아노), 함신익(지휘자)

| 미술 |

강승희, 강익중, 권여현, 김경렬, 김근중, 김석(조각), 김선두, 김승연, 김아타, 김재홍, 김지원, 김춘수, 김호석, 노상균, 도병훈, 문범, 문봉선, 문인수, 박광열, 박불똥, 사석원, 서도호, 송필용, 안규철, 양주혜, 오치균, 원인종, 육근병, 윤동천, 이수홍, 이종구, 이형우(조소), 이호신, 정종미, 정현(1956-), 조덕현, 최인선, 최정화, 최진욱, 홍승혜, 황주리

| 가수 |

하춘화, 심수봉, 이은하, 주현미, 설운도, 인순이, 이문세, 남궁옥분, 노사연, 윤수일, 현숙, 전영록, 김흥국, 박은옥, 박강성, 이주호, 유익종, 이상우, 김현식(사망)

| 배우 |

장미희, 유지인, 이경진, 최명길, 김보연, 황신혜, 윤석화, 이혜영, 최민수, 정보석, 최수종, 김미숙, 박상원, 임예진, 이미숙, 전광열, 정애리, 원미경, 길용우, 조형기, 강남길, 최민식, 선우은숙, 이보희, 홍요섭, 송옥숙, 양금석, 김세준, 천호진, 김학철, 최화정, 강신일, 나한일, 이동준

| 코미디언 |

심형래, 김형곤(사망), 서세원, 이봉원, 장두석, 김정식, 이경규, 주병진, 최양락, 김한국, 이상운, 이창훈, 김정렬, 황기순

| 영화감독 |

강우석, 박찬욱, 홍상수, 이준익, 김기덕, 유하, 이명세, 여균동, 김대우

박원순(희망제작소), 김해성(지구촌사랑나눔), 이연주(한국청년유권자연맹)

임백천(방송MC), 이현세(만화가), 한비야(여행가), 설도윤(뮤지컬 제작자), 안효주(초밥 요리사), 최태지(발레 무용가)

스포츠

1980년대는 우리나라에 프로 스포츠가 시작된 시기다. 프로야구를 시작으로 하여, 프로농구 · 프로씨름 · 프로축구 등이 등장했다. 대학 졸업 후 은행과 공기업이 운영하던 야구단 · 축구단에 입단하여, 아마추어 선수로 뛰었던 체육인들이 갑자기 수억 원의 연봉을 받는 스포츠 스타가 되었다.

또 88서울 올림픽은 개최국이라는 장점을 이용해 금메달을 무더기로 획득하여, 한국이 세계 스포츠강국으로 부상하는 계기를 마련했다. 국제사회에서 대한민국의 위상이 올라가면서, 한국 체육인들의 해외진출이 활발해진 것도 이즈음이다.

대한민국 산악인의 이름을 세계에 떨친 엄홍길과 박영석은 베이비부머의 자랑이다. 엄홍길은 세계의 고봉高峰인 히말라야 8000m 이상 14좌를 세계 8번째로 모두 정복하는 대기록을 세웠으며, 박영석은 세계 최초로 산악 그랜드슬램을 달성했다.

박철순, 선동열, 최동원, 장효조, 이만수, 김성한, 김종모, 김시진, 한

대화, 이상윤, 김경문, 신경식, 이선희, 윤학길, 김용희, 김용철, 유두열, 김준환, 김일권, 김정수, 류중일, 이순철, 방수원, 이광은, 하기룡, 박노준, 장호연, 김광림, 김상훈, 정구선, 금광옥, 김용수, 백인호

| 축구 |

허정무, 최순호, 변병주

| 배구 |

강만수, 김호철, 장윤창, 이종경, 신치용

| 농구 |

이충희, 김유택, 김현준(사망), 박수교, 임정명, 유재학, 안준호, 신선우, 박찬숙

| 기타 |

엄홍길(등반), 박영석(등반), 안병근(유도), 하형주(유도), 김원기(레슬링), 유인탁(레슬링), 박종팔(프로권투), 문성길(프로권투), 장정구(프로권투), 김철호(프로권투), 김진호(양궁)

KI신서 2535

밥 | 돈 | 자유

1판 1쇄 발행 2010년 6월 21일
1판 3쇄 발행 2010년 7월 10일

지은이 송양민
펴낸이 김영곤 **펴낸곳** (주)북이십일 21세기북스
출판콘텐츠사업부문장 정성진 **TF팀장** 안현주
기획 최혜빈 **편집** 최순애 **디자인** 씨디자인
마케팅영업본부장 최창규 **마케팅** 김보미 김현섭 허정민 **영업** 김용환 이경희
출판등록 2000년 5월 6일 제10-1965호
주소 (413-756) 경기도 파주시 교하읍 문발리 파주출판단지 518-3
대표전화 031-955-2100 **팩스** 031-955-2151 **이메일** book21@book21.co.kr
홈페이지 www.book21.com **커뮤니티** cafe.naver.com/21cbook

ⓒ 송양민, 2010

ISBN 978-89-509-2488-1 03320
값은 뒤표지에 있습니다.